L'ACHARNEMENT

Chronique de la répression des 7 postiers de Lille-Lezennes

Fédération SUD-PTT

L'ACHARNEMENT

Chronique de la répression des 7 postiers de Lille-Lezennes

Préface de Gilles Perrault
Postface de la Ligue des droits de l'homme

Éditions Syllespe
41, rue Jean-Pierre Timbaud
75011 - Paris

La fédération syndicale SUD-PTT – Solidaires, Unitaires, Démocratiques – s'est constituée au début de 1989 suite à une vague de sanctions dans la CFDT ; celle-ci décidait alors de mettre dehors les «moutons noirs» fustigés par Edmond Maire, à cause de leur soutien aux coordinations et aux grèves de l'automne 1988.
La fédération SUD, créée tout d'abord en région parisienne s'est développée et implantée dans toutes les régions ; depuis, le nombre de ses adhérents a été multiplié par quatre.

Fédération SUD - PTT
9 rue du Charolais
75012 - Paris
Tél : (1) 43 44 61 80

Photo de couverture :
RAPHO © Richard Phelps Frieman

ISBN 2-907993-15-1

Préface

par Gilles Perrault

Les dernières années ont été remplies d'événements si dramatiques, en France comme dans le monde, que *l'affaire des 7 de Lezennes* paraît bien minuscule. Pourtant, ceux qui s'y sont engagés ne l'oublieront jamais. Pédagogique par excellence, elle leur a dispensé une lumineuse leçon de choses. Si l'on me demande de dire en trois mots la trahison socialiste, je réponds : *l'affaire des 7*.

Les faits sont simples. En 1989, un Ministre des PTT, Paul Quilès, prépare la réforme de La Poste que l'on sait. Il lui faut aplanir le terrain, isoler les foyers de résistance potentiels, et, si possible, les réduire. Le centre de tri de Lille-Lezennes est un bastion du syndicalisme combatif. L'année précédente, en 1988, il a mené une grève victorieuse. Deux syndicats bénéficient à égalité de la confiance des employés : la CGT (36 % des voix) et SUD (35 %). SUD est un tout jeune syndicat créé par des militants dynamiques que la CFDT, soucieuse de s'adapter à l'air du temps, a chassés de ses rangs. Après cette purge, la CFDT s'effondre à Lezennes à 6 %...

Ce livre raconte l'incroyable cascade de provocations élaborées par le ministère pour casser les reins de Lezennes. La hiérarchie s'était engagée, au terme du conflit de 1988, à créer 21 emplois supplémentaires : le centre traite notamment un courrier massif de vente par correspondance (La Redoute, Damart, etc). La promesse n'a été tenue que partiellement.

Alors que le personnel exige que tous les postes soient pourvus, on lui annonce... la suppression de 14 emplois ! Ainsi le matador agite-t-il le chiffon rouge devant le taureau. Puis, une provocatrice descente sur les lieux du nouveau directeur départemental, petit bonhomme qui se veut napoléonien, sa prétendue séquestration, le dépôt d'une plainte pénale, la demande de sept révocations par la hiérarchie. Jamais une sanction aussi radicale n'avait été réclamée aux PTT depuis 1953.

Ceux dont on exige la tête appartiennent tous au syndicat SUD. On compte parmi eux un membre du bureau fédéral, un secrétaire régional, un trésorier régional et un secrétaire de section. Le but est clair : il s'agit de décapiter le jeune et encore fragile syndicat. Un journaliste, Eric Dupin, rapportera la phrase lancée par Quilès à ses amis de la direction du parti socialiste : *«Ces gars-là sont des gauchistes, ils ne remettront jamais les pieds dans l'administration des PTT !»*[1]. On croirait entendre le Marcellin des années 70.

Ce livre scrupuleux jusqu'au détail n'est pas exempt d'un certain suspens. A chaque phase de l'affaire, le lecteur se dit : *«Ils n'oseront pas»*. Le lecteur se trompe. Ils ont osé porter plainte pour séquestration alors que le Napoléon de poche déclarait lui-même à la presse, pendant l'événement, qu'il *«ne se sentait nullement séquestré»*. Ils ont osé accuser les 7, et eux seulement, alors que 72 employés, présents sur les lieux de la prétendue séquestration, demandaient par pétition à être poursuivis avec leurs sept camarades, qui n'avaient fait ni plus ni moins que les autres (mais ces 72 employés, sans responsabilités à SUD, ne présentaient évidemment aucun intérêt...). Ils ont osé appliquer l'amendement Lamassoure, qui prévoit qu'une grève d'une heure entraînera privation d'une journée entière de salaire, amendement voté par la droite lors de la première cohabitation sous les huées des députés socialistes, qui le qualifiaient de *«scélérat»*, et s'étaient engagés, *«Quilès-Marcellin»* en tête, à l'abroger dès qu'ils redeviendraient majoritaires... Rarement a-t-on vu un pouvoir trahir ses principes et renier sa parole pour atteindre cet objectif, à la fois si dramatique et si dérisoire : l'écrasement d'une poignée de militants.

1 . *L'après Mitterrand*, Éditions Calmann-Lévy, 1991

Le mouvement de solidarité fut à la hauteur du cynisme ministériel. Des personnalités, comme on dit, apportèrent leur appui aux 7. Pour beaucoup d'entre elles, l'engagement est une habitude. Mais aucune, j'en suis sûr, ne me démentira si je dis que notre engagement, bien loin d'être routinier, fut ici d'une qualité affective exceptionnelle. Nous étions scandalisés par la grossièreté des manœuvres éhontées de la hiérarchie, par l'injustice dont étaient victimes des militants irréprochables. Le concours décisif vint de la Ligue des droits de l'homme. Admirable Ligue ! On est sûr de trouver des organisations à vocation proche de la sienne dans les affaires placées sous l'adorable rayonnement médiatique. Lorsque les caméras de télévision ne se déplacent pas, la Ligue est là, seule, mais solide au poste. Sa section lilloise se livra à une enquête approfondie et publia un rapport faisant justice des pitoyables accusations portées contre les 7. Son ancien président, Henri Noguères, s'engagea à fond dans la campagne de soutien : ce fut son dernier combat. Ses successeurs, Yves Jouffa et Madeleine Rebérioux, interpellèrent sans relâche le pouvoir. La Ligue ne jouissant pas d'une réputation de gauchisme échevelé, il devenait difficile à *«Quilès-Marcellin»* de faire prospérer sa thèse du *«complot trotskiste»*. La presse régionale, voire nationale, remplit scrupuleusement son devoir d'information. Les élus locaux de gauche montèrent au créneau, communistes bien sûr, mais aussi socialistes, et au premier rang de ceux-ci, Pierre Mauroy et Bernard Dérosier. Partage astucieux des tâches entre des élus soucieux de préserver leur fonds de commerce électoral et le camarade-ministre acharné à casser du militant ? Nous ne ferons pas aux premiers l'injure de le supposer. L'excès même de la répression ne pouvait que heurter des hommes gardant au fond d'eux-mêmes quelque chose de la tradition du mouvement ouvrier.

Mais cette mobilisation exceptionnelle ne fut possible que grâce aux militants. Les 7, d'abord, qui luttaient sans doute contre l'injustice personnelle qui leur était faite, mais aussi et surtout, pour la défense des libertés syndicales et des droits du citoyen. C'est grâce à leur pugnacité, à leur inventivité, à leur opiniâtreté, qu'un mouvement puissant réussit à se développer et à perdurer contre vents et marées. Leur combat, mené dans un environnement politique et économique aussi défavorable que possible, restera exemplaire. Ils l'auraient perdu sans la solidarité de leurs camarades du centre de tri. Ils ne l'auraient pas gagné si leur syndicat, SUD, n'avait été jusqu'au bout à leurs côtés.

A six reprises, *«Quilès-Marcelin»* fut obligé de reculer. Il ne le fit que contraint et forcé, toujours renaclant, chipotant et truquant, jusqu'à la farce finale d'une *«amnistie»* proclamée à son de trompe qui ne changeait rien à la réalité des sanctions subsistantes.

Un pouvoir sans âme avait décidé de perdre sept militants syndicalistes. Il a réussi à leur gâcher la vie pendant trois ans, et, pour plusieurs d'entre eux, les conséquences sont irréparables. Mais il a au bout du compte échoué. Grâce à la lutte, l'injustice n'est pas passée.

Ce livre devait être écrit. Il faut qu'il soit largement lu. Ce qui s'est déroulé à Lezennes résume au fond ce que le peuple de gauche, comme disait jadis le Parti socialiste, a vécu pendant dix ans, c'est-à-dire la trahison de ses espérances et la métamorphose d'hommes se réclamant d'un héritage généreux en gérants impitoyables utilisant les méthodes des pires patrons de combat. Au-delà de sa dimension humaine, «l'affaire des 7» est riche de symboles. Elle débute en 1989, l'année du bicentenaire de la Révolution et des droits de l'homme. Elle a pour acteur principal Paul Quilès, dit Robespaul, l'homme qui avait étonné la France au congrès de Valence, en réclamant des têtes : on ne soupçonnait pas, à l'époque que c'était aux têtes de militants syndicalistes qu'il songeait. Le même Quilès, désertant sa circonscription parisienne, se présente aujourd'hui à Carmaux, dans la circonscription du grand Jaurès. Pour certains, décidément, le cynisme peut être une carrière.

A Henri Noguères

Rétablir la vérité

Il y a tout juste trois ans, démarrait ce qui allait rapidement devenir l'affaire des *7 de Lezennes*. Pour la première fois depuis 1953 dans la fonction publique en dehors des corps directement liés à l'appareil d'État – armée, police, gardiens de prison – sept révocations étaient demandées à l'encontre de sept syndicalistes, pour leur action au cours d'un conflit du travail au centre de tri postal de Lille-Lezennes : conflit somme toute assez banal, comme il y en a eu de nombreux dans les centres de tri durant les dix dernières années.

Pour un jeune syndicat comme SUD, qui n'avait à l'époque même pas un an d'existence, faire face à une telle répression n'était pas simple.

Si ce combat a été celui de toute la fédération SUD, il a été aussi celui de nombreux agents des PTT, de nombreuses personnalités, de forces syndicales, associatives et politiques très diverses : tous se sont regroupés autour des 7 pour s'opposer à ce qui est apparu très vite comme un déni de justice. Tous ont eu en commun la défense des libertés démocratiques, et au cœur de celles-ci, le droit pour les salariés de se défendre et d'agir avec les syndicats de leur choix.

Au cours de ces trois années, il y eut des moments de grande émotion, de colère mais aussi d'angoisse et de découragement. A chaque fois, l'existence d'un collectif aussi large a permis de garder l'espoir, de ne jamais baisser les bras et de faire reculer les auteurs de la répression.

A l'heure où les désillusions et le découragement sont parfois de mise, la qualité et les résultats de ce combat autour des *7 de Lezennes* montrent que les valeurs de solidarité et d'émancipation ont encore toute leur place dans ce pays. C'est pour nous un encouragement pour l'avenir, un encouragement à faire vivre notre syndicalisme autour des valeurs que nous nous sommes données : *«Solidaires, Unitaires, Démocratiques»*.

En publiant ce livre, ce n'est pas l'esprit de revanche qui nous anime, mais la volonté de laisser un témoignage écrit pour notre mémoire collective. Ce dossier a été suffisamment important, a mobilisé suffisamment de temps et d'énergie pour qu'il ne tombe pas dans les oubliettes de l'histoire sociale. Ce livre est aussi un livre pour la dignité et la vérité. Au centre de cette affaire, il y a avant tout des êtres humains, une femme et six hommes, qui ont été traités comme des «délinquants». La répression qu'ils ont subie a laissé des traces pour chacun d'entre eux, leur vie familiale et professionnelle a été bouleversée : leur seul crime étant d'avoir été acteur dans un conflit du travail. Ecrire ce livre, c'est aussi, en rétablissant la vérité, leur rendre leur dignité.

Enfin ce livre est là pour témoigner de cette formidable solidarité qui s'est faite jusqu'au bout, autour de ce dossier. Nous tenons particulièrement à rendre hommage à Henri Noguères, ancien président de la Ligue des droits de l'homme (LDH), décédé en 1990, dont le combat aux côtés des 7 aura été un des derniers. A travers sa mémoire, c'est toute l'action de la LDH, de ses responsables locaux et nationaux, que nous voulons saluer. La LDH a été au cœur de cette mobilisation car, pour elle, le droit à la citoyenneté ne s'arrête pas à la porte de l'entreprise.

L'idée d'un livre sur cette affaire a été avancée pour la première fois à l'issue des conseils de discipline de février 1990. Pourquoi sort-il seulement trois ans plus tard ? Il est très difficile de tirer le bilan d'une affaire avant sa conclusion : or, Michel Mercier (un des 7) n'a pu réintégrer le centre de tri de Lezennes qu'en janvier 92. Nous devons aussi préciser que le dossier est actuellement en l'attente d'un jugement du Tribunal administratif.

Et puis, la réalisation de ce livre a nécessité, au préalable, la compilation d'un dossier volumineux, puis la mise en ordre des faits et des idées. Reconnaissons que nous avions sous-estimé la lourdeur de la tâche, mais que, pris dans sa réalisation, nous avons eu l'ambition de faire un travail de qualité, et cela prend du temps ! Pour ce faire, la fédération SUD ne disposait que de peu de moyens dans une période où elle se devait de répondre à de nombreux dossiers revendicatifs et aux inquiétudes du personnel quant à l'avenir des PTT. C'est, au nom du bureau national de SUD, que Gisèle, Thierry, Annick et Josseline, ont assuré ce travail. Par l'énergie et le temps qu'ils y ont passés, ils ont permis que ce livre voit le jour.

Enfin, nous tenons à remercier pour l'aide apportée à la réalisation de ce livre, Gilles Perrault (écrivain), Maître Jean-Louis Brochen (bâtonnier de l'ordre des avocats du barreau de Lille) et, pour son encouragement amical, Monseigneur Jacques Gaillot (Évêque d'Évreux).

L' affaire des 7 peut apparaître comme *«une goutte d'eau»* dans la trop longue histoire de la répression du syndicalisme. Aujourd'hui, à travers le monde, des syndicalistes sont emprisonnés, voire assasinés. En France, ils sont *«seulement»* sanctionnés ou licenciés… Mais partout, ce combat a le même sens : celui du respect des droits et de la dignité des femmes et des hommes au travail.

Ce livre est dédié à tous les syndicalistes en butte à la répression.

Annick Coupé
Secrétaire générale de la fédération SUD - PTT

** Tous les documents concernant l'ensemble de l'affaire sont tenus à disposition de toute personne désirant les consulter.*

Photo SUD

Le centre de tri automatique de Lille-Lezennes où chaque jour un peu plus de sept cents agents trient environ trois millions d'objets.
Au premier plan, la grille où le directeur départemental se serait senti*«séquestré...»*

Introduction

Lille-Lezennes : au cœur d'une région

Le centre de tri de Lille-Lezennes joue un rôle clef dans l'économie de la région Nord-Pas-de-Calais. Il sert de plaque tournante à la vente par correspondance (VPC) de l'industrie textile : *Les 3 Suisses, La Redoute, Blanche-Porte...* Qui ne connaît ces catalogues ? Ces échanges commerciaux intenses font partie intégrante des tâches des postiers du Nord, particulièrement de ceux de Lille-Lezennes. Même si avec leurs systèmes de livraison à domicile, les grandes firmes tentent de contourner les PTT, le trafic VPC passe à un moment donné entre les mains des postiers. Ce n'est pas d'aujourd'hui que le patronat, petit et grand, de la VPC du Nord fait pression pour *«ne pas être l'otage»* des grévistes des PTT. Pressions politiques, chantages, détournement, tout est bon pour que le trafic passe à n'importe quel prix, dans n'importe quelles conditions... Peu importe s'il faut pour cela donner des coups de canif dans le droit de grève.

Le centre de tri de Lezennes se situe dans un ensemble postal lillois qui comprend également le centre de chèques postaux – majoritairement féminin – la Recette Principale, Lille-Moulins et d'autres bureaux de poste de moindre importance.

La Poste 24 h sur 24

Le travail est organisé par roulement avec des régimes horaires alternés chaque jour, appelés en jargon PTT *«brigades»*. Chaque brigade a son mode de relations, sa vie propre, sa façon de se situer dans les conflits, en bref, ses traditions.

Dans le centre de tri, essentiellement masculin (seulement 10% de femmes au moment des *«événements»*), 730 personnes âgées de 25 à 55 ans passent 37 heures par semaine à trier et manipuler plus de 2 000 000 d'objets, de lettres et de paquets, chaque jour. Les salles de travail, entrepôt, tri, ensachage, encodage, ont leurs travaux pénibles et leur hiérarchie. La pyramide hiérarchique se compose de grades d'exécution (préposés, agents d'exploitation, contrôleurs), de grades de maîtrise et d'encadrement. En haut de la pyramide se trouve le chef du centre ; un directeur départemental chapeaute les activités postales du Nord. A l'époque des faits – 1989 – un préposé débutait à 4800 F par mois. Pour le personnel d'exécution les salaires variaient entre 5000 et 7000 F. Les agents sont en majorité titulaires à l'exception des auxiliaires appelés en renfort pour compenser le manque d'effectif.

Un centre de tri qui gagne

Les acquis sociaux sont très importants dans le centre. On peut même raisonnablement affirmer qu'avant le conflit de 1989 les régimes de travail de Lezennes sont parmi les meilleurs des centres de tri du territoire national. Toutes les brigades ont un temps de travail journalier inférieur de 45 minutes à la durée plancher en centre de tri. Les brigades de jour bénéficient de trois week-end sur quatre avec deux jours de repos consécutifs (samedi ou lundi). Toutes les attaques nationales de l'Administration ont échoué au centre de tri (réorganisation des centres de tri en 1983...). Pour autant, chacun s'accorde à reconnaître qu'à Lezennes, *«ça travaille»* ; l'Administration a toujours admis que la productivité du centre de tri de Lille était excellente, parmi les plus efficaces de France.

Quatre raisons expliquent cette situation.

Premièrement, il s'agit d'un centre où règne une très grande stabilité du personnel ; l'existence d'une bonne ambiance n'y est pas étrangère. Le centre de tri d'origine date de 1962 ; nombreux sont les anciens qui ont connu mai 68 et la grande grève des PTT de 1974. Une bonne partie des noyaux des équipes syndicales y milite depuis 1968, c'est dire l'expérience importante du personnel et des syndicats locaux. Sous l'impulsion de ses sections syndicales, le personnel montre au travers de certaines luttes, un très haut niveau de conscience. Sur la notion de service public en particulier, des actions sont menées contre le courrier *«à deux vitesses»* à l'occasion de la mise en place de la filiale Chronopost. Quelques jours avant le conflit de 1988, le personnel fait une grève de 24 heures contre le remplacement des rames ferroviaires postales Paris-Lille par des transports routiers privés.

Deuxièmement, l'union de la CGT et de la CFDT constitue un acquis historique de Lezennes. Ces deux courants représentent depuis l'immédiat après 68 sensiblement chacun 35% du personnel. Immédiatement après la dissolution de la section CFDT à la suite du conflit de 1988, la section SUD a repris à son compte la quasi-totalité des acquis de l'ex-CFDT obtenant 35% des voix alors que la CFDT new-look chutait à 6%. Une très large confiance des salariés s'est globalement maintenue dans les deux sections syndicales car elles ont toujours fait, dans l'ensemble, leur travail : information régulière du personnel, travail de défense acharné sur les cas individuels, attention portée à la prise en charge de manière égalitaire des problèmes de chaque service du centre, ce qui favorise l'unité de tout le personnel... Une CFDT, puis un SUD combatif poussent la CGT à mettre en pratique ses principes au niveau des luttes, une CGT forte incite l'autre équipe syndicale à s'interroger et à s'exprimer sur les positions de sa confédération syndicale... Malgré la division exacerbée des années 80 entre les appareils syndicaux, l'unité syndicale à la base tient bon à Lezennes, principalement d'ailleurs parce que la section (ex) CFDT refuse volontairement certaines polémiques aussi inutiles que nuisibles et s'oppose aux pressions de sa hiérarchie syndicale. Ainsi, une véritable «émulation» en même temps qu'une complémentarité des deux équipes syndicales font la force du personnel du centre de tri. Dans l'entreprise, le seul interlocuteur réel de l'Administration reste le syndicat à un moment où cette situation est dépassée en de nombreux endroits du fait de la conjugaison de la perte de crédibilité des syndicats et d'une politique visant à les court-circuiter.

Troisièmement, la vie syndicale du centre est extrêmement démocratique, la grève de 1974 a permis d'obtenir la tenue de réunions d'information du personnel sur le temps de travail. Il n'est pas une réunion avec la direction du centre ou avec la direction départementale qui ne donne lieu à une assemblée générale bien souvent doublée d'un tract de chaque section syndicale donnant son analyse et ses propositions. Aucune revendication, aucune action n'est décidée sans un vote du personnel (à main levée depuis 25 ans). Ces assemblées générales permettent tout naturellement en période de lutte une prise en charge de l'action par le plus grand nombre. Et puis une assemblée générale avec pouvoir décisionnel, qui reprend les «bonnes idées» (en laissant les mauvaises) de chaque équipe syndicale et aussi de chaque agent, garantit l'unité du personnel et l'unité syndicale.

Enfin, toutes les grandes échéances sociales ont donné lieu à une participation importante du personnel du centre de tri. Dans les années 70, chacune des grandes journées d'action est suivie bien souvent à 80%. Le centre de tri connaît des grèves locales massives (avec occupations des locaux, blocages des grilles...) en 1982 (application des 39 heures), en 1983 (plan Daucet prévoyant une réorganisation des centres), en 1985 (première étude d'effectifs) puis en 1988... Il faut aussi ajouter que bon nombre d'agents du centre ont des responsabilités associatives, municipales, politiques dont certains à un niveau assez élevé. Presque toutes les organisations politiques de gauche ont un (ou des) militant(s) qui travaille(nt) au centre. Tous les grands débats politiques et de société ont une résonance locale. Et pas seulement à l'occasion des échéances électorales qui voient les appels de soutien à tel ou tel candidat circuler. Existeront aussi au centre de tri, à titre d'exemples, un comité anti-fasciste, un collectif SOS-Racisme... Une *«entreprise politisée»* diront certains, mais le salarié a aussi le droit d'être un citoyen dans l'entreprise, à condition qu'il fasse correctement son travail de salarié et tout le monde est d'accord pour reconnaître qu'*«à Lezennes, ça bosse»*.

La réforme Quilès côté cour

Les événements du centre de tri de Lille, s'ils sont fortement marqués par les caractéristiques locales, prennent une dimension nationale dès lors que la réforme des PTT se veut le banc d'essai de la modernisation de la fonction publique.

Les *7 de Lezennes* ont eu le mauvais rôle dans la pièce des scénaristes bien connus Rocard Michel et Quilès Paul ! La réforme des PTT s'est déroulée comme une pièce en 3 actes :

1er acte : le grand débat public animé par le compagnon Hubert Prévot, ancien conseiller d'une organisation syndicale.

2e acte : le dialogue social à une seule voix et «feu» sur tout ce qui bouge, pour l'exemple.

3e acte : au parlement le vote comme sur du velours de la loi Quilès qui sépare la Poste des Télécommunications, met fin à l'Administration d'État et crée deux exploitants autonomes de droit public. Vous ne connaissez pas ? C'est nouveau, ça vient de sortir...

Malheureusement pour les 7 il ne s'agissait pas de théâtre mais de la vie, de leur vie. C'est essentiellement le 2e acte qui nous occupe ici.

Cause toujours... Tu m'intéresses

1989, c'est l'année du grand débat public animé par Hubert Prévot. Contrairement à l'habitude, les postiers sont conviés à s'exprimer, à dire ce qu'ils ont sur la «patate». Ils sont surpris, ils sentent un frémissement, ils participent sincèrement aux réunions. Ils disent ce qui ne va pas, ce qui devrait changer, ils réaffirment leur attachement au statut, aux mutations, seule possibilité de retourner dans leur région d'origine.

Il s'est avéré par la suite, qu'il ne s'agissait pas de démocratie véritable mais d'une sorte de sondage grandeur nature destiné à détecter le malaise de la profession, à repérer les points sensibles sur lesquels il faudrait jouer la prudence pour éviter toute explosion sociale.

Là où le ministre Longuet avait échoué, Quilès déploie tous les moyens pour atteindre un but similaire[1].

Bougez avec La Poste : c'est un ordre

Brochures luxueuses au domicile de chaque agent, débats en vidéo, projections en tout genre, le message doit entrer dans toutes les têtes : La Poste doit devenir une entreprise rentable et compétitive, qui affronte la concurrence. Les missions de service public des PTT sont rappelées pour le décor, pour rassurer ceux qui pensent qu'un réseau de communication démocratique ne s'organise pas par le seul jeu de la concurrence.

Le personnel des PTT est recruté par concours correspondant à un grade comme dans toute la fonction publique. La conscience professionnelle y est largement partagée, on pourrait la qualifier de culture de service public, la solidarité et la combativité font partie des traditions postales, particulièrement dans les centres de tri. Oui, il y a des changements à opérer, des lourdeurs de procédure à supprimer, une contrainte hiérarchique à rendre moins pesante, des conditions de travail à modifier (pénibilité, intérêt...) sans pour autant remettre en cause le service public des PTT. Un réseau postal accessible à tous (riches, pauvres, ruraux, urbains...) est indispensable à la vie économique et démocratique d'un pays comme la France.

1. Il a su s'entourer de conseillers, anciens militants syndicaux, qui dans leur jeunesse tumultueuse, ont bien connu le milieu centre de tri, la grève de 1974, et qui, à l'époque, savaient en apprécier la combativité.

Dans la synthèse élaborée par le ministère, la parole des agents des PTT a quasiment disparu, ce qu'ils ont dit est nul et non avenu et ceux qui osent agir sauront ce qu'il en coûte. Ceux qui doutent, posent des questions, se voient traités de ringards ou apaisés par des propos lénifiants. Dans ce grand débat, les organisations syndicales sont aimablement priées, soit d'approuver en totalité, soit de faire de la figuration intelligente : jamais elles ne seront considérées comme de véritables interlocutrices. Il faut que les agents des PTT comprennent : s'exprimer c'est bien, ne pas bouger, c'est mieux. Les actions de 1988 dans les centres de tri, c'est fini. Avec les révocations des 7 de Lille, c'est l'autre partie du message qui passe : le syndicalisme de lutte ne doit pas entraver l'avancée de la réforme ! Il faut signifier aux agents des PTT qu'à La Poste, bouger c'est risqué. Et le risque est de taille, la révocation, excusez du peu !

En 1990 la loi Quilès sera votée au parlement, et ceci malgré l'opposition des organisations syndicales représentatives de la majorité du personnel des PTT : CGT, FO, SUD, FNSA, CNT. La capacité de riposte du personnel a été considérablement affaiblie par le fait qu'une fédération syndicale, la CFDT, apportait son soutien au projet gouvernemental. C'est une première dans l'histoire syndicale des PTT. Par le passé, des divergences ont existé entre syndicats sur les revendications et les moyens d'action. Un pas a été franchi avec le soutien inconditionnel à un projet gouvernemental. La séparation de La Poste et de France Télécom, le démantèlement des PTT sont pourtant des points sensibles. Pourquoi les syndicats qui recueillent la majorité des suffrages des postiers, n'ont-ils pas réussi à impulser la mobilisation adéquate ?

Les années de crise

A l'issue d'une période économique marquée par la montée du chômage, les grèves sont devenues l'exception et les syndicats n'apparaissent pas comme des moyens efficaces pour résister à la dégradation de la situation. De 1986 à 1988, les cheminots, les infirmières mettent leur coordination au centre de leur lutte et atteignent ainsi de plein fouet la légitimité syndicale.

Depuis de nombreuses années, les confédérations sont divisées, affaiblies par une baisse continue du nombre d'adhérents. La crise du militantisme n'a pas épargné les organisations syndicales. Des entreprises, des services entiers de la fonction publique sont devenus de véritables déserts syndicaux.

Cependant, si ce qui se passe dans chacune des confédérations n'est pas de même nature, le résultat final est, pour toutes, la crise et une perte de crédibilité dans leur zone d'influence habituelle.

La CGT connaît une crise d'orientation profonde et une érosion de sa base militante depuis la fin des années 70. Les militants sont fortement percutés par ce qui se passe dans les pays de l'Est. Ce qui était le socle idéologique de l'organisation est en train de s'effondrer. Dans un cadre où la liberté d'expression n'est pas une vieille habitude, le débat a du mal à s'instaurer. L'orientation de la CGT porte la marque de cette difficulté : la confédération répond au malaise interne en disant *«c'est aux travailleurs de décider là où ils sont, la CGT les soutiendra»*... Aux PTT, la réforme Quilès, à laquelle la CGT est opposée, nécessitait autre chose que des mouvements locaux dispersés et des journées d'action hebdomadaires.

A FO, un courant de la confédération veut être partie prenante de la recomposition syndicale autour de la FEN, de la CFDT, de la CGC pour faire pièce à la CGT et jeter les bases d'un syndicalisme à l'allemande. Ceux qui veulent maintenir le syndicalisme revendicatif dans la tradition FO l'ont emporté avec l'élection de Marc Blondel. Cependant, dans la fédération des PTT, les hésitations sur la conduite à tenir par rapport au projet de loi Quilès attestent de la persistance de débats internes non réglés.

Depuis 1978, Edmond Maire a engagé la CFDT dans une politique d'adaptation à la crise économique, c'est le fameux «recentrage». L'arrivée du gouvernement de gauche en 1981 aggrave les choses. Edmond Maire multipliera ses petites phrases sur les petits boulots, la grève moyen d'action dépassé, les nouveaux espaces de négociation, la réduction du temps de travail avec perte de salaire... Une opposition se dégage dans la confédération pour défendre les revendications des salariés, l'indépendance par rapport au gouvernement, les orientations de la CFDT des années 70. Aux PTT, dès 1984, la fédération CFDT va plus loin : elle avance un projet de réforme des PTT, elle se place en gestionnaire des PTT au détriment de la défense syndicale du personnel. Des structures locales, départementales, voire régionales n'acceptent pas ; elles mènent le débat à tous les niveaux de l'organisation. Au fil des mois les choses se tendent et s'enveniment quand des mouvements éclatent. La fédération CFDT-PTT, de plus en plus ouvertement, choisit son camp, celui de la politique gouvernementale contre ses militants actifs.

En 1988, les luttes qui conduisent chacun à prendre position précipitent la crise : c'est la fracture. La section CFDT de Lille-Lezennes est dissoute en pleine grève ; quelques temps après c'est l'action des chauffeurs des camions jaunes parisiens qui est désavouée. Le congrès de Strasbourg inaugurera la chasse aux *«moutons noirs»* ! Une semaine après ce congrès, l'union régionale parisienne des PTT est suspendue par la fédération. Ces purges radicales et brutales, si elles ternissent l'image démocratique de la CFDT, laissent les mains libres aux responsables fédéraux pour s'engager dans un soutien indéfectible à la réforme voulue par Paul Quilès. Dure épreuve pour ceux et celles qui ont milité pendant des années pour construire une organisation ouverte, combative et, autant que faire se peut, démocratique. Pourquoi un tel gâchis ? Comment des responsables syndicaux en viennent-ils à exclure des militants en pleine grève ?

Des militants, des équipes ont décidé de ne pas renoncer, de ne pas s'effacer, de ne pas se laisser disperser, ils ont décidé de créer un nouveau syndicat aux PTT : SUD comme *Solidaires Unitaires et Démocratiques* et de continuer l'action syndicale aux PTT.

SUD est dans le Nord

Aux élections professionnelles de mars 1989, la toute jeune fédération SUD remporte un certain succès. A Lille-Lezennes, SUD avec 35% des voix fait jeu égal avec la CGT, la CFDT dégringole à 6%. Au plan national SUD, qui n'a même pas trois mois d'existence, réalise le score inespéré de 5 % mais ne sera pas considéré comme représentatif.

Or, le Ministre n'est pas sûr du tout de faire passer sans heurts sa réforme. Il craint des mouvements sociaux, en particulier dans les centres de tri. De ce point de vue, celui de Lezennes est un risque. La jeune fédération SUD, issue du mouvement des coordinations, inquiète. Un nouveau directeur départemental est envoyé en mission pour pacifier les postiers jugés trop combatifs. Le message est aussi destiné, au niveau national, à tous ceux qui voudraient s'opposer à la réforme. Agissant de concert, le Ministre avec son cabinet et la direction du Nord ont voulu frapper le jeune syndicat en pointe et indiquer que les éventuels conflits sociaux seraient traités avec la plus grande fermeté. La tentation était grande pour le pouvoir de se débarrasser de ces empêcheurs de réformer en rond avant qu'il soit impossible de les déloger.

MM. Rocard et Quilès mèneront leur réforme côté cour et côté jardin. Côté cour, c'est la répression classique pour que l'ordre règne ! Côté jardin, ce sont les sourires aux caméras, le mot négociation à toutes les sauces, et des promesses suffisamment vagues pour être trahies...

Carte d'identité du centre de tri postal de Lille-Lezennes

- 730 personnes environ dont 650 sur des postes de travail dits *«d'exploitation»* en salle de tri et à l'entrepôt.
- Lors de son ouverture en 1979, le centre de tri employait 770 salariés et traitait en moyenne 27 millions d'objets par mois.
- En 1988, il compte un effectif de 732 emplois (dont 12 ne sont pas pourvus). En 1988, le trafic mensuel moyen est passé à 45 millions d'objets avec des pointes de plus de 50 millions, avec les mêmes moyens en matériel et machines qu'en 1979.

Les agents sont répartis en cinq brigades principales :
- deux brigades de jour (A et B) de 110 agents chacune, qui se relaient et travaillent, chacune, par poste de 6 h à 13 h un jour et le lendemain, en poste inverse, de 13 h à 20 h ;
- deux brigades de nuit (C et D) de 130 agents chacune, qui travaillent deux nuits consécutives de 20 h à 6 h pour deux nuits de repos ;
- une brigade de «demi-nuit» de 60 agents sur poste fixe de 17 h à 24 h chaque jour.

Il y a par ailleurs une brigade qui travaille tous les matins et une autre qui travaille tous les après-midi.

Résultats des dernières élections profesionnelles (aux commissions administratives paritaires, les CAP) au centre de tri de Lezennes :

- en 1986 :

CGT :	35 %
CFDT:	30 %
FO :	23 %

- en 1989 :

CGT :	36 %
SUD :	35 %
FO :	17 %
CFDT :	6 %
CFTC :	5 %

Chapitre 1

LE CONFLIT DE 1988

Si le centre de tri n'avait pas connu la grève de 1988, il n'y aurait probablement pas eu de conflit en 1989, tout au moins pas sous la forme qu' on lui connaîtra. Le mouvement de 1988 a largement influencé sinon déterminé l'attitude des protagonistes l'année suivante.

Il nous faut donc revenir à cette année-là.

Pour tous les fonctionnaires, le pouvoir d'achat a chuté d'au moins 8% depuis 1982. Au centre de tri de Lille-Lezennes, depuis la dernière étude d'effectifs en 1985, le trafic a augmenté de plus de 10% alors que des dizaines d'emplois ont été supprimés. C'est dans ce contexte que se déroule le mouvement du 8 octobre au 3 novembre.

Concours de circonstances

La gauche vient de revenir aux affaires (présidentielles et législatives). On sort à peine de ce cycle électoral pour en retrouver un autre. Le deuxième tour des élections cantonales a lieu le 2 octobre. Le référendum sur la Nouvelle Calédonie est prévu le dimanche 6 novembre. Il se trouve que la grève du centre de tri se déroule entre ces deux scrutins.

Le nouveau gouvernement Rocard n'a pas encore totalement unifié son orientation politique. On assiste à des déclarations gouvernementales contradictoires : *«dialogue social»* ou *«rigueur»*... On attend de la gauche qu'elle *«refasse du social»*. Le mouvement très populaire des infirmières exerce une forte pression. Les *«bavures»* dans le traitement de ce dossier obligeront même le Président à s'exprimer.

Face aux mouvements sociaux, une certaine presse se déchaîne : *«Quand sortira-t-on de ce cauchemar», «La dictature des coordinations» (*Le Figaro Magazine) *«Quarante trotskistes mènent la grève au centre de tri de Lille», «A Lille, privée de courant à 78 ans à cause de la grève des postes»* (France-Soir)...

La situation exacerbe la détermination de certains secteurs, en particulier les plus réactionnaires du patronat (SNPMI). Quatre cents patrons de la vente par correspondance manifesteront dans les rues de Lille *«Libérez nos courriers»*. Le lendemain, cent grévistes devront faire face à une manifestation, au centre de tri, de trois cents personnes de la vente par correspondance ; quatre entreprises moyennes de la région avaient déplacé, en les payant, une partie de leurs salariés menacés de chômage technique. Le sang-froid des grévistes permettra d'éviter tout incident malgré les manœuvres et les provocations de la direction poussant à l'affrontement. La section CFDT de l'époque jouera un rôle important : Michel Mercier en ouvrant les grilles pour permettre le dialogue entre travailleurs et ainsi réduire la tension, Philippe Legrand en prenant la parole devant les travailleurs de la vente par correspondance. Il est vrai que les petites et moyennes entreprises sont plus touchées par une grève dans le courrier que les grandes qui ont d'autres possibilités pour saisir les commandes.

Cette mobilisation du patronat poussera le gouvernement à en terminer avec le conflit. En venant au centre de tri (dans la mesure où les grévistes ont su résister à la pression), les manifestants de la vente par correspondance ont certainement favorisé une issue positive au conflit.

La grève appartient à ceux qui la font

Le conflit est déclenché, dans la nuit du vendredi 7 au samedi 8 octobre, par un arrêt de travail spontané de la base, consécutif aux conditions d'embauche de deux auxiliaires de 3 h à 6 h du matin ! *«Goutte d'eau»* qui fait déborder le vase. Ce mécontentement se traduit par un arrêt de travail d'une heure. Mais la loi en vigueur (l'amendement Lamassoure[1]) implique

1. Amendement Lamassoure : du nom du député de droite qui, en 1987, a réintroduit ce principe abrogé par la loi Le Pors en 1982.

le retrait d'une journée entière de salaire quelle que soit la durée de l'arrêt de travail.

Insolence ouvrière

Paul Quilès, en visite aux chèques postaux de Lille le 10 octobre, contribuera au déclenchement du mouvement. A une interrogation de la CGT sur les problèmes d'effectifs à Lezennes, le Ministre proposera pour toute «solution» l'embauche de nouveaux auxiliaires. Bien mal lui en prit ! L'action interrompue dans la journée du 11 reprenait dans la nuit par des arrêts de travail d'une heure mais cette fois de manière reconductible.

Une majorité du personnel se sent totalement concernée par le mouvement. La plate-forme revendicative est élaborée et votée en assemblées générales et en réunions de grévistes pendant les arrêts de travail :

- un salaire mensuel de 6000 F minimum,
- une augmentation de 1500 F par mois pour tous,
- la création de 38 emplois dans le centre,
- l'embauche des auxiliaires dans les mêmes horaires que les titulaires,
- l'abrogation de l'amendement Lamassoure.

La base exigant que son mouvement lui appartienne, elle porte une attention sourcilleuse au contrôle réel du mouvement par les assemblées générales décisionnelles : propositions, discussions et votes à main levée (pour, contre, abstention). Deux assemblées générales inter-brigades rassemblant des délégations de toutes les brigades auront lieu.

La confiance dans les sections syndicales est grande parmi le personnel ; pourtant si un syndicat cherche à imposer son point de vue, il est rapidement et amicalement remis à sa place.

La forme que prendra le conflit, grève tournante avec piquet aux grilles, favorise et en même temps répond à cette demande de prise en charge collective. Plusieurs dizaines d'agents viendront passer une bonne partie de deux week-ends successifs (dont un long week-end de la Toussaint), extrêmement froids, autour d'un brasero[1] pour garder les grilles.

Une structure, qui aurait pu s'appeler comité de grève, rassemblera à plusieurs reprises la section CFDT de l'époque, des militants CGT, des dissidents de la section FO (les responsables de FO s'opposent au mouvement

1. Prêté par les cheminots CGT d'Hellemmes (commune limitrophe de Lille).

mais une bonne partie de leur base y participe) et des non-syndiqués. Les assemblées générales désigneront leurs délégations et exigeront la participation aux négociations de non-syndiqués reconnus par le personnel. Jusqu'au bout, les responsables départementaux CFDT, FO et CFTC des PTT (coupés de leur base) ne représenteront qu'eux-mêmes au grand dam de l'Administration. En d'autres circonstances, ces négociations séparées auraient introduit des divisions, dans le cas présent l'unité à la base ne sera pas entamée.

Cette réalité fait écho au contexte de la rentrée sociale 1988, marquée par une remontée des luttes et surtout par une évolution dans les formes de prise en charge de l'action, dont les «coordinations infirmières» représentent l'exemple le plus significatif.

Jamais moins

Les agents placent l'augmentation du pouvoir d'achat au cœur de leurs revendications, avant même la demande d'effectifs supplémentaires. Le personnel est conscient que Lezennes ne peut gagner seul sur de telles revendications, mais il lui semble naturel de ne pas demander autre chose que ce qui paraît prioritaire et surtout légitime. Après un mois de conflit, le personnel jugera encore insuffisantes les propositions faites par la direction, faisant valoir que l'amélioration du pouvoir d'achat n'a été obtenue que sous la forme de primes.

Démarré sur un problème d'emploi d'auxiliaires taillables et corvéables à merci, ce conflit remet en cause la logique générale de la flexibilité des horaires. Face au refus initial du directeur départemental de l'époque d'ouvrir une réelle négociation, les sections CGT et CFDT interpelleront par télégramme le directeur régional des postes, le Ministre et le préfet avec le cabinet duquel elles obtiendront une entrevue. Elles rencontreront aussi le cabinet de Pierre Mauroy et des élus du PCF.

Les sections syndicales, lorsqu'elles essaieront de proposer une revendication intermédiaire (20 emplois à valoir sur l'étude d'effectifs), seront tout de suite remises au pas, le personnel marquant son intransigeance sur les revendications.

Ce conflit a tout de suite trouvé son souffle et l'a gardé jusqu'au bout.

A l'initiative

Dans chaque brigade, le personnel se structure en groupes, chaque groupe fait grève une heure avec présence aux grilles, ainsi bloquées en permanence (jour et nuit). Tout le courrier peut rentrer – ce qui a donné du travail jusqu'à l'assèchement entrepris par l'Administration – mais rien ne peut sortir sauf les mandats pour les retraités et les économiquement faibles, les médicaments, sérums, vaccins, radiographies et les plis mortuaires.

Qu'un rassemblement destiné à obtenir une rencontre avec la direction départementale n'aboutisse pas et les grévistes *«visitent»* un centre de tri parallèle, y remplissent d'office une camionnette de courrier, pour le rapatrier au centre de tri.

Que l'Administration menace par une deuxième lettre individuelle d'appliquer l'amendement Lamassoure et, le soir, la rame automotrice postale pour Paris est bloquée, les voies de chemin de fer situées dans l'enceinte du centre ayant été encombrées d'objets par les grévistes.

Que le directeur départemental refuse la présence de non-syndiqués lors d'une audience prévue à 21 h, et une assemblée générale décide d'accompagner massivement, à 22 h, ses représentants à la direction départementale pour exiger la reconnaissance de sa délégation.

La hiérarchie est déboussolée car elle ne comprend pas quelle lame de fond agite le personnel. Elle croit calmer les esprits en embauchant les auxiliaires dans les mêmes horaires que les titulaires et en promettant une étude sur les effectifs nécessaires au centre ; mais cela ne fait que renforcer le mouvement, le taux de participation à la grève passant de 40 à 55% au début du conflit à une fourchette de 55 à 90% à la fin du conflit.

L'Administration s'affolera dans la *«gestion»* du conflit.

Un jour, des noms au hasard sont relevés aux grilles et... le lendemain, des négociations sérieuses sont ouvertes et les menaces de sanctions retirées. Après l'intervention des grévistes au centre de tri parallèle, la direction indique qu'elle le supprime ; puis elle fait volte face et annonce le contraire.

L'Administration sera prise de court par le blocage des grilles. Cette forme d'action, outre qu'elle fait percer le conflit sur le plan médiatique (plusieurs passages sur les chaînes nationales), permet d'imposer l'ouverture de discussions sérieuses. Il faudra pourtant plusieurs négociations (dont l'une jusqu'à 2 h du matin) pour obtenir :

- 21 emplois au total,
- une prime ponctuelle de surcroît de travail de 1250 F,
- une prime mensuelle de technicité de 85,85 F pour une partie du personnel,
- la limitation des retenues pour grève à deux journées de salaire, après un mois de grève quotidienne d'une heure.

Et dans les suites de l'action, deux jours de repos supplémentaires par an pour les brigades de jour et demi-nuit.

Le samedi 29 octobre après-midi, le directeur régional et le directeur départemental rendront une première visite au centre de tri répondant ainsi à une proposition des grévistes ; ils participeront le 2 novembre au matin à une assemblée générale du personnel du centre. Ils seront visiblement surpris par l'ampleur et la qualité des interventions d'agents n'attendant pas leurs représentants syndicaux pour s'exprimer. La presse présente parlera de la *«détermination de grévistes convaincus»*.

En 1988, l'implication du personnel, syndiqué comme non-syndiqué, dans la conduite du conflit est exemplaire. A l'image des diverses *«coordinations»* de l'automne 1988, le personnel veut prendre sa lutte en mains. Et cette situation inquiète beaucoup ceux qui sont de l'autre côté de la table des négociations.

Avec d'autres

Le mouvement des infirmières et des professions de la santé perdure. Octobre et novembre sont marqués par des grèves importantes à la SNCF, dans les transports, à l'EDF, à la Sécurité Sociale. La presse parle d'*«automne chaud»* et même de *«réveil social»*. Le gouvernement semble secoué par la pression sociale.

En cette rentrée 1988, Lezennes se trouve être le premier centre aux PTT à partir en grève reconductible, méthode d'action dont les infirmier(e)s ont montré l'efficacité. Un élargissement de la grève sur des revendications identiques apparaîtra dans les centres de tri parisiens puis provinciaux : Rouen, Bordeaux, Nancy, Bobigny, Marseille. Mais aussi dans de gros bureaux de poste. A tel point que la section CFDT de Lezennes de l'époque tiendra au jour le jour, une liste actualisée des bureaux dans l'action. Le centre de tri parisien de la gare de Lyon, en grève à partir de la mi-octobre, jouera le rôle de centralisateur des informations.Cette *«coordination»* débouchera sur la mise en place d'un comité national de liaison provisoire qui se réunira le 18 novembre puis le 10 décembre. Ce comité qui réunissait des représentants de 18 villes et 31 centres de tri entendait construire la perspective d'une grève générale aux PTT.

Dans la région Nord aussi, on assistera à un frémissement social (Lille

Recette Principale, Lille-Moulins...) pendant et après le conflit. De gros bureaux de poste de Lille verront une partie de leurs revendications satisfaites par peur de la contagion. L'Administration craint la reprise, par d'autres, de la forme d'action adoptée (l'heure de grève tournante), ce qui fut d'ailleurs le cas à certains endroits. Les centres de tri d'Arras et d'Amiens partiront en grève. Les informations données par des délégations du centre de tri, qui sont envoyées un peu partout dans d'autres bureaux de poste, ne sont pas étrangères à ces mouvements.

Tater le terrain

En cet automne 1988, le principal problème de Paul Quilès, comme du gouvernement, est de laisser passer l'orage social. La grève reconductible du centre de tri de Lille représente un foyer d'agitation en province. Le Ministre y voit très certainement le danger d'une extension du mouvement. De plus, fin octobre, la grève des chauffeurs des PTT (le mouvement des camions jaunes) prend sérieusement forme. Ils bloquent l'accès des centres de tri postaux parisiens avec leurs véhicules. Les médias commencent alors à se pencher sérieusement sur la situation aux PTT. D'ailleurs, fin novembre, la droite cherchera à exploiter la situation en posant, à l'Assemblée Nationale, une question orale à Paul Quilès sur les conflits des chauffeurs de La Poste et du centre de tri de Lille-Lezennes.

A Lezennes, la non-application de l'amendement Lamassoure et l'augmentation de salaire, sous forme d'une prime, n'ont pu se faire qu'avec l'aval du Ministre des PTT. Dans l'ensemble de la fonction publique et plus encore aux PTT où cette habitude était érigée en principe, il n'est pas courant que l'Administration accepte de sortir localement du cadre général.

Paul Quilès aura la même politique avec les chauffeurs des camions jaunes de La Poste, il acceptera l'arrêt de la privatisation de ce service et un plan de reclassification significatif propre à cette catégorie de personnel.

Alors que la stratégie des négociations salariales *«à froid»* dans la fonction publique – démarrées justement pendant le conflit – permettra de décrocher seulement une augmentation de 2,2% (signée par CFDT, FO, FEN, CFTC, CGC et FGAF), le centre de tri obtenait lui, seul, par une action *«dure»* presque autant, en pouvoir d'achat pour un salaire moyen. Au centre de tri, le personnel avait cette fois le sentiment que, grâce à son action, l'Administration avait enfin reconnu son point de vue, ses préoccupations et pris en compte une partie de ses revendications.

Ces conflits vont servir de thermomètre à Paul Quilès. Celui-ci a un objectif : laisser son empreinte par une modification du statut des PTT.

C'est avec ce grand dessein que l'ancien Ministre de la défense a accepté de prendre dans le nouveau gouvernement le ministère, somme toute subalterne, des PTT. Cinq mois à peine après son arrivée avenue de Ségur, il n'a pas encore décidé comment changer le statut des PTT. Paul Quilès et le ministère observent et prennent conscience des motivations profondes des conflits chez les postiers : la reconnaissance sociale et salariale.

En cette fin d'année 1988, le Ministre comprend qu'il ne parviendra pas à modifier le statut sans contrepartie. Non, il ne fera pas l'erreur de son prédécesseur Gérard Longuet (Ministre des PTT sous le gouvernement Chirac de 1986 à 1988).

Le 23 décembre 1988, il écrit à tous les postiers et télécommunicants : *«(...) La dimension sociale a été réaffirmée dans des choix clairs. Des mesures indemnitaires nouvelles, spécifiques au ministère (...). Chaque agent recevra une somme de 680 F au titre de l'intéressement aux gains de productivité réalisés en 1988. Nous avons aussi assisté, dans certains secteurs, à l'expression d'inquiétudes ou de mécontentements. Je n'ai pas l'intention de négliger cette situation, même si j'ai dû stigmatiser les risques que son exploitation faisait courir au service public. Nous allons maintenant dessiner pour ce service des perspectives dans lesquelles chacun d'entre vous trouvera toute sa place. C'est le sens du grand débat public que j'ai décidé de lancer...».*

Pour calmer le jeu, le Ministre obtiendra même de Bercy une réduction des suppressions d'emplois prévues en 1989 aux PTT. Quilès engagera une grande campagne de communication au discours extrêmement rassurant. Ce *«grand débat public»* aboutira à la loi Quilès.

CFDT : la fracture

Signe avant-coureur de la grande purge des *«moutons noirs»*, intervenue quatre semaines plus tard dans la CFDT, la section du centre de tri en plein conflit subit, la première, la politique d'exclusion de la direction confédérale.

Les équipes qui ne sont pas dans la ligne et qui surtout mettent en pratique une stratégie syndicale différente, fructueuse dans le cas présent, seront éliminées. La répression à Lezennes montre que, contrairement aux affirmations, les exclusions sont une opération préméditée de la direction de la CFDT et n'ont rien à voir avec un prétendu débat démocratique au congrès confédéral.

En plein conflit, le syndicat CFDT-PTT du Nord commence par se désolidariser des grévistes, de leurs revendications et de leurs formes d'action. Le 29 octobre, ce syndicat distribue au centre de tri un tract intitulé *«La CFDT appelle à l'ouverture des grilles». «Non à la surenchère. La CFDT dénonce donc la CGT et tous ceux qui ont voulu entraîner les travailleurs de Lezennes dans une action dure et suicidaire en poursuivant des objectifs politiques qui n'ont rien à voir avec les intérêts du personnel. C'est aussi la même démarche qui vise à faire croire au personnel que l'heure de grève est possible alors que tout arrêt entraîne encore dans la fonction publique le retrait d'une journée du salaire. C'est une loi fonction publique et* JAMAIS [souligné dans le texte], *aucune loi n'a pu être modifiée de cette façon. Avec la CFDT, pour un syndicalisme efficace qui défend les intérêts du personnel»*[1].

Malgré ces pronostics, c'est ce soir-là que le personnel obtient , en plus des 21 emplois déjà gagnés, la prime de 1250 F et la limitation des retenues pour grève à deux jours de salaire.

Par voie de presse, les grévistes et les responsables CFDT de la section du centre de tri, apprennent que *«la CFDT n'est plus dans le conflit... et que s'agissant des francs-tireurs* (les responsables locaux CFDT) *de Lezennes, les responsabilités seront déterminées et des mesures seront prises»*[2]. Le 3 novembre, le bureau départemental vote la dissolution et le retrait des accréditations des militants au niveau local et interprofessionnel (union locale CFDT de Lille), désigne un nouveau représentant, Noël Maës, fait couper la ligne téléphonique et changer la serrure du local syndical... Les militants de la section locale CFDT, en lien avec les adhérents, décident d'agir pour être rétablis dans leurs droits, auprès du bureau départemental CFDT-PTT, de la fédération CFDT-PTT, de la région interprofessionnelle CFDT, du bureau national confédéral et du congrès confédéral qui doit se réunir à la fin du mois de novembre. L'attitude de la CFDT est dangereuse

1. Texte intégral de la fin de ce tract CFDT.

2. *Nord Eclair* région du 29 octobre 1988.

pour les militants concernés qui, du jour au lendemain, se retrouvent sans protection face à l'Administration et aux «revanchards».

A l'issue du conflit, lors du pot de la victoire, le personnel manifestera sa sympathie et son soutien à l'ex-équipe locale CFDT en signant un texte (près de 600 signatures) de protestation à destination de la structure CFDT. Presque tous les adhérents CFDT du centre émargeront un appel en direction des différentes instances de la CFDT demandant le rétablissement dans ses droits du bureau de section dissous et l'organisation d'une élection du bureau de section par tous les adhérents du centre. Sans le moindre résultat !

Quelques semaines plus tard, la fédération CFDT des PTT emploiera les mêmes méthodes contre les responsables de l'union régionale CFDT-PTT et certains syndicats d'Ile-de-France (à cause de leur soutien à la lutte des chauffeurs des camions jaunes de La Poste et aux coordinations...). A ces militants, la direction de la CFDT ne laisse qu'une seule alternative : se soumettre ou se démettre. Ils créeront la fédération SUD des PTT au début de 1989 ; la quasi totalité de l'ex-équipe CFDT de Lille- Lezennes les rejoint. En mars 1989, SUD obtiendra au centre de tri de Lezennes 35% des voix lors des élections professionnelles, la CFDT 6%[1].

1 . Mais au niveau du département du Nord, SUD, essentiellement implanté au centre de tri, n'obtient que 6 % : cela servira de prétexte, par la suite, pour refuser à SUD la possibilité de tenir, une heure d'information syndicale mensuelle, sur le centre, comme le font les autres syndicats.

Présentation des 7

En 1989, ceux qui allaient devenir les *7 de Lezennes* sont des agents des PTT comme les autres. La Ligue des droits de l'homme dans son rapport d'enquête sur cette affaire avait jugé utile de donner quelques indications car chacun des 7, au-delà de son engagement syndical, a son histoire, sa vie personnelle. C'est cette vie qui sera bouleversée par la répression qu'ils subiront.

- Michel Mercier : 46 ans, marié, 2 enfants. Entré aux PTT en 1964, il a toujours travaillé au centre de tri de Lezennes. Affecté en brigade A, brigade de jour, il est, au moment des faits, secrétaire régional du syndicat SUD.

- Richard Fontaine : 36 ans, marié, 2 enfants, est entré aux PTT en 1975. Après avoir travaillé au centre de tri, il est affecté au centre de chèques postaux de Lille. Au moment du conflit de 1989, il est trésorier régional du syndicat SUD et suppléant au bureau fédéral de SUD.

- Gabriel Leschaeve : 36 ans, marié, 2 enfants. Entré aux PTT en 1982, il est affecté au service entrepôt du centre de tri et travaille en service de 17 - 24 h. Il tient à cet horaire qui lui permet de limiter les frais de garde d'enfants.

- Murielle Fovet : 33 ans, célibataire. Elle est entrée aux PTT en 1974, et a travaillé depuis cette date au centre de tri de Lille-Lezennes. Affectée en brigade C, elle a choisi de travailler en nuit pour avoir une disponibilité suffisante afin de s'occuper de ses parents, âgés et isolés. Elle est, au moment des faits, membre du bureau national de SUD.

- Eric Lamant : 32 ans, marié, 1 enfant. Entré aux PTT en 1978 , il travaille au centre de tri depuis 1984. Il travaille en brigade D (brigade de nuit).

- Philippe Legrand : 32 ans, 2 enfants. Il est entré aux PTT en 1974 et a toujours travaillé au centre de tri de Lezennes. Au moment du conflit de 89, il travaille en brigade B (brigade de jour) et il est secrétaire de la section syndicale SUD du centre de tri.

- Jean Poteau : 31 ans, marié, 3 enfants (sa troisième fille naîtra peu après les conseils de discipline). Entré aux PTT en 1984, il est également affecté au service entrepôt du centre de tri et travaille lui aussi en brigade de 17 h - 24 h.

Quelques repères

Les différents responsables de La Poste concernés en 1989

- Le Ministre des PTT
Paul Quilès

-Le directeur régional des Postes Nord-Pas-de-Calais
Jean Bourgin

- Le directeur départemental de La Poste du Nord
Jean Philip

- Le chef de centre de tri de Lille-Lezennes
Jean - Claude Henniart

- Le chef de centre - adjoint au centre de tri de Lille-Lezennes
Jean Capelle

Ces différents responsables sont là pour appliquer les orientations décidées par le Ministre.

Les trois représentants du Ministre aux niveaux concernés par cette affaire (région, département et centre de tri) sont arrivés dans le courant de l'année 1989 : ils n'ont donc pas vécu le conflit de 1988 du centre de tri.

Le changement de statut des PTT

En 1989, les PTT sont une Administration d'État, avec deux branches dont le personnel est fonctionnaire, régi par le Titre II de la Fonction Publique.

En 1989, se prépare le changement de statut des PTT. Le projet mené à bien par Paul Quilès aboutira à ce que les PTT ne soient plus une Administration d'Etat au 1er janvier 1991. Deux entreprises publiques sont alors créées : La Poste et France Télécom qui disposent, théoriquement, de l'autonomie financière.

Le personnel reste théoriquement fonctionnaire... mais jusqu'à quand ? On embauche de plus en plus de personnel «contractuel», – au-fur-et-à-mesure que les emplois de titulaires sont supprimés – sous statut privé.

Derrière cette pseudo-modernisation des PTT, l'adaptation à la concurrence, considérée comme inéluctable, devient le seul point de référence. Mais cette logique tourne résolument le dos aux missions fondamentales d'un service public de qualité, qui doit permettre à chaque citoyen d'accéder , dans l'égalité, à toutes les prestations offertes.

Chapitre 2

LE CONFLIT DE 1989

Ras le bol

En cette fin 1989, la dégradation des conditions de travail et de vie se poursuit. A Lezennes, la situation est pire qu'en 1988 : manque de matériels, insuffisance d'effectifs... Les promesses de 1988 n'ont été tenues que pour partie. Sur les 21 emplois promis, une douzaine seulement sont pourvus, les dix autres sont occupés par des auxiliaires n'ayant pas la qualification requise pour faire le travail dans de bonnes conditions. L'étude promise en 1988 n'a, un an après, toujours pas donné de résultat. Le 11 octobre, la première réunion sérieuse, destinée au contrôle intermédiaire de cette étude, augure mal de l'avenir : face à une délégation de masse des agents du centre, l'Administration reconnaît que Lezennes est à saturation mais refuse d'admettre qu'il manque des emplois. Par contre, cette réunion apprend, statistiques à l'appui, qu'entre 1985 et 1989, le «service général» (les trieurs de courrier), par exemple, a vu sa productivité augmenter de 25%...

Extraits d'un tract d'octobre de la section SUD :

«Face à cette situation, plus que jamais, l'unité du personnel est une nécessité incontournable. Il faut s'inspirer de l'action des travailleurs des impôts ; ils ont su mettre en place une action reconductible sur quelques revendications simples et claires. Et surtout, depuis le début, leur action est unitaire (unité du personnel et des organisations syndicales). Cette stratégie a obligé le gouvernement à négocier...

Comme l'exprime le personnel, il faut aux plans local et national cesser les initiatives dispersées, concurrentes et sans consistance et proposer une action majoritaire, unitaire, suivie et coordonnée, menée démocratiquement en lien et sous le contrôle des travailleurs concernés. En ce qui concerne les formes d'action, les récentes déclarations sur la non-application de l'amendement Lamassoure dans le conflit des impôts méritent une réflexion certaine».

A partir d'une discussion sur les déclarations de Bérégovoy[1], le personnel entrepôt de la brigade de nuit D – celle dans laquelle se déroulera la nuit fatidique – propose, dans la nuit du 16 au 17 octobre, à tout le personnel d'agir sous la forme d'une heure de grève reconductible. Prenant pour point de départ cette proposition, un certain nombre d'initiatives convergentes permettront le démarrage de l'action. La section CGT décide de pétitionner un préavis de grève d'une heure reconductible sur les revendications nationales et locales. La section SUD écrit aux sections locales CGT, FO, CFDT et FNSA pour une rencontre rapide de tous les syndicats du centre, sans aucun préalable, afin de réfléchir ensemble aux propositions d'action à faire au personnel.

Parallèlement, circule une pétition du personnel demandant l'unité des syndicats avec le texte suivant :

«Appel aux syndicats. L'ensemble du personnel de Lezennes lance un appel solennel à tous les syndicats pour un accord sur une action rapide et efficace afin de faire face aux menaces qui pèsent sur le statut, le salaire et les conditions de travail du postier».

Cette pétition est remise fin octobre à chaque section syndicale du centre accompagnée d'une lettre :

«Veuillez prendre connaissance d'une pétition rédigée par le personnel de Lezennes (tous grades, syndiqués, non-syndiqués) et qui exprime ici unanimement son mécontentement quant au manque de concertation et d'union des divers syndicats face à la situation actuelle alarmante des P TT. Celle-ci est destinée à mettre les syndicats en face de leurs responsabilités, de les faire réagir et non de les attaquer. Leur attentisme, leur manque de tact et leur silence face aux postiers qu'ils sont censés défendre, n'ont que trop duré et de leur réaction face à ce mouvement spontané de la base

1. Bérégovoy alors ministre des finances, à propos de la grève des impôts, à *7 sur 7* : *«Pour une heure de grève, nous ne retirerons qu'une heure de salaire et c'est normal».*

dépendra l'avenir deLa Poste, de son personnel et aussi de ses syndicats. La balle se situe donc dans le camp des organisations syndicales, il est de l'intérêt de tous que nous sortions de ce marasme afin de déboucher sur des actions concrètes destinées à nous défendre rapidement les uns à côté des autres (et non l'inverse). La base s'est exprimée car elle avait son mot à dire, ne la décevez pas, ne nous décevons pas ! ».

Signé : le personnel uni de Lezennes.

Suit cette note : *« 341 personnes ont signé cette pétition en quelques jours. Voilà ce qu'avec un minimum d'organisation et de volonté on peut faire. Maintenant c'est à vous de jouer ! ».*

Cette adresse inquiète du personnel est en fait, principalement destinée aux directions nationales des syndicats. Cependant, sous la pression de cette pétition, une intersyndicale locale CGT, SUD, FO et CFDT se met en place et dépose un préavis de grève pour le 7 novembre après vote dans toutes les brigades. Cette grève se voulait une répétition de celle de 1988. Mais nous étions en 1989... Le contexte est radicalement différent : 1988 c'étaient les infirmières, 1989 ce sont les impôts et Peugeot...

Tout de suite, la direction octroie une prime ponctuelle de deux cent cinquante francs. Elle refuse des effectifs supplémentaires dans l'attente des résultats, annoncés sous trois semaines, de l'étude d'effectifs.

Les cinq brigades observent, chaque jour, un arrêt de travail d'une heure après assemblée générale et vote sur la reconduction du mouvement. Malgré quelques fléchissements passagers, la grève sera toujours majoritaire (autour de 65%) jusqu'au 4 décembre.

Au départ, les revendications locales comme nationales sont mises en avant par le personnel et les sections syndicales CGT, SUD et dans une moindre mesure FO : rejet des conclusions du rapport Prévot servant de base au projet de loi Quilès, maintien du statut d'administration pour les PTT et de la fonction publique pour le personnel, revalorisation de toutes les catégories et amélioration du pouvoir d'achat. La CFDT refuse toute revendication de portée nationale.

La plate-forme revendicative locale est la suivante : un minimum de 20 emplois titulaires, une prime de surcroît de travail pour l'année 1989 de 1500 F et des moyens matériels suffisants pour travailler.

Très rapidement, seules les revendications locales seront reprises massivement par le personnel pour deux raisons au moins. D'une part, le conflit étant isolé, le personnel intègre l'idée qu'il ne sera pas possible cette année de peser sur le niveau national. D'autre part, apparaît une défiance vis-à-vis des appareils syndicaux. Le personnel craint, dans une extension sur les problèmes nationaux, une utilisation de son action par les fédérations syndicales et ainsi la perte de contrôle de son mouvement.

Pour autant, dans sa grande majorité, le personnel a confiance dans la possibilité de gagner à Lezennes. Il pense qu'une lutte bien menée localement peut déboucher. C'est le bilan tiré après le conflit de 1988. Mais l'environnement est devenu moins favorable. Le centre présume trop de ses forces.

Le chat et la souris

Paul Quilès est bien décidé, cette année, à observer la plus grande prudence à l'égard du moindre mouvement social sur ses terres et à ne pas être surpris par des luttes d'ampleur[1]. Il sait que la voie qu'il s'est tracée passe dans une zone de turbulences. Le 8 novembre, dans un discours de rentrée, le Premier Ministre, Michel Rocard doit annoncer officiellement un futur projet de loi pour les PTT et le 14 le budget du ministère est examiné par l'Assemblée Nationale.

Au lendemain du discours de Rocard, le centre de tri de Rouen part en grève de vingt quatre heures reconductible contre le projet gouvernemental de modification statutaire, pour une augmentation uniforme des salaires de 1500 F par mois et des effectifs en nombre suffisant. Rouen appelle à l'élargissement du mouvement. Dans ce contexte, la hiérarchie en lien avec les *«politiques»* recherche l'apaisement à Lille.

A l'issue d'une nouvelle audience, la direction départementale diffuse cette note d'information : *«(...) dans l'immédiat, 10 auxiliaires sont mis à la disposition du chef de centre* [de Lezennes]. *Compte tenu de la surproductivité du centre, les 250 F annoncés lors de l'audience précédente seront vraisemblablement versés à la prochaine paye»*.

1. Il se donne les moyens de sa politique : on connaîtra par la suite en effet, l'existence d'une «cellule de crise» auprès du cabinet du Ministre, chargée de suivre de manière extrêmement régulière les évolutions sur le terrain, en particulier en province; les centres de tri de Toulouse, Lille, Rouen, Marseille sont désignés comme «sensibles» (information donnée après le conflit par une source proche du Ministre et absolument digne de foi mais impossible à dévoiler sauf à briser l'avenir de la personne).

Lors d'une conférence de presse, M. Bourgin, directeur régional *«fait preuve d'un souci manifeste de calmer le jeu et d'apaiser les esprits», «l'étude d'effectifs se traduira par la création de quelques emplois de titulaires au centre de tri»*[1]. Combien ? Le directeur régional n'a pas voulu donner de chiffre mais a parlé de *«cinq, huit ou dix personnes»*[2]. Et le directeur de souligner que le conflit a des racines *«purement locales»*[3]. La direction se prépare cependant à toute éventualité :

«Une partie du courrier est détournée de sa direction normale, à savoir le centre de tri de Lezennes, et acheminée vers d'autres centres de tri. Un centre de tri n'a pas le monopole sur le courrier. C'est La Poste qui a ce monopole et son travail est d'assurer le traitement de ce courrier»[4].

Le 15 novembre, dans un communiqué de presse, le directeur régional *«souligne le sens des responsabilités des organisations professionnelles et du personnel, qui assurent la continuité du service* [en ne débrayant qu'une heure pour chaque brigade, soit cinq heures par jour au total]». Cette attitude, le fait qu'aucune menace n'est formulée[5], et l'octroi de la prime de 250 F sèment l'illusion parmi le personnel. Les agents ayant en mémoire le conflit de l'année précédente, croient en la possibilité d'arracher un résultat à la condition de faire durer le mouvement.

Mais, contrairement à 1988, le conflit de 1989 ne participe pas d'une agitation sociale sérieuse. Dans le Nord, le conflit reste isolé [6]. Pire, le 14 novembre, la grève de Rouen s'arrête[7], il n'y aura pas d'autre conflit important aux PTT à l'automne.

Alors, Paris donne-t-il l'ordre de casser le *«mauvais climat social qui règne au centre de tri pour éviter que ce mouvement ne fasse tâche d'huile dans les autres grands centres de tri français»*[8] ? Veut-on profiter de

1. *La Voix du Nord* du 14 novembre 1989

2. *Nord Eclair* du 14 novembre 1989 et *La voix du Nord* du 14 novembre 1989.

3. Ibid note 1.

4. *Nord Eclair* du 14 novembre 1989.

5. A aucun moment, lors des audiences du 6 et du 10 novembre l'intersyndicale n'a été mise devant ses responsabilités sur l'amendement Lamassoure. Etait-ce un piège destiné à faire s'enferrer le personnel dans la grève ?

6 . Même s'il faut noter la grève des agents du bureau de poste de Tourcoing, qui iront visiter le centre de tri parallèle établi dans leur ville. Une grève partielle affectera aussi pendant plusieurs jours le centre de tri de Valenciennes. Cet isolement relatif permettra à la direction de jouer, par la suite, la division entre le centre de tri et les petits bureaux. L'Administration impose à la plupart des bureaux de poste des travaux substitutifs à Lezennes et impudente rendra la grève de Lezennes responsable du surcroît de travail engendré.

7. Même si *Le Figaro* titre le même jour : *«Lille-Lezennes : un conflit local... pour l'instant»*.

8. J.G, journaliste, signataire d'un article paru le 26 novembre dans *Nord-Eclair*.

l'isolement du conflit : un grave échec à Lezennes n'aiderait-il pas au maintien du calme social voulu par le Ministre ?

Lui casser les reins

«L'année dernière, ils ont eu affaire à un mourant, moi je suis un homme debout».[1]

Cette phrase cynique résume bien l'état d'esprit.

Le 14 novembre, à l'Assemblée Nationale, le budget des PTT défendu par Paul Quilès est examiné et voté *«comme une lettre à La Poste»*, sans anicroche, sur le projet de changement de statut. Après les précautions initiales, le ciel s'éclaircissant et le front des luttes restant globalement calme, la direction de La Poste dévoile son véritable visage. L'Administration avait décidé dès le début du conflit d'entamer un bras de fer avec le centre de tri. La provocation, dont la nuit du 30 novembre au 1er décembre constituera l'aboutissement, commence ouvertement le 20 novembre...

Alors que l'Administration a reconnu que, de toute évidence, *«il y a une situation de surproductivité à Lezennes»*, alors que le directeur régional lui-même a laissé entendre *«qu' a priori, il faudrait ajouter quelques emplois»*, *«alors que le personnel débraye chaque jour pour réclamer une augmentation des effectifs, la direction prévoit de les diminuer ! La nouvelle est tombée comme une douche froide : 14 emplois seront supprimés...*[2]*»*.

Après 13 jours de conflit, la hiérarchie publie ce chiffre constituant officiellement, rappelons-le, la conclusion de l'étude d' effectifs dont le principe avait été obtenu lors de la grève de 1988...

«On ne s'attendait pas à celle-là !» confessera plus tard M. Henniart, le chef de centre de Lezennes, à la Ligue des droits de l'homme.

Le directeur régional accompagne cette annonce d'un refus de toute discussion avant l'arrivée du nouveau directeur départemental, prévue une semaine plus tard. Comme s'il passait le relais...

Pendant ce temps, le Ministre lance officiellement, le même jour, avec de grandes professions de foi sur les vertus de la concertation la négociation du «volet social» de la réforme des PTT...

1. C'est ce que le directeur régional a dit aux cadres de Lezennes le 23 novembre : repris en titre d'un tract, diffusé le 27, par la section CGT des directions de La Poste de Lille. Le précédent directeur régional, décédé au début de l'année 1989, était très gravement malade au moment du conflit en 1988.

2. *Nord Eclair* et *Nord Matin* du 21 novembre 1989.

Le 24 novembre, le directeur régional communique à la presse cette menace : *«Je rappelle que conformément à la loi, les grèves effectuées donneront lieu au prélèvement d'une journée* [complète] *de salaire quelle que soit la durée des arrêts de travail».*

Parallèlement, la direction prend les devants avec des moyens considérables, rodés l'année précédente, pour assécher toute arrivée de courrier au centre de tri et ainsi pomper ce qui constitue la force d'une grève à savoir l'arrêt de la production par les grévistes. Un véritable lock-out est mis en place. Des pressions énormes s'exercent : les chauffeurs de La Poste doivent faire charger et décharger leurs camions dans les centres de tri parallèles sauf à être considérés comme grévistes. La hiérarchie accompagne ces mesures de fortes déclarations pour donner des gages de continuité au patronat, celui de la vente par correspondance en particulier, dont on a vu le rôle clé joué l'année précédente. L'Administration pratique le chantage : *«La direction a mis en place les mesures techniques nécessaires à un fonctionnement régulier des services : dans ce cadre, l'activité du centre est modulée en fonction de l'écoulement constaté du trafic et de l'accueil réservé aux transporteurs de courrier. Le centre retrouvera la plénitude de ses attributions dès qu'y seront rétablies les conditions normales de fonctionnement...».*

Pendant ce temps, Paul Quilès écrit, en date du 24 novembre, à tous les postiers et télécommunicants pour leur annoncer, après *«un an de grand débat à la suite duquel un rapport a été remis par H. Prévot, la mise en chantier d'un projet de loi assurant le changement de statut, l'ouverture de plusieurs mois de discussions sur les classifications et les carrières et le versement à chacun dès 1990 d'un «à-valoir» sur cette réforme de 700 F par trimestre...».*

Le détournement du courrier fait patiner l'action de grève. L'Administration réussira ainsi à imposer progressivement une situation contradictoire aux grévistes. Leur seul point de force réside dans les explications à l'opinion publique sur le caractère limité des arrêts de travail : une grève pour faire pression mais qui ne bloque pas le courrier. Image quelque peu surprenante qui est en fait un aveu de faiblesse. [1]

1. En définitive, les mesures de dérivation du centre désorganiseront probablement davantage la distribution du courrier que ce n'aurait été le cas par le simple effet des seuls arrêts de travail. Longtemps après la fin de la grève, jusqu'à la fin du mois de janvier, le centre de tri sera littéralement débordé de travail par le retard d'acheminement.

Comme le remarque fort justement une journaliste, le conflit ressemble à partir du 20 novembre au *«jeu du chat et de la souris»*. La souris se défendra. Au lendemain des menaces portant sur l'application de l'amendement Lamassoure, le nombre de grévistes est plus important.

Pour contourner le détournement du courrier, les agents invitent les usagers, y compris ceux de la vente par correspondance, à venir déposer au centre de tri, leur courrier timbré au tarif réduit avec engagement de le traiter en tarif normal. Les associations de consommateurs et d'usagers sont invitées à venir vérifier les conditions d'acheminement. Le conflit bénéficie d'une excellente couverture médiatique ; c'est un acquis du mouvement de l'année précédente.

Après la diffusion d'un tract de l'intersyndicale à tous les bureaux de poste du Nord et à tous les centres de tri de France, des milliers de tracts sont distribués à la population. A l'exemple des infirmières l'année précédente, il s'agit d'expliquer en profondeur le conflit. L'intersyndicale de Lezennes rencontrera des représentants des syndicats CGT, CFDT et FO de toutes les entreprises de vente par correspondance de la région lilloise. Un tract commun aux deux intersyndicales est rédigé. Il ne verra pas le jour du fait des événements.

Très rapidement, le personnel et l'intersyndicale interpellent les responsables politiques. Après avoir été reçus par le cabinet du préfet, les grévistes rencontrent le secrétariat de Pierre Mauroy, député-maire de Lille et premier secrétaire du parti socialiste et Bernard Dérosier, député socialiste de la circonscription de Lezennes et président du conseil général ainsi que des dirigeants du PCF de la région. L'intersyndicale insiste pour qu'une question orale soit posée à l'Assemblée Nationale.

Après l'annonce des suppressions d'emplois, le personnel est exaspéré. Les grilles sont bloquées à plusieurs reprises au cours des heures d'arrêt de travail entre le 21 et le 24 novembre. Dans la nuit du 22 au 23, les cadres du centre partent en grève parallèlement au personnel d'exécution. Ils se déclarent opposés au redéploiement défini par l'étude d'effectifs. Dès l'après-midi du 23, le directeur régional les recevra. Leur action s'arrêtera immédiatement après.

Le même jour, pour obtenir l' ouverture de négociations qu'on lui refuse, le personnel se rendra en délégation de masse à la direction et l'occupera toute la nuit, et jusqu' au lendemain 14 h. Sans succès. Après cette nuit-là, un *«ras le bol»* apparaît clairement. Que ces hommes nommés par un pouvoir socialiste puissent avoir un tel comportement semble inconcevable. Ainsi, l'idée de brûler collectivement les cartes électorales sera très sérieusement envisagée par le personnel.

Big Brother

L'Administration et le ministère créent sciemment le mécanisme provocation-répression. Prononcer des suppressions d'emplois dans de telles conditions, c'est interdire toute issue honorable aux grévistes. C'est donc obliger le personnel à durcir le conflit sauf à subir une défaite en rase campagne. En doublant cette décision de l'application de l'amendement Lamassoure, la hiérarchie conduit le personnel au massacre.

Cette stratégie visant ouvertement *«l'écrasement»* de Lezennes relevait d'un calcul de risques. Car comment prévoir avec certitude les réactions des agents ? Cette mécanique pouvait conduire à un conflit très dur, dans une conjoncture incertaine liée au changement de statut. Le risque d'extension – même si jugé infime par l'Administration – n'était pas nul. Tout cela, le directeur régional le savait. Pouvait-il se lancer seul dans cette aventure ? Peu probable. Il avait besoin si ce n'est de l'appui du ministère, tout au moins de son aval. Mais l'implication ministérielle ne s'arrête pas là.

La mise hors circuit du centre de tri est nettement orchestrée au niveau national. Chaque jour, du courrier est transporté à Antony (banlieue parisienne) où des agents sont même logés par l'Administration. La direction affrétera des taxis pour transporter des envois Chronopost. Le train postal ambulant sera détourné du centre de tri. Des dizaines d'auxiliaires trieront dans des centres de tri parallèles installés à St André (banlieue de Lille) et à Tourcoing dans un local de la chambre de commerce. L'Administration embauchera du personnel à l'ANPE et ira même jusqu'à appeler chez eux des agents pour demander s'ils n'auraient pas un enfant au chômage à faire travailler. Le fonctionnement des centres de tri parallèles se poursuivra même après la fin de la grève... au cas où. La satisfaction des revendications (20 emplois et la prime de 1500 F) aurait coûté environ 3,9 millions de Francs sur une année. En un mois, combien de millions ont été dépensés pour les mesures anti-grève ? Ces très gros moyens n'ont pu être dégagés sans une volonté nationale.

Pour trouver une issue au conflit, les grévistes envisagent un voyage au ministère à Paris. Une opportunité se présente... Un journaliste informe l' intersyndicale de la participation de Paul Quilès à un dîner-anniversaire. La commune de Wahagnies, à une vingtaine de kilomètres de Lille, fête ses 70 ans de municipalité socialiste.

Il gèle à pierre fendre ce soir-là. Une bonne vingtaine de grévistes patientent depuis près de deux heures devant la salle des fêtes de la bourgade. Le Ministre est en retard. On leur propose d' attendre au chaud, dans une salle de la mairie très éloignée de l'endroit, une rencontre avec un conseiller du Ministre. Les grévistes refusent, ils veulent parler à Paul Quilès et restent sur place. A son arrivée, vers 21h30, un cordon de police éloigne les grévistes. Le Ministre entre dans la salle par une porte secondaire. Quelques instants plus tard, le maire de la ville, le député de la circonscription, des collaborateurs du Ministre sortent serrer la main aux grévistes et les invitent à constituer une délégation de trois ou quatre personnes pour une brève entrevue, dans le vestibule, avec M. Quilès *«si vous voulez absolument rencontrer le Ministre lui-même»*... Finalement, six grévistes (deux CGT, deux SUD dont Philippe Legrand, un FO et un non-syndiqué[1]) entreront dans le hall. Paul Quilès parlementera, de façon très correcte il est vrai, pendant un bon quart d'heure. Pouvait-il faire autrement devant tous les invités conviés aux 70 ans d'une municipalité socialiste ?

La délégation interrogera le Ministre sur le «mur» auquel se heurte le personnel. Il répondra : *«La négociation, c'est un bout de chemin de chaque côté»*. Paraissant être parfaitement informé des tenants et aboutissants du conflit, Paul Quilès se contentera de rappeler, d'une part, ce qui avait été octroyé depuis le début de la grève (matériels et prime ponctuelle de 250 F) et, d'autre part, le contenu de l' amendement Lamassoure. Il insistera à plusieurs reprises sur l' importance à ses yeux de l'arrivée imminente d'un nouveau directeur départemental, qu'il dira *«connaître personnellement et avoir confiance dans son sens du dialogue»*.

Le lundi 27, le nouveau directeur départemental arrive. La première rencontre prévue le jour même à 9 h est reportée à 17 h... Le personnel décide de se rendre en masse sur les lieux de l'audience et forme une délégation

1. La CFDT n'est pas partie prenante de cette initiative, ayant déclaré *«ne pas pouvoir et ne pas vouloir»* y participer.

d'une vingtaine d'agents composée de l'intersyndicale et de non-syndiqués. Voilà, quelques propos du nouveau directeur départemental relevés au cours de ce tout premier contact *: «Je ferai une application scrupuleuse, consciencieuse des consignes du Ministre et de la direction générale des postes auxquelles j'adhère pleinement». «Il n'y aura pas tous les ans 1500 F dans l'escarcelle...», «Lezennes doit être un centre comme les autres, soumis aux règles de l'entreprise Poste et du service public».*

A un moment, M. Philip estimera que les représentants de l'Administration sont insultés, Murielle Fovet (représentante syndicale de SUD) ayant dit qu' ils se comportaient comme des machines. A un autre instant, après une intervention de Philippe Legrand (autre représentant SUD) M. Philip lui répondra : *«Je m'attendais bien de votre part à ce genre de réflexion»*. Cette remarque surprendra tous les participants : M. Philip n'avait jamais vu aucun des présents...

Rendez-vous est pris pour le 29 novembre à 9 h afin de négocier.

Mercredi 29, première et dernière *«négociation»* de tout le conflit, la délégation obtient que les 14 suppressions d' emplois soient reportées au 1er mars suivant.

Pendant ce temps, Paul Quilès tient le jeudi 30, une conférence de presse nationale : il annonce officiellement un projet de loi pour le printemps sur l'institution PTT et le statut du personnel...

Le personnel poursuit les arrêts de travail d'une heure.

La venue du Président de la République est annoncée à Armentières (à une vingtaine de kilomètres de Lille) pour le 1er décembre. Cherchant une issue au conflit, le personnel pense saisir cette occasion pour obtenir une entrevue entre une délégation du centre et l' entourage du chef de l'État. Cette démarche sera annulée du fait des événements .

Le jeudi 30 au soir, vers 19 h 45, Jean Philip arrive au centre de tri...

Chronologie du conflit du 7 novembre au 6 décembre 1989

Mardi 7 novembre
- début du conflit à Lille-Lezennes

Mercredi 8
- discours de Michel Rocard : annonce d' un projet de loi pour les PTT

Jeudi 9
- début d'une grève de 24 h reconductible au centre de tri de Rouen

Lundi 13
- conférence de presse du directeur régional : *«souci de calmer le jeu»*

Mardi 14
- fin de la grève à Rouen
- examen et vote du budget des PTT à l'Assemblée Nationale

Vendredi 17
- amplification des mesures prises pour assécher le centre en courrier

Lundi 20
- le Ministre lance la négociation du «volet social» de la réforme des PTT
- annonce de 14 suppressions d' emplois au centre de tri

Jeudi 23 et nuit du 23 au 24
- occupation de la direction départementale

Vendredi 24
- Paul Quilès écrit à tous les agents pour annoncer le changement de statut des PTT et une discussion sur les classifications
- communiqué de presse du directeur régional : retenue d' une journée de salaire pour tout arrêt de travail d' une heure

Samedi 25
- rencontre de l'intersyndicale avec Paul Quilès

Lundi 27
- Jean Philip, nouveau directeur départemental, arrive dans le Nord
- délégation de grévistes au bureau de poste de Lille-Moulins

Jeudi 30
- Paul Quilès confirme à la presse un projet de loi avant l'été

Nuit du jeudi 30 novembre au vendredi 1er décembre
- 19 h 45 : arrivée de Jean Philip au centre de tri...

Nuit du 5 au 6 décembre
- dernier arrêt de travail

Chapitre 3

CETTE NUIT-LÀ COMME SI VOUS Y ÉTIEZ

Avertissement

La narration qui suit s'appuie sur le rapport de la Ligue des droits de l'homme et les témoignages produits au conseil de discipline par toutes les parties en présence, tant du personnel (deux témoignages collectifs[1] et 56 témoignages écrits ou oraux) que de l'Administration. Nous avons choisi de mettre les événements de la nuit du 30 novembre au 1er décembre 1989 sous cette forme : la juxtaposition des témoignages est apparue nécessaire afin d'établir clairement les faits.

A propos des événements de la nuit, la Ligue des droits de l'homme écrit dans son rapport – dont on trouvera par ailleurs le texte intégral – que *«sur nombre de ces aspects du conflit, il semble ne pas y avoir de discussion»*. Le lecteur à la recherche de la vérité peut donc lire cette chronologie sereinement.

Les protagonistes

De 20 h à 24 h, il y a environ 180 personnes dans le centre (brigades de nuit et 17 h / 24 h, salle de tri et entrepôt). A partir de minuit reste la seule brigade de nuit, soit 130 agents.

1. Un provenant du personnel présent dans la nuit et un autre du personnel travaillant le 1er décembre au matin.

Un chef de division, un dirigeant de brigade assisté de deux inspecteurs et de quatre contrôleurs divisionnaires, un conducteur responsable des travaux de l'entrepôt aidé de deux autres conducteurs forment l'encadrement.

Des militants locaux CGT, SUD, FO et CFDT sont au centre à 20 h. Viendront en plus, en début de nuit, des responsables départementaux et locaux : deux CGT, Marianne Van Braekel et Edmond Bruneel et trois SUD, Richard Fontaine, Michel Mercier et Murielle Fovet.

Jean-Claude Henniart, chef de centre et Jean Capelle, chef de centre adjoint sont sur place à 20 h. Jean Philip est le nouveau directeur départemental des postes. Interviennent aussi au cours de la nuit, Jean-Antoine Bourgin, directeur régional des postes du Nord-Pas-de-Calais, M. Derouche, directeur de cabinet du Préfet, le conseiller social du cabinet du Ministre et deux journalistes (depuis le début, la presse suit de très près le conflit), l'un par téléphone et l'autre, Gérard Mauroy, venant au centre vers 23 h.

La nuit du 30 novembre au 1er décembre

Ce jeudi 30 novembre, il est 19 h 45 environ

M. Philip, directeur départemental, entre dans les bâtiments. Il croise, s'en retournant dans leur foyer, le personnel de jour de la brigade B ayant terminé sa vacation et Michel Mercier quittant le local du syndicat SUD. A la manière d'une personne égarée dans les locaux, le directeur départemental se présente à la cafétéria-salle de repos du personnel où vient de se terminer la réunion des grévistes. Il s'adresse aux secrétaires de section FO et SUD, Jean-Michel Drossart et Philippe Legrand, pour leur demander où se trouve le bureau du chef de centre. Réponse est donnée. Les deux interlocuteurs resteront surpris par cette question : arrivé, il est vrai depuis quatre jours seulement dans le Nord, M. Philip était tout de même déjà venu dans le centre, deux jours auparavant, pour une réunion avec les cadres et agents de maîtrise d'une brigade de jour.

20 h 00

Comme à chaque prise de service des brigades depuis le début du conflit, une assemblée générale réunit dans une des grandes salles du tri (celle de l'ensachage) le personnel présent. L'arrivée de M. Philip est signalée par des agents l'ayant reconnu dans les couloirs (plus de 25 personnes de toutes les brigades ont participé à la première rencontre avec le nouveau directeur, le

27 novembre et à la négociation le 29). Les secrétaires FO et SUD indiquent qu'il doit se trouver dans le bureau du chef de centre.

20 h 05

«En délégation de masse, le personnel s'y rend en vue d'obtenir une rencontre avec le directeur. Celui-ci en fait, comme il l'annonce lui-même, est venu précisément pour parler aux agents[1]».. «Cette participation à une assemblée générale du personnel n'a rien d'exceptionnel : l'encadrement et la direction participent à ces assemblées générales et peuvent y intervenir. Ce qui se fait fréquemment et le chef de centre, M. Henniart, informe souvent les employés de la position de la direction (témoignages des syndicalistes et de M. Henniart). L'encadrement peut participer aux votes, bien qu'il n'use généralement pas de cette possibilité. Une telle participation du directeur départemental a d'ailleurs été constatée lors du conflit de 1988[2]».

20 h 15

Devant tous les agents, le directeur départemental tient un discours qui, *«contrairement aux espérances, ne fait que confirmer les mesures annoncées à l'intersyndicale[3]»*. Celles-ci présentées par les syndicats ont déjà été rejetées par la base. *«Il est précisé que le trafic écoulé quotidiennement au centre de Lezennes n'est pas supérieur à la moyenne, il n'y a donc pas de «surtravail», l'étude d'effectifs en cours depuis un an ne prévoit aucune création de poste mais au contraire des suppressions d'emplois, les charges de travail en nuit sont mal réparties occasionnant des temps morts d'où la nécessité de procéder à un redéploiement interne (avec suppression de postes en nuit vers d'autres brigades)[4]». «Le directeur évoque aussi la place de Lezennes parmi les centres de tri de France : septième seulement[5]». «M. Philip est fier d'annoncer sa participation à la réorganisation d'un centre de tri de même importance[6]», «qui a permis d'obtenir avec 500 personnes un fonctionnement aussi rentable que celui de Lezennes»* (qui compte 730 agents).

1. Témoignage de Robert Dubois (membre de la section syndicale SUD).
2. Rapport de la Ligue des droits de l'homme.
3. Ibid note 1.
4. Témoignage de Dominique.
5. Ibid note 1.
6. Témoignage d'un agent de maîtrise.

Cela semble pour le personnel une provocation[1]*». «L'énervement du personnel commence à se manifester et le directeur départemental est interrompu par des questions diverses*[2]*».*

Pour refuser la prime de surcroît de travail de 1500 F, M. Philip dit *«qu'il n'y a rien de nouveau ou déterminant»* justifiant, d'ailleurs *«pour cet avantage supplémentaire, c'est un non du Ministre». «Puis il parle des retenues de grève et précise que pour l'heure de grève quotidienne, il sera retenu une journée complète de salaire*[3]*».* Le directeur explique que *«cette mesure n'est pas à négocier car elle relève de la loi*[4]*».* Pour lui, *«la situation cette année n'est plus celle de l'année dernière* [en 1988, l'amendement Lamassoure n'avait pas été appliqué, les retenues pour grève avaient été limitées à deux jours de salaire après un mois de grève quotidienne d'une heure][5]». *«Toutefois, si le personnel décidait la reprise du travail, les retenues sur salaire pourraient être échelonnées dans le temps, dans le cas contraire les retraits mensuels seraient portés au maximum dans les limites autorisées par la loi*[6]*»*, le directeur départemental ajoutant être *«en mesure de faire retirer le nombre de journées complètes de salaire correspondant à tous les arrêts de travail du 7 au 20 novembre sur la paie du mois de décembre*[7]*».*

20 h 35

«Plusieurs questions sont posées au directeur par différents militants syndicaux, MM. Lamant, Blanchard, Legrand, Rollin, Dubois et bien d'autres de toutes appartenances syndicales[8]*».* Robert Dubois *«demande ce qu'il compte faire pour le personnel de nuit qui va être soustrait à son horaire de travail. Le directeur répond avoir l'intention d'examiner les situations douloureuses au cas par cas avec des solutions de dédommagements éventuels.*

Philippe Legrand, au nom de l'intersyndicale, se fait l'interprète du personnel en posant deux questions massivement approuvées».[9]

«Il est demandé de bien vouloir, premièrement ouvrir des négociations afin d'instaurer un dialogue constructif et un climat de confiance réciproque

1. Témoignage de Robert Dubois (membre de la section syndicale SUD).
2. Témoignage de Jean-Claude (non-gréviste).
3. Ibid note 2.
4. Témoignage de Dominique.
5. Ibid note 4.
6. Ibid note 2.
7. Témoignages de Jean-Pierre 1 et de Jean-Pierre 2.
8. Témoignage de Jean-Pierre 1.
9. Ibid note 1.

et deuxièmement faire revenir le courrier au centre, le personnel étant désireux de pouvoir travailler (il ne faisait grève qu'une heure à chaque vacation)[1]». «*Refus du directeur départemental de satisfaire l'une ou l'autre des demandes*[2]». Celui-ci, à aucun moment, ne souhaite reprendre les discussions «*Tout a été dit*» précise-t-il. «*Concernant le retour au centre du courrier, le directeur départemental explique avoir pris des dispositions pour le faire trier «ailleurs», que Lezennes n'est pas indispensable et qu'il peut s'en passer*[3]». Lors de la «négociation» du 29, la direction s'était engagée à faire rentrer à Lezennes le courrier détourné...

Face à la menace du retrait d'une journée de salaire pour chaque heure de grève, «*le personnel évoque le travail effectué chaque jour au centre malgré la grève (avant l'assèchement du centre, entre 1 200 000 et 1 800 000 objets étaient triés chaque jour au lieu des 2 400 000 en moyenne en temps normal)*[4]». «*Un réel malaise se fait sentir parmi le personnel, tant au niveau de la résolution du conflit que pour l'avenir. Les mutations de nuit en jour vont poser des problèmes (garde des enfants, transports, seconde voiture et donc ennuis financiers). Comment ces mutations s'effectueraient-elles ? Quels seraient les critères retenus ? Le personnel a le sentiment que le travail réalisé dans ce centre n'est pas reconnu. Pourtant l'encadrement peut attester de l'inexistence de temps morts avec en plus les problèmes chroniques liés au sous-effectif (repos compensateurs impossibles à prendre, congés refusés ...). Le souci du personnel d'effectuer un service public de qualité semble être ignoré*[5]». Jean-Pierre témoignera : «*Mon sentiment, après cette intervention, et c'est aussi celui de la quasi totalité du personnel, est que le directeur est venu dans le seul but de nous provoquer*[6]».

M. Philip dira à la commission d'enquête de la Ligue des droits de l'homme avoir, dans son intervention devant l'assemblée générale, invité les employés à réfléchir «*sans tabous*» à la situation du centre.

21 h 15

Après cela, «*M. Philip propose un vote à bulletin secret pour «répondre à une question toute simple : êtes-vous pour la reprise du travail ? et*

1. Témoignage de Dominique.
2. Témoignage de Robert Dubois (membre de la section syndicale SUD).
3. Témoignage de Jean-Pierre 2.
4. Ibid note 2.
5. Ibid note 1.
6. Témoignage de Jean-Pierre 3.

demande à M. Henniart, chef de centre de donner les explications de vote[1]». «Les modalités de ce vote sont arrêtées, avec un listing de tout le personnel du centre (cadres, personnel administratif, personnel d'exécution...)[2]». «Tollé général dans la salle[3]». «Devant l'insistance péremptoire du directeur départemental, un agent[4] déclare, être non-gréviste, avoir toujours voté à main levée, se prononçant contre la grève et n'avoir pour autant jamais fait l'objet d'aucune brimade de quelque agent que ce soit. Le même agent précise vouloir continuer de voter à main levée[5]». «La décision du personnel de ne pas participer au vote à bulletin secret est immédiate car depuis le 7 novembre, le vote à main levée se déroule sans problème à chaque assemblée générale, d'autant qu'on ressent une certaine provocation de la part de la direction, car M. Philip est venu au centre avec une urne[6]», «telle que nous n'avons jamais pu en disposer, même pour les élections aux commissions administratives paritaires[7]» . «Le directeur départemental demande en effet à ses deux chauffeurs d'aller [la] *quérir dans la voiture[8]»*, la deuxième voiture ayant, semble-t-il, servi à l'apporter. *«Le maintien de ce vote provoque tout simplement la dislocation de l'assemblée [9]».*

«Le bureau de vote est cependant mis en place, présidé par M. Henniart, [dans la grande salle d'ensachage, devant le bureau du dirigeant de brigade][10]».

Il est environ 21 h 30

Des agents se rendent à leur poste. A certains endroits du centre, il y a encore un peu de travail malgré le détournement de la quasi totalité du courrier.

Raymonde Cauterman témoignera : *«Je travaille depuis dix minutes à peine quand un* [agent de maîtrise] *et* [un responsable du centre] *viennent dans notre salle, nous intimant l'ordre d'aller voter». «Un agent gréviste mais favorable au vote à bulletin secret se rend au bureau de vote. Il constate, qu'il n'y a pas d'isoloir, pas d'enveloppes[11]» «ni bulletin de vote mais des papiers où l'on doit inscrire soi-même son vote, qu'une seule*

1. Témoignage de Raymonde Cauterman (militante CGT).
2. Témoignage de Jean-Claude (non-gréviste).
3. Ibid note 1.
4. A signaler que cet agent non-gréviste a été entendu par la commission d'enquête de la LDH.
5. Ibid note 1.
6. Témoignage d'un agent de maîtrise.
7. Extrait d'un tract du 1er décembre 1989 de la section CGT des directions de La Poste de Lille.
8. Témoignage de Robert Dubois (membre de la section syndicale SUD).
9. Ibid note 1.
10. Rapport de la Ligue des droits de l'homme.
11. Ibid note 10.

question est posée, inscrite sur une grande feuille près de l'urne : Etes-vous pour la reprise du travail?[1]», «*que l'urne est transparente et que, vu le peu de bulletins, l'anonymat de son vote ne sera pas respecté. Il décide donc de ne pas voter dans ces conditions*[2]». «*M. Philip se promène devant l'urne, attendant les éventuels votants tout en jetant un œil sur les billets de ceux qui vont voter*[3]». «*Seules sept (ou huit) personnes iront voter et le scrutin sera interrompu par l'Administration*[4]».

«*Les grilles sont fermées symboliquement par une forte partie du personnel*[5]». «*On laisse toujours circuler le courrier entrant (il y en avait très peu) et sortant et les véhicules du personnel*[6]».

Robert Dubois témoignera :«*Sur appel téléphonique, de nombreux militants de l'intersyndicale viennent au centre (M*mes *Van Braekel, Fovet, MM. Bruneel, Mercier, Fontaine) ou y restent après leur vacation (MM. Drossart, Legrand). Je téléphone à M. Doribreux, militant de la section CGT, pour le mettre au courant de la situation l'invitant à venir. Celui-ci décline cette demande n'étant pas libre mais se dit prêt à se déplacer si sa présence en tant que militant syndical s'avérait nécessaire*». Edmond Bruneel témoignera : «*Mme Van Braekel, secrétaire régionale CGT et moi-même décidons de nous rendre au centre de tri. Nous y arrivons peu après 22 h*». Hervé : «*Le personnel en grève se réunit à la grille où vers 22 h 30 arrive Michel Mercier avec qui je plaisante sur la fin du film TV qu'il n'a pu voir*». Jean : «*Vers 22 h 30, je bois un café avec Richard Fontaine* [qui vient d'arriver]». Jean-Michel Drossart : «*En tant que secrétaire de section FO présent dans l'intersyndicale, je suis au centre depuis le début de l'après-midi. J'y reste à 20 h dans le cadre des assemblées générales de prise de service. J'appelle à son domicile aux alentours de 23 h, Murielle Fovet, responsable syndical e SUD de la brigade C — ma brigade — qui est l'autre équipe de nuit. Celle-ci est couchée. Je l'informe de la présence du directeur départemental dans les locaux, en lui proposant de venir au bureau, pour qu'un nombre suffisant de militant(e)s de l'intersyndicale soient là afin de pouvoir négocier éventuellement au cas où le directeur ferait des propositions à la suite de l'assemblée générale. Celle-ci décide alors de venir au centre*».

1. Témoignage de Raymonde Cauterman (militante CGT).
2. Rapport de la Ligue des droits de l'homme.
3. Ibid note 1.
4. Ibid note 2.
5. Témoignage de Robert Dubois (membre de la section syndicale SUD).
6. Témoignage de Pierre.

Le secrétaire de section FO avait aussi appelé Jean-Louis Doribreux peu après 20 h.

21 h 40 environ

Une journaliste appelle le centre de tri postal. Le standard lui passe le directeur départemental. La journaliste lui demande s'il est *«retenu de force»*. Il répond négativement (témoignage de M. Philip)[1].

Entre 21 h 30 et 22 h

«M. Derouche, directeur de cabinet du Préfet de la région Nord-Pas de Calais est contacté par un journaliste qui lui demande de confirmer la séquestration de M. Philip. M. Derouche qui n'est pas au courant prend contact immédiatement avec M. Bourgin, directeur régional des postes. La séquestration n'est pas confirmée par M. Bourgin. M. Derouche n'aura, au cours de la nuit, aucun contact avec M. Philip (témoignage de M. Derouche[2])».

Plusieurs personnes remarquent l'utilisation par M. Philip de la ligne téléphonique directe placée dans le bureau du dirigeant de brigade. Tout le monde peut voir M. Philip (ce bureau est totalement vitré) mais personne ne peut l'entendre.

«A partir de 22 h, la radio annonce la séquestration dans ses différents bulletins de la soirée[3]». Le directeur de cabinet de M. Philip témoignera : Selon *«des renseignements fournis, de source sûre, l'AFP a eu connaissance vers 23 h, de source syndicale, que M. Philip était retenu à Lezennes; l'agence de presse a communiqué cette information aux médias à 23 h 30».*

Vers 23 h

«M. Philip confirme à Gérard Mauroy, journaliste à La Voix du Nord [venant d'arriver au centre] *qu'il ne se sent pas séquestré (témoignages de M. Philip et de Mme Cauterman)[4]»*. A ce sujet, M. Philip écrit : *«Je lui fais remarquer [au journaliste] qu'il pouvait constater que j'étais libre de mes mouvements ; que si les grilles étaient fermées, elles étaient cependant perméables puisqu'il était là. Je réponds à ses questions. Son article paraîtra le lendemain».*

1. Rapport de la Ligue des droits de l'homme.
2. Ibid note 1.
3. Ibid note 1.
4. Ibid note 1.

Un agent de maîtrise témoignera : *«A 23 h 40, le chef de division vient me demander de l'accompagner à proximité des grilles d'accès au centre afin d'observer les événements qui s'y déroulent».*

Vers 23 h 45

«Jean Poteau qui appartenait à la brigade 17 / 24 rentre chez lui. Il n'assistera donc pas à la suite des faits[1]*».*

Vers minuit

«Le directeur départemental décide de faire retirer l'urne. Il se rend avec le chef de centre et son adjoint vers les locaux administratifs[2]*».* Edmond Bruneel témoignera : *«Plusieurs membres du personnel avec Mme Van Braekel, M. Mercier, Mme Fovet et moi-même le suivont. Sur le palier, M. Henniart fait remarquer au directeur départemental qu'il n'a pas pris sa gabardine. Celui-ci fait comprendre qu'il n'en a pas besoin. Le directeur départemental sort du bâtiment pour monter dans sa voiture, toujours accompagné par le personnel et les militants syndicaux». «Il se fait raccompagner en voiture par M. Capelle*[3]*».* Edmond Bruneel témoignera : *«Afin de prévenir tout incident, nous entourons la voiture, Mme Van Braekel, Mme Fovet, M. Mercier, moi-même et d'autres («une vingtaine d'employés*[4]*») dans le but de ralentir sa marche. J'ai personnellement encore en tête l'image de la voiture de l'ex-directeur général des postes, «fonçant» sur des grévistes à Merlimont».* Jacky témoignera : *«Je suis présent près de Michel Mercier devant la voiture de M. Philip lorsque celle-ci se dirige vers la sortie». «M. Philip donne consigne à son chauffeur d'être prudent afin d'éviter tout incident. De part et d'autre, on constate la même volonté de voir les choses se dérouler dans le calme*[5]*». «La voiture du directeur s'arrête*[6]*» «à environ 20 mètres*[7]*. «Quelques instants après le chauffeur en sort, va vers le centre, et revient avec la gabardine du directeur départemental*[8]*».* Les chauffeurs du directeur témoigneront : «[L'un d'entre nous] *est allé rechercher un vêtement du directeur départemental dans le bureau du chef de centre. A son retour, Monsieur le directeur départemental s'est dirigé alors à pied*

1. Rapport de la Ligue des droits de l'homme.
2. Témoignage de Robert Dubois (membre de la section syndicale SUD).
3. Ibid note 1.
4. Ibid note 1.
5. Ibid note 1.
6. Témoignage d' E. Bruneel, membre de la section du centre de tri et du bureau départemental CGT.
7. Témoignage des chauffeurs de M. Philip.
8. Ibid note 6.

vers la grille (...). Nous l'avons suivi en voiture». «A la porte du centre, les grilles sont poussées mais non verrouillées. Deux ou trois chariots encombrent le passage. De nombreux employés sont devant les grilles : 80 à 90 selon les affirmations syndicales CGT et SUD, 50 selon la CFDT, une trentaine selon M. Philip[1]*».*

«Les représentants syndicaux se mettent entre le directeur départemental et le personnel afin de parer à tout incident éventuel[2]*». «M. Philip se dirige vers M. Legrand*[3]*». «J'entends M. Philip l'interpeller personnellement*[4]*» et «directement*[5]*» «en lui disant : M. Legrand, me laissez-vous sortir ? M. Legrand répond : ici, ce n'est pas Legrand, Mercier ou Fontaine mais tout le personnel qui vous demande de bien vouloir lui dire quelque chose en réponse à ses questions»*[6]*, «citant ainsi les employés avec lesquels il milite habituellement au sein de son syndicat. Les employés aux grilles acquiescent unanimement. Certains citent leur nom »*[7]. Guy dit au directeur : *«Il n'y a pas que Legrand, moi c'est Fichaux. Et c'est tout le personnel présent qui veut des réponses et des négociations». «Je ne me rappelle pas avoir entendu d'autres noms cités»* témoignera Guy. *M. Legrand continue : «Au nom du personnel je vous repose deux questions : Etes-vous prêt à négocier dès demain ? Etes-vous prêt à réapprovisionner le centre en courrier ?».*

Cet épisode est particulièrement important. Il constitue, selon la direction, la base de la mise en cause des 7. M. Philip reconnaît ne pas connaître personnellement les employés présents à l'exception de ceux qu'il a rencontrés dans la réunion antérieure à la direction départementale. *«Il y en a beaucoup que je ne connais pas»* (témoignage de M. Philip).

Après avoir demandé une seconde fois l'ouverture des grilles et s'être entendu répondre pour la deuxième fois qu'il fallait ouvrir des négociations, M. Philip rétorque : *«Puisqu'il en est ainsi, je vais tenir une réunion de travail avec mes cadres».* Tous les interrogés présents aux grilles rendent compte de cette phrase que M. Philip estime avoir prononcé *«sur le ton de la boutade»*[8] A ce sujet le responsable de la discipline du ministère écrira : *«que pouvait-il faire d'autre, face à la foule ? »*

1. Rapport de la Ligue des droits de l'homme.
2. Témoignage de Robert Dubois (membre de la section syndicale SUD).
3. Témoignage de Jean-Pierre.
4. Ibid note 1.
5. Rapport de la LDH et témoignages de Jean-Pierre et Robert Dubois.
6. Témoignage de Guy.
7. Ibid note 1.
8. Ibid note 1.

Raymonde Cauterman témoignera : *«A cet instant, j'ai bien cru que de réelles négociations allaient pouvoir s'ouvrir»*. Alain : *«Nous pensions tous que de cette réunion allait sortir une solution»*. Et Guy : *«On a toujours pensé que les négociations auraient abouti cette nuit-là»*.

Lors du conflit de l'année précédente, plusieurs négociations avaient eu lieu la nuit, certaines jusqu'à 2 h du matin.

«M. Philip accompagné de M. Capelle[1]», «de cadres et d'une partie du personnel[2]» «rentre à pied au centre. Ils s'enferment dans le bureau du chef de centre, M. Henniart[3]».

Vers 0 h 30

Il est environ 0 h30 le 1er décembre, c'est à partir de ce moment là que M. Philip se considère comme séquestré (témoignage de M. Philip).

Les cadres demeureront dans ce bureau jusqu'au matin. M. Philip téléphone à son directeur régional et au cabinet du Ministre. La préfecture est déjà prévenue. M. Philip déclare refuser de faire appel à la police (témoignages de MM. Philip et Henniart). MM. Philip, Henniart et Capelle travaillent sur un fichier du personnel que M. Henniart va chercher dans un autre bureau (fichier alphabétique de l'ensemble du personnel du centre) (témoignage de M. Henniart).

M. Delaunay, militant CFDT, non présent aux grilles mais qui a vu les événements à partir des bâtiments distants d'environ 50 m mais sans entendre les échanges, téléphone à ses responsables syndicaux à l'extérieur : *«le patron est bloqué»*. Compte tenu de cette information, la fédération CFDT-PTT téléphone à M. Matringhen, cadre du centre, pour se désolidariser de l'action[4]. M. Delaunay de la brigade 17 / 24 quitte le centre peu après.

A la Préfecture de région, M. Derouche, le directeur de cabinet du Préfet est contacté au téléphone par le conseiller social du cabinet du Ministre qui lui demande l'intervention de la police. Cette intervention posant des problèmes à la Préfecture, il est décidé que l'intervention pourra se faire le matin, si la situation s'est maintenue (témoignage de M. Derouche). M. Derouche estime que la situation ne présentait pas un caractère de gravité exceptionnel : *«Il s'agit de situations relativement fréquentes dans des*

1. Rapport de la Ligue des droits de l'homme.
2. Témoignage de Jean-Pierre.
3. Ibid note 1.
4. Ibid note 1.

conflits sociaux dans les entreprises publiques ou privées de la région et dans la plupart des cas, ces problèmes se règlent rapidement, à l'amiable, par une négociation»[1].

«Le personnel stationne alors dans le couloir attendant une réponse positive à l'issue de la réunion de travail. L'accès est libre permettant les allées et venues toute la nuit du chef de division, du dirigeant de brigade, du conducteur des travaux de l'entrepôt qui viennent pour des questions de service et qui servent d'intermédiaires[2]*». «Il y a peut-être une quinzaine de personnes dans le couloir. J'y ai entrevu Mme Fovet. Bien que les discussions aillent bon train, tout le monde est très calme»* témoignera Raymonde Cauterman.

Vers 2 h 30

Robert Dubois témoignera : *«Alors que je passe dans les étages pour appeler à une nouvelle assemblée de personnel qui doit se tenir dans le couloir, j'apprends qu'une délégation avec à sa tête* [un responsable du centre] *s'est rendue aux grilles demandant l'ouverture de celles-ci. Les représentants syndicaux n'y sont pas, étant en réunion en train de décider de mettre fin à cette fermeture. La proposition doit être soumise au vote du personnel». «L'ensemble des cadres et agents de maîtrise a donné vers 2 h 15 son accord à* [un responsable du centre] *pour qu'il se rende, accompagné* [du dirigeant de brigade, d'un cadre et d'un agent de maîtrise] *à l'entrée du centre demander le dégagement des grilles*[3]*».* Raymond témoignera : *«Vers 2 h 30, une délégation de membres de l'encadrement se présente aux grilles nous informant que le directeur départemental se considère comme retenu dans l'établissement. Stupéfaction du personnel qui croit le directeur en réunion de travail».* «[Les cadres] *parlementent environ un quart d'heure avec l'équipe de grévistes présente aux grilles et composée d'une dizaine d'employés parmi lesquels ne figurent aucun des responsables de l'intersyndicale. Sans résultats. Dans la même période, à l'intérieur des bâtiments, les autres grévistes décident l'ouverture des portes. Les deux événements se succèdent donc à quelques minutes d'intervalle*[4]*».*

1. Rapport de la Ligue des droits de l'homme.
2. Témoignage de Jean-Pierre.
3. Témoignage d'un agent de maîtrise.
4. Ibid note 1.

«A l'assemblée générale, l'intersyndicale demande l'ouverture des grilles et propose d'aller à Lesquin décharger l'avion (le produit de Lezennes) pour le ramener au centre» [1]. *«Après vote à main levée, l'ouverture des grilles est effectuée. Le personnel se replie alors dans le couloir devant le bureau du chef de centre. Là, certains attendent en écoutant la radio, d'autres jouent aux cartes. Des représentants syndicaux s'y trouvent contrôlant qu'il ne s'y passe rien de répréhensible. Entre temps, M. Fontaine est reparti (juste après l'épisode de la grille). MM. Mercier et Legrand sont également partis avant l'assemblée générale, après la réunion de l'intersyndicale, vers 2 h. M. Legrand reviendra pour prendre son service le matin même à 6 h* [2]*».*

Edmond Bruneel témoignera :*«En tant que représentant syndical, je sonne à la porte du bureau du chef de centre pour prendre contact et, la sonnette ayant été coupée, frappe à la porte en vain»*. Michel témoignera : *«A ce moment-là, la volonté de dialogue n'existe que parmi le personnel. Celui-ci ne peut dialoguer avec une porte fermée. Comme beaucoup, je ressens tout le dédain porté au personnel, ce qui explique que le ton ait pu monter un peu dans le couloir et l'insistance des agents devant la porte. Je puis pourtant attester qu'à aucun moment le personnel n'a porté atteinte aux locaux. (...) le personnel a toujours fait preuve de beaucoup de responsabilités»*. Edmond Bruneel témoignera : *«N'ayant pas de réponse, en compagnie d'autres militants et de membres du personnel, j'interviens auprès du chef de division afin de pouvoir joindre le chef de centre par téléphone* [personne ne répond de vive voix de l'autre côté de la porte] *sur les questions de l'ambulant, le numéro m'est fourni par le chef de division. Je téléphone donc au chef de centre qui , après avis du directeur départemental , m'invite à me rapprocher de M. Mayot, inspecteur principal des acheminements* (qui n'est pas présent dans les locaux) *pour avoir réponse à mes questions, mais en vain. En outre, entendant à la radio, vers 4 h que le directeur départemental est séquestré à Lezennes, je téléphone personnellement à l'AFP pour exiger un démenti».*

Vers 4 h 30

« Les couloirs deviennent plus bruyants, on frappe contre les murs. C'est le seul moment où j'ai eu peur déclare M. Philip qui entend des voix s'élever et disant : Non ! Pas de casse de matériel![3]*».*

1. Témoignage de Jean-Pierre.
2. Témoignage de Robert Dubois (membre de la section syndicale SUD).
3. Rapport de la Ligue des droits de l'homme.

«Le matin, au moment du changement de brigade, le dirigeant de la brigade de nuit reste un moment, après être allé porter des boissons au directeur départemental, afin d'assurer la liaison avec son collègue de jour[1]».

«Vers 6 h, la radio annonce que M. Philip est libre[2]».

A 6 h du matin

«A l'arrivée de la brigade de jour, une assemblée de personnel se tient, une partie du personnel de nuit est restée comme cela se fait souvent lors de conflits, pour faire la jonction. Les événements de la nuit sont relatés. Deux questions sont posées après explication de la situation :

1 – Etes-vous pour la poursuite de l'action de la nuit, c'est-à-dire attendre le résultat de la demande du personnel de nuit aux questions posées ? Réponse : quelques oui ; majorité : non ;

2 – Etes-vous pour la poursuite de la grève sous la forme habituelle ? Réponse : majorité : oui ; quelques abstentions. Déçu, le personnel de nuit part[3]».

«[L' assemblée générale] *se prononce contre la poursuite de l'action de la nuit (grève totale) et pour la reconduction de l'heure de grève. Les responsables CFDT déclareront à ce sujet à la commission d'enquête de la LDH : «le maintien du directeur dans les locaux aurait été pris à terme, comme une séquestration».*

Avant que cette assemblée générale ne s'achève, M. Philip sort des locaux par un secrétariat. Les couloirs sont vides. Personne ne s'oppose à son départ (témoignages de MM. Philip et Henniart).

Durant toute la période de 0 à 7 h, de nombreuses allées et venues ont été possibles : M. Henniart est sorti chercher la liste du personnel dans un bureau, M. Grave est allé chercher du café en dehors du centre, M. Philip s'est rendu aux toilettes. De nombreux passages se sont effectués aux grilles pour le service et notamment le matin pour le changement de brigade (le parking est à l'intérieur du centre)[4]»

Le jour se lève...

1. Témoignage de Robert Dubois (membre de la section syndicale SUD).
2. Rapport de la Ligue des droits de l'homme.
3. Ibid note 1.
4. Ibid note 2.

Le vendredi 1er décembre

Vers 8 h 40

«M. Bourgin, directeur régional, me contacte téléphoniquement pour me relater les événements s'étant produits à Lezennes au cours de la nuit et pour me signaler la notification de retrait de service signifiée à sept agents du centre ; les noms des intéressés me sont communiqués à cette occasion. Parmi ceux-ci figure le nom d'un agent qui appelle toute mon attention puisqu'adhérent à l'organisation syndicale dont je suis responsable.

Après vérification, il s'avère que l'intéressé a été absent du centre toute la nuit ; les poursuites engagées contre lui ont été immédiatement abandonnées, l'Administration reconnaissant sans difficulté qu'il avait été victime d'une homonymie» témoignera Marc Duhem, inspecteur à la direction régionale, détaché permanent en tant que secrétaire fédéral départemental FO-PTT. *«La note de suspension avait été adressée à M. Fontaine, adhérent FO qui ne travaillait pas ce soir -là en lieu et place de M. Richard Fontaine, adhérent de SUD[1]».*

Vers 9 h

Le conseiller social du cabinet du Ministre téléphone successivement aux sièges nationaux de toutes les fédérations syndicales des PTT pour les informer de *«graves événements»* survenus pendant la nuit au centre de tri de Lille-Lezennes et pour leur demander de s'en désolidariser. A la fédération SUD appelée, semble-t-il, en dernier, le conseiller social affirmera que deux fédérations se sont désolidarisées du mouvement.

A 11 h 18

Le télégramme suivant parvient aux bureaux de poste concernés à destination de sept agents (parmi lesquels il y a l'homonymie) :

«Je vous informe que je vous retire le service à compter de ce jour le 1er décembre 1989 pour les motifs suivants :

- séquestration d'autorité en la personne du chef de service départemental des Postes du Nord, du directeur d'établissement principal de Lille-Lezennes centre de tri automatique et de son adjoint ;

- voies de fait ;

- refus d'obéissance ;

1. Témoignage de Robert Dubois (membre de la section syndicale SUD).

- entrave au fonctionnement du service par blocage des grilles du centre de tri.

Dans cette position, vous devez vous tenir à la disposition de l'Administration et déférer à toute convocation qui vous serait adressée.»

Signé : Le chef de service départemental des Postes du Nord, J. Philip.

Ces sept télégrammes seront confirmés par lettres recommandées mises en distribution le jour même vers 14 h 30 par porteur spécial.

En fin de matinée, l'AFP diffuse la dépêche suivante :

«PTT grève — centre de tri de Lille-Lezennes : suspension de sept agents. Le directeur régional de La Poste a annoncé vendredi la suspension immédiate de sept agents grévistes du centre de tri de Lille-Lezennes, «coupables de voies de fait» sur le directeur départemental de La Poste, qui a été retenu à l'intérieur du centre pendant la nuit de jeudi à vendredi.

Les agents concernés, qui ont reconnu leur responsabilité, ont été exclus ce matin de leurs fonctions et leur salaire a été suspendu», a déclaré M. Jean Bourgin, directeur régional de La Poste, en précisant que l'intersyndicale ne s'était pas associée à leur action. M. Bourgin demandera leur révocation lors du conseil de discipline général devant lequel les agents concernés seront convoqués avant la fin du mois.

Jeudi soir, l'intersyndicale (SUD, CGT, CFDT, FO) avait décidé de fermer les grilles du plus gros centre de tri de France (752 personnes), en grève partielle depuis le 7 novembre pour des raisons salariales et d'effectifs.

Le directeur départemental, M. Jean Philip, qui s'était rendu en début de soirée au centre pour faire participer les agents à un vote à bulletin secret sur la reprise du travail, a été retenu jusqu'à 7 h vendredi matin.

La direction régionale de La Poste a indiqué par ailleurs que pratiquement plus aucun courrier ne serait acheminé vers le centre de Lezennes et que les mesures de détournement des plis vers des centres de tri parallèles seroaien renforcées».

Dans l'après-midi, le directeur régional de La Poste tient une conférence de presse en présence du directeur départemental. Il y diffuse ce communiqué :

«Cette nuit, une poignée d'agents ont commis dans le centre de tri de Lille-Lezennes des actes graves et répréhensibles.

- ils se sont opposés par l'intimidation à l'expression directe du personnel du centre par vote à bulletin secret sur la reprise du travail ;

- ils se sont livrés à des voies de fait en séquestrant le directeur

départemental Jean Philip ainsi que le directeur d'établissement Jean Claude Henniart et son adjoint Jean Capelle venus rencontrer le personnel après plusieurs séances de négociations à la direction départementale pour lui présenter les résultats de la concertation ;

- ils ont bloqué les accès au centre entravant ainsi son fonctionnement .

Je tiens à souligner le courage du directeur départemental qui a voulu poursuivre le dialogue social et communiquer en direct avec le personnel du centre en le réunissant en assemblée générale et en proposant un vote à bulletin secret. Je tiens également à saluer son sang froid et sa détermination. Il a refusé en effet toute intervention de la police à l'intérieur du centre.

Je souligne enfin le courage et l'implication de MM. Henniart et Capelle ainsi que de l'ensemble des cadres présents dans le centre. C'est grâce à l'un d'entre eux que Jean Philip a pu quitter le centre ce matin vers sept heures.»

Signé : Jean Bourgin.

Le mardi 5 décembre, M. Philip enverra deux plaintes à destination du Procureur de Lille contre les 7, l'une *«au nom de mon Administration»* reprenant les mêmes motifs que les retraits de service dans laquelle on peut aussi lire :*«L'Administration entendra se constituer partie civile lors de la comparution des prévenus à l'audience pour obtenir réparation du préjudice subi par elle lors de cette séquestration»* et l'autre pour *«faire connaître que j'ai fait personnellement l'objet d'une séquestration et de voies de fait*[1]».

A notre connaissance, l'enquête demandée par le Procureur pour infraction à l'article 341 du code pénal (séquestration) se réduira à une audition du chef de centre et de son adjoint, le 15 janvier 1990, par un officier de police judiciaire.

Quelle interprétation ?

L'analyse des événements nous fait décomposer la nuit en trois mouvements :

- vote à bulletin secret pour stopper le conflit sans négocier ;
- échec de «l'opération vote», donc «opération séquestration» ;
- décision de donner au dialogue social le visage de la révocation.

1. Une copie de la plainte déposée au nom de l'Administration était dans chacun des 7 dossiers disciplinaires. Par contre, la copie de l'autre plainte n'était présente que dans un seul dossier : probablement un oubli sans lequel son existence n'aurait sûrement jamais été connue.

Stopper le conflit sans négocier

L'Administration est décidée à faire cesser le conflit par tous les moyens. Les positions prises par la hiérarchie ces derniers jours le démontrent. Pour y parvenir, le nouveau directeur départemental est prêt à se jeter dans la mêlée. Veut-il pour son arrivée asseoir son autorité ?

La venue du directeur départemental a bien un but précis et programmé. Aux journalistes, le 1er décembre, il expliquera être venu *«pour une opération de communication rapprochée avec le personnel et demander à ce qu'un vote à bulletin secret soit effectué, pour décider de la reprise du travail»*... [ajoutant] «avec humour, lui qui en est à sa première semaine de fonction à Lille : *«j'ai dit à tout le monde que l'accueil était chaleureux dans le Nord... J'ai été servi !* [1]».

Le directeur envisage un vote *«étalé sur 24 heures»* (rapport de la Ligue des droits de l'homme). Il se trouve qu'effectivement le rythme des brigades permet de consulter à partir de cette nuit-là tout le personnel du centre en 24 heures. A-t-il reçu l'ordre d'en finir avant la fin de la semaine ?

M. Philip *«avait l'intention de demeurer dans le centre jusqu'à 23 h 30»* (rapport de la Ligue des droits de l'homme). Avait-il envisagé la possibilité de rester plus longtemps ? Il faut remarquer que la direction avait, le 28 novembre, donc trois jours avant les événements, demandé aux responsables du centre de faire installer trois lits de camp, un bureau et des sièges dans l'appartement du chef de centre (situé au-dessus de son bureau) afin de *«permettre une présence de celui-ci à tout moment en cette période de conflit»*[2]. Drôle de coïncidence ?

M. Philip est-il conscient d'être venu dans le service le plus mobilisé du centre et celui qui a démarré la grève ? Ou a-t-il justement fait exprès de se rendre au centre, la nuit, dans cette brigade ? Le plus probable est qu'il n'y a même pas prêté attention. Peut-être imagine-t-il sa seule présence suffisante pour influencer le cours des choses, «[cet] *homme qui a pris modestement ses fonctions à la tête du Nord (rien que ça)*[3]» ?

Le vote à bulletin secret est conçu comme un piège.

Dans sa version des faits, M. Philip écrit : *«(...) je me suis rendu au centre*

1. *Nord Eclair* du 2 décembre 1989.

2. Le logement de fonction du chef de centre est vide, le titulaire du poste ne l'habitant pas.

3. Extrait d'un tract du 1er décembre 1989 de la section syndicale CGT des directions de La Poste de Lille. Ce syndicat fait ici référence à la lettre, en date du 24 novembre, de Jean Philip aux postières et aux postiers du Nord pour son arrivée commençant ainsi : «*Au moment où je prends mes fonctions à la tête du Nord, je veux saluer l'ensemble des postiers...*».

de tri de Lezennes pour une prise de parole vers 20 h pour répondre à la demande de certains représentants du personnel, et tenter de faciliter une sortie du mouvement de grève, il était également prévu de proposer un vote à bulletin secret sur la reprise du travail. Les responsables syndicaux départementaux qui ont pu être joints en fin d'après-midi ou en début de soirée étaient informés des modalités de ce vote.»

En réalité, le directeur de cabinet du directeur départemental

- n'a pas téléphoné à SUD ;

- a informé le secrétaire départemental CGT à son domicile, entre 19 h 45 et 20 h, de l'arrivée du directeur au centre mais sans signaler à aucun moment l'organisation d'un vote[1] ;

- a téléphoné au secrétaire départemental FO à 20 h 05 en parlant de l'organisation d'un vote mais sans en préciser la forme donnée [2].

La CGT et FO n'avaient pas le temps matériel de faire redescendre l'information au centre de tri avant l'arrivée du directeur . En fait, seule la CFDT semble totalement informée, vers 19 h 20, de la visite du directeur et de son intention d'organiser un vote à bulletin secret[3].Cette information complète n'a pas été répercutée à l'intersyndicale locale avant la prise de parole au centre de M. Philip.

«Nous devions attendre la décision de monter les urnes de la voiture au centre, ce qui a été fait vers 22 h environ» écriront les chauffeurs dans leur témoignage... Dans quelle tête a bien pu germer cette idée de vote à bulletin secret, qualifiée par la Ligue des droits de l'homme de *«maladresse insigne»* ?

Au centre de tri, depuis toujours, les syndicats comptabilisent les résultats grévistes sur le personnel d'exécution. Ce calcul relativise la place des cadres et des services administratifs. Or, en cette fin de conflit, la nouvelle CFDT locale, prête à se désengager, inscrit parallèlement les résultats par rapport à la totalité du personnel présent. Donne-t-elle l'idée à l'Administration d'un vote de tout le personnel à bulletin secret ? Les votes organisés unilatéralement par la hiérarchie pendant un conflit rencontrent rarement un franc succès. Celui-ci, organisé dans la confusion, était voué à l'échec.

N'ayant pas pu obtenir un vote sous cette forme sur place, M. Bourgin annoncera le 1er décembre à la presse *«que l'ensemble du personnel sera appelé à voter par correspondance pour une reprise du travail»*.

1. Témoignage de Francis Legrand, secrétaire départemental de la CGT.
2. Témoignage de Marc Duhem, secrétaire fédéral départemental FO PTT.
3. Information livrée «à chaud» le 2 décembre par le secrétaire départemental CFDT lui-même.

Effectivement, chaque agent du centre recevra le lendemain à domicile un matériel de vote, avec invitation à répondre par retour de courrier, accompagné d'une notice sur laquelle le directeur départemental s'autorise à écrire : *«Le dépouillement sera effectué à la direction départementale en présence des représentants des organisations professionnelles»*. Un syndicat avait-il donné son accord ?

Décidément, la direction a travaillé comme une ruche ce 1er décembre : lancement du dispositif disciplinaire, impression et envoi de plus de 700 matériels de vote, conférence de presse... Au delà du caractère ridicule d'un vote par correspondance de postiers pendant une grève du courrier, cette obstination montre à quel point ce scrutin représentait pour eux un enjeu. Finalement, ce vote par correspondance ne sera ni suivi d'effet ni commenté.

Lors de l'interrogatoire des sanctionnés, les inspecteurs principaux, dépassant probablement le cadre de leurs prérogatives, poseront ces questions à Philippe Legrand : *«M. Philip a proposé un vote à bulletin secret pour la reprise ou non du travail. Quel a été votre comportement en la circonstance ?...Vous vous êtes donc opposé à l'expression «libre» de vos collègues ?»* et enfin, la plus grave *«personnellement étiez-vous contre ce mode d'expression tout à fait démocratique, un certain nombre de vos collègues l'ayant réclamé?»*. L'Administration attente ici directement à la liberté individuelle. Ces questions, débordant largement d'une enquête et concernant les opinions, n'ont rien à faire dans un dossier disciplinaire.

L'opération séquestration

Il est vraisemblable que M. Philip ressent très mal l'échec qu'il vient de subir sur le vote à bulletin secret. Son autorité de nouveau directeur départemental s'en trouve altérée. *«Pourtant, venir au centre dans ces conditions signifie forcément qu'on va être amené à discuter jusqu'au bout et sévèrement»* dira Maître Jacob, avocat de la défense au futur conseil de discipline des 7. Les événements sont à mettre en rapport avec cette situation. La non-maîtrise du vote engendre l'opération séquestration. Une machination s'échafaude-t-elle par téléphone entre le directeur départemental, le directeur régional, le ministère sinon même le cabinet du Ministre ?

A propos de l'appel de la journaliste lui annonçant, vers 21 h 40, qu'il est *«retenu de force»*, M. Philip écrit : *«J'exprime mon étonnement et lui réponds que je suis entré librement au centre avant 20 h et que j'ai bien l'intention d'en repartir librement quand je l'aurai décidé»*. Puis il indique : *«Le chef de centre m'apprend qu'en effet les grilles d'entrée du centre sont fermées ; je fais remarquer que cela ne constitue pas en soi un délit et que l'on verra bien»*. Aux journalistes, à 23 h, il dit ne se sentir nullement séquestré.

Puis, peu avant minuit, le directeur départemental manifeste l'intention de quitter le centre. Pour un départ naturel, il est demandé à des cadres d'observer les événements à la grille. Avant de sortir des bâtiments pour monter dans sa voiture, le directeur laisse intentionnellement sa gabardine dans le bureau du chef de centre alors qu'il fait froid et qu'il y a du brouillard. Il se fait raccompagner par le chef de centre adjoint. Sa voiture n'est pas bloquée mais ralentie, il en sort et envoie chercher son imperméable pour continuer à pied suivi de sa voiture.

Pourquoi descend-il de sa voiture alors qu'il veut partir ? Allait-il rentrer à pied à son domicile ou à Lille (distant de sept kilomètres) ? Même sans avoir vécu les événements, le lecteur trouve-t-il normal de descendre de voiture pour passer la grille et ensuite remonter en voiture ? Sauf si M. Philip se propose de serrer la main de ses agents avant de les quitter... Seul devant au moins trente grévistes (chiffre le plus bas cité par M. Philip lui-même), il est évident qu'il sera toujours plus facile de sortir en voiture. Non, le directeur départemental se dirige à pied vers les grilles.

Pourquoi ? Pour rechercher le contact physique ? On ose croire que le directeur départemental n'imaginait pas impossible un échange de coups ou une bousculade, auquel cas les fortes déclarations du directeur régional le lendemain soulignant son *«courage»*, son *«sang-froid et sa détermination»* seraient pleinement motivées. Quel que soit le cas de figure, il est plus simple de faire demi-tour à pied qu'en voiture et plus aisé de le justifier. A la grille, il ne manifeste pas clairement son intention de partir, il ne demande pas que son véhicule puisse sortir ; dans cette hypothèse, pourquoi n'a-t-il pas fait procéder à l'ouverture des grilles par l'encadrement et surtout pourquoi, après avoir conversé, fait-il demi-tour en déclarant : *«Puisqu'il en est ainsi, je vais tenir une réunion de travail avec mes cadres»*.

Pourquoi le directeur ou les cadres ne s'adressent-ils pas aux responsables syndicaux présents, soit pour dire clairement qu'on les empêche de sortir ou pour demander aux délégués de se prononcer sur cette situation ? Il part s'enfermer dans le bureau du responsable de l'établissement et boucle avec lui le chef de centre et son adjoint.

De ce fait, le personnel ne pouvait croire que le directeur puisse se sentir retenu. C'est pourquoi le personnel attend dans le couloir le résultat de cette réunion de travail. A noter, sachant que M. Philip ne se considère comme séquestré qu'après cet épisode de la grille, vers 0 h 30... que déjà vers minuit le conseiller social du cabinet du Ministre téléphone au directeur du cabinet du Préfet.

A 2 h 15, le directeur départemental fait constater que les grilles sont fermées. Cette fois, les cadres disent clairement aux grévistes que le directeur s'estime retenu... mais aucun nom des présents n'est relevé.

Informé de l'ouverture de ces grilles peu après 2 h 30, pourquoi M. Philip ne décide-t-il pas alors de partir pour terminer la nuit dans son lit ? Pourquoi à aucun moment, le directeur départemental ne manifeste-t-il pas de nouveau son intention de s'en aller ? Pourquoi M. Philip attend-il 7 h du matin pour sortir, au prix d'acrobaties, de manière tout à fait rocambolesque il est vrai, par la trappe de livraison des fonds alors que la porte qui y accède est plus proche du bureau du chef de centre que celle des toilettes où il est allé librement pendant la nuit ? Pourquoi ?

Le conflit était dans l'impasse. Le plus petit geste positif du directeur, proposition de négociation ou concertation, aurait immédiatement été saisi par l'intersyndicale. A l'inverse, M. Philip a soigneusement évité le moindre contact avec les militants. Pourquoi ?

Un fil conducteur peut expliquer cette attitude : le directeur était à la recherche de faits pour étayer la thèse de la séquestration dont l'idée a pu lui être donnée par l'extérieur. Il s'agissait de justifier une retenue toute la nuit. Par son attitude, M. Philip fait tout ce qu'il faut pour provoquer le personnel. Peut-il alors s'attendre à ce que le personnel lui réponde sagement : *«On vous en prie M. le Directeur, veuillez sortir ?»*. Tout se passe comme si la réaction des agents constituait une véritable aubaine, exploitée au maximum. Personne n'a dit au personnel ou à un membre de l'intersyndicale *«Ne suivez pas la voiture»*, ni *«Ne restez pas dans le couloir»*. Aux grilles, en réponse à sa question *«Me laissez-vous sortir»*, aucun agent n'a répondu *«Non»*. Si réellement le directeur avait voulu quitter le centre, personne ne se serait opposé physiquement à son départ. De tout temps, le personnel du centre de tri a fait preuve de combativité mais toujours avec le plus grand sens des responsabilités. Pour la hiérarchie, cette nuit-là le personnel devait céder. N'y parvenant pas par le vote, elle utiliserait une pseudo-séquestration.

Une étourderie et des comportements pour le moins étranges : une gabardine oubliée, un faux départ devant témoins, une réunion de travail prolongée volontairement. C'est ce qui a été qualifié de séquestration. Les mots sont lourds de sens, ils seront suivis d'effets lourds de conséquences.

Le dialogue social prend le visage de la révocation

Qui peut croire que le directeur régional ait pu décider *«qu'il demanderait des révocations»* – dont les dernières, rappelons-le datent de 1953 – et les annoncer à la presse le matin même sans avoir eu auparavant l'accord du ministère ? La décision de frapper fort, le principe de la révocation[1] sont décidés en haut lieu. L'appel téléphonique du directeur de cabinet de Paul Quilès dès 9 h aux fédérations syndicales montre l'implication directe du cabinet et du Ministre lui-même dès le début de l'affaire. Il faut dire qu'ils ont eu tout le temps d'ourdir un drôle de plan, entre Lille et Paris par téléphone, durant les longues heures de la fameuse *«réunion de travail»*. Tout indique que, lorsque le directeur sort du centre de tri au petit matin, un plan général est prêt pour briser la grève qu'il n'a pas su ni pu arrêter.

Le directeur régional prendra soin d'impliquer au maximum le chef de centre et son adjoint en les nommant publiquement dans son communiqué du 1er décembre. Sans doute, voulait-il par là éviter toute expression autonome de leur part.

La déclaration du matin de M. Bourgin précisant que l'intersyndicale ne s'est pas associée à l'action laisse penser qu'une réflexion a été menée sur l'utilisation qui pouvait être faite de l'appel, dans la nuit, de la fédération CFDT qui se désolidarisait du mouvement. La décision de cibler le syndicat SUD a aussi probablement été prise pendant la nuit. Pourquoi est-on allé chercher, au cours de la *«réunion de travail»*, un fichier du personnel du centre ? Très logiquement pour choisir des noms.

«On est arrivé à de telles extrémités» affirmera le 2 décembre le directeur régional à propos des événements de la nuit. Pourquoi alors ne pas avoir demandé une intervention des forces de l'ordre ? Le directeur départemental répondra avoir refusé d'y faire appel et la préfecture ne pas l'avoir envisagé avant le matin.

1. Quand le directeur régional annonce à la presse que les agents seront révoqués, il commet une faute du point de vue du droit disciplinaire dans la mesure où il condamne avant que les agents incriminés ne puissent se défendre. Cependant cette initiative doit d'abord être comprise comme l'interprétation qu'il fait des consignes très claires que le cabinet du Ministre lui transmet.

A partir de ces témoignages, il n'y a que deux vérités possibles. Ou bien le ministère a demandé une intervention policière mais sans réussir à persuader la puissance publique de la «gravité des événements» ou alors la hiérarchie jusqu'au ministère a préféré ne pas mêler une autorité extérieure à l'affaire pour garder la maîtrise des événements et surtout de leur interprétation. Il est significatif à cet égard que seuls le directeur régional et le ministère aient eu des contacts avec le cabinet du Préfet. Rien n'a filtré des intentions du directeur départemental pour la soirée. Aussi, les événements survenus ont-ils surpris absolument tout le monde. Tout s'est passé comme si l'Administration voulait garder les mains totalement libres.

Dans sa lettre aux parlementaires, Paul Quilès écrira : *«(...) Je dois souligner le courage exemplaire de ce chef de service qui, contacté sur place par téléphone, a refusé d'envisager toute intervention policière. Il prenait alors en compte, notamment, la visite du Chef de l'État prévue le lendemain matin à Armentières ; celle-ci n'aurait pas manqué, en effet, d'être troublée par cet incident vraisemblablement prémédité...».*

Le Ministre veut faire croire ici à une réaction des grévistes déterminée par la venue de François Mitterand, alors qu'au contraire, les assemblées générales du 30 novembre avaient prévu une délégation restreinte à Armentières. A l'inverse, ne serait-ce pas plutôt le ministère qui a exploité cette visite du chef de l'État ? Un déploiement policier dans un conflit du travail portant ombrage à la dimension toujours sociale d'un déplacement présidentiel en province, la venue de François Mitterrand à proximité de Lille était un bon motif pour ne pas mêler une autorité extérieure malgré une *«gravité d'événements»* telle qu'elle justifie sept révocations.

Petit glossaire à l'usage des lecteurs

- *retrait de service* : suspension de service qui est une mesure d'urgence visant à éloigner l'agent de son service avec maintien du salaire.
- *exclusion temporaire* : correspond à une sanction de mise à pied sans salaire.
- *révocation* : équivaut à un licenciement pour faute lourde sans aucune indemnité. De plus, un fonctionnaire révoqué peut perdre ses droits à la retraite.

Dessin Pierre-Yves Pira

Photo LDH

«Je m'insurge contre cette répression sélective... Ici, on choisit d'isoler un certain nombre de militants représentatifs d'un syndicat qui dérange. Ce n'est pas comme cela que fonctionne la justice... Si on attaque le syndicalisme, on atteint la démocratie. Des attaques comme celles contre les 7 de Lezennes, il sort de grandes choses ; ici en l'occurrence, l'unité.»

Henri Noguères
ancien président de la Ligue des droits de l'homme.

Chapitre 4

RAPPORT DE LA COMMISSION DE LA LIGUE DES DROITS DE L'HOMME

Introduction : définition et déroulement de la mission

La Ligue des droits de l'homme, dont la mission de défense des droits de l'homme s'étend non seulement à la défense des libertés individuelles dans la Cité mais aussi aux libertés collectives : droits syndicaux, liberté d'expression des salariés dans les établissements publics ou privés, a mandaté trois de ses membres pour procéder à une enquête sur :

- les incidents survenus dans la nuit du 30 novembre au 1er décembre 1989 au centre de tri de Lezennes et ayant entraîné la suspension et la demande de révocation de sept agents appartenant au syndicat SUD (Solidaires, Unitaires et Démocratiques),
- l'exercice des droits syndicaux au centre de tri de Lezennes.

La commission était composée de :

- Roger Rouquette, ancien député, membre du comité central de la LDH, président de la commission nationale «droits économiques et sociaux»,
- Jean-Louis Brochen, avocat, ancien président national du Syndicat des Avocats de France (SAF),
- Gérard Minet, membre du comité central de la LDH, délégué régional pour le Nord-Pas-de-Calais.

La mission avait été préparée sur place par :

- M. André Paccou, secrétaire délégué aux droits économiques et sociaux pour la fédération du Nord de la LDH,
- Mme Dominique Dewever, secrétaire de la section LDH de Lille.

Autorisée par M. le Ministre des PTT, cette commission s'est rendue le 22 décembre 1989 au centre de tri postal de Lezennes où une salle de réunion avait été mise à sa disposition par le directeur de l'établissement.

La commission a successivement entendu les représentants des organisations syndicales et de la direction des PTT dans le Nord et au niveau de l'établissement :

- M. Jean-Louis Doribreux, représentant la CGT,

- M. Jean-Michel Drossart, délégué local FO et M. Bernard Lequien, du bureau départemental FO,
- M. Delaunay, responsable local CFDT, brigade 17/24, M. Noël Maës, responsable CFDT du centre de tri, M. Philippe Mossion, secrétaire régional de la CFDT-PTT, M. Xavier Schwartz, secrétaire départemental adjoint CFDT,
- MM. Régis Bacquet, Richard Fontaine, Philippe Legrand, Michel Mercier et Jacques Pollet du bureau régional du syndicat SUD,
- les sept salariés suspendus,
- M. Henniart, chef d'établissement, directeur du centre de tri,
- deux témoins, Messieurs Nowak et Leaper, en présence du chef d'établissement,
- Mme Cauterman, employée du centre,
- M. Jean Philip, directeur départemental des PTT pour le Nord.

Par ailleurs, des entretiens téléphoniques ont eu lieu entre des membres de la commission et M. Bonneton, conseiller technique au cabinet du Ministre des postes et télécommunications et de l'espace, d'une part, et avec, d'autre part, M. Derouche, directeur de cabinet du préfet de la région Nord-Pas- de- Calais.

L'ambiance dans l'entreprise

Le centre de tri automatique de Lezennes emploie environ 730 personnes. Il fonctionne en continu avec service réduit les samedis et dimanches. 4 «brigades» se succèdent pour assurer la continuité du service.

La direction

L'équipe de direction des PTT dans le Nord est nouvelle.

M. Bourgin, directeur régional est arrivé en avril 1989.

M. Philip, directeur départemental arrive le 27 novembre 1989.

M. Henniart, directeur du centre de tri est arrivé en août 1989.

M. Capelle, son adjoint est arrivé en octobre 1989.

Aucun membre de cette équipe de direction n'a donc connu directement le mouvement de grève de 1988.

Les organisations syndicales

Les élections professionnelles donnent les résultats suivants :

CGT : 36%   SUD : 35%   FO : 17%   CFDT : 6%   CFTC : 5%

La CFTC n'est pas organisée sur le centre de tri.

Le syndicat SUD est le résultat d'une scission de la CFDT à la suite du mouvement de 1988. La CFDT avait alors décidé de suspendre ses délégués puis de reconstituer une nouvelle section.

Un contrôleur débutant (cadre B) gagne 5300 F par mois. Après 15 ans, le salaire mensuel s'élève à 6400 F pour atteindre 7800 F à 5 ans de la retraite. Il faut y ajouter 8800 F de primes annuelles. Un préposé débutant (cadre C) gagne 4800 F par mois; après 15 ans : 5900 F. Les primes s'élèvent à environ 7000 F par an.

Le conflit de 1988

Il s'était déroulé du 7 octobre au 8 novembre sur des revendications de salaire et d'effectifs. Ce conflit très dur avait abouti à la satisfaction de certaines revendications : 10

emplois de titulaires + 4 auxiliaires + une étude d'effectifs ; une prime de 1250 F, la limitation à deux journées de salaire des retenues sur salaire pour faits de grève.

Ce conflit avait provoqué des protestations et manifestations de la VPC (vente par correspondance). Il avait été à l'origine d'une scission au sein de la CFDT dont le bureau départemental avait désavoué ses militants locaux.

L'opinion de la direction sur le centre de tri (témoignages de M. Philip et M. Henniart)

La direction départementale estime que le laxisme a régné trop longtemps au centre de tri de Lezennes. Ses cadres sont démotivés, l'action syndicale s'est transformée en un forum permanent en raison de *«tolérances»* qui dépassent très largement les règlements.

M. Philip estime qu'il était nécessaire à la fois de *«banaliser»* le centre de tri qui *«n'est que le septième de France»* et de mettre en place des mesures particulières de manière à assurer un retour à la normale.

Des problèmes importants de matériel insuffisant, inadapté ou obsolète ont été réglés par la négociation (témoignages de M. Philip et des syndicalistes) mais selon M. Philip, il est nécessaire *«d'orienter les gens vers l'avenir»* en *«remotivant le personnel et les cadres»*, en faisant *«cesser la chienlit»* qui règne. Pour cela, la direction départementale propose de *«tout mettre à plat, sans a priori ni tabous»*. Ce sont ces objectifs que s'est fixée la nouvelle équipe de direction qui estime que le centre de tri de Lezennes est *«plutôt favorisé, bien qu'il se croie mal aimé et défavorisé»* (témoignage de M. Philip). L'étude d'effectifs faite par l'inspecteur principal Clavaud et l'équipe régionale de la statistique est sortie à la mi-novembre. Elle prévoit une réduction de l'équipe de nuit et globalement la suppression de 14 emplois. *«On ne s'attendait pas à celle-là !»* confesse M. Henniart, directeur du centre de tri.

Pour M. Philip, le manque de fermeté des directions en 1988 a fait croire aux syndicats qu'il était possible de recommencer cette année. Ce que la direction départementale exclut totalement en préconisant un redéploiement et un effort de communication.

Le point de vue syndical

Les organisations syndicales estiment toutes que les engagements pris en 1988 n'ont pas été tenus, notamment en matière de création d'emplois. L'augmentation du trafic de 7%, l'existence d'heures supplémentaires dites *«californie»* et l'emploi d'auxiliaires temporaires justifieraient à leurs yeux la création de 20 postes. La direction a reconnu que le centre était en surproductivité, le 5 novembre par la voix de M. Gallois qui assurait l'intérim de la direction départementale (témoignages des syndicats et de M. Henniart). Mais la nouvelle direction est revenue sur cette appréciation.

Les *«tolérances»* dans le fonctionnement syndical ne sont pas niées mais elles sont le résultat des actions menées au centre de tri depuis des années estiment les responsables syndicaux. Lors des mouvements de grève, toutes les actions menées au centre de tri sont décidées en assemblées générales de brigade (5 assemblées par 24 heures). Les mouvements sont décidés et reconduits de brigade en brigade par votes à main levée. L'encadrement et la direction participent à ces assemblées générales et peuvent y intervenir. Ce qui se fait fréquemment et le directeur, M. Henniart, informe souvent les employés de la position de la direction (témoignages des syndicalistes et de M. Henniart). L'encadrement peut participer aux votes, bien qu'il n'use généralement pas de cette possibilité.

Les syndicats CGT et SUD estiment que les rapports ont toujours été conflictuels entre les syndicats et la direction mais que l'attitude de cette dernière s'est considérablement durcie ces derniers temps.

Ces différents témoignages se recoupent donc pour montrer qu'il y avait une volonté de reprise en main du centre de tri de Lezennes en cette fin d'année 1989.

Le personnel de direction, et notamment M. Philip a mis en avant la nécessité d'améliorer la communication entre les différents échelons mais le renouvellement complet de l'équipe de direction, sa méconnaissance en profondeur des hommes et des traditions syndicales de l'entreprise et parfois même de ses résultats a rendu cette communication difficile. Cette volonté a même été interprétée comme une *«provocation»* par un personnel et des responsables syndicaux qui ont toujours entretenu des rapports conflictuels avec la direction même quand celle-ci était moins ferme dans son attitude.

L'exercice des droits syndicaux au centre de tri de Lezennes

1. La commission a pu constater que les formes légales de l'exercice des droits syndicaux étaient respectées : panneaux d'affichage, locaux pour les organisations syndicales CGT, FO et CFDT reconnues nationalement, local pour le SUD, en principe partagé avec la CFTC et les Autonomes. Les assemblées mensuelles d'information sont tenues.

2. La pratique des assemblées générales sur le temps de travail étaient *«tolérées»* jusqu'au démarrage du mouvement de novembre 1989. Des consignes très strictes de la direction ont été données pour en revenir exclusivement aux formes légales.

3. Les notes des 11 et 12 décembre au centre de tri, à l'approche de la journée de grève de la CGT [la journée du 15 décembre], manifestent une volonté de faire pression sur le personnel. Evoquant les retenues de salaire pour fait de grève, la deuxième note reprend textuellement la première à l'exception du membre de phrase *«si aucun préavis régulier ne couvre les arrêts de travail»*.

4. La création de centres de tri «parallèles», la retenue effective d'une journée de salaire pour une heure de grève, la sanction de tout retard après les assemblées, le non-approvisionnement du centre de tri en courrier : toutes ces mesures conjuguées tendent à vider le droit de grève de sa signification en tant que moyen de pression.

5. L'annonce à l'Agence France presse de la suspension sans traitement et de la demande de révocation par la direction régionale donne à la suspension une signification de sanction qu'elle n'a pas et peut être considérée comme une pression. Cette annonce erronée a d'ores et déjà eu des conséquences néfastes pour l'un des agents suspendus puisque sur la foi de la dépêche de l'AFP, sa banque lui a refusé des crédits.

6. La différenciation entre agents ayant repris le travail le 6 décembre et soumis à deux journées de retenue sur la paie du mois de décembre et agents ayant poursuivi le mouvement au delà de cette date et soumis à la retenue maximale (25%) doit aussi être considérée comme une pression en faveur de la reprise du travail. Ces retraits ont été effectifs. Le relevé CCP de M. Mercier indique qu'il lui a été versé une somme de 4835 F au titre du mois de décembre alors que son salaire de novembre était de 6541 F et celui d'octobre de 6820 F. On peut donc estimer que la retenue effectuée s'élève à 1985 F, soit 29% du salaire.

7. Cinq auxiliaires ayant participé à la grève ont été avisés du non-renouvellement de leur contrat après le 31 décembre 1989 (témoignages de FO, de SUD et note de l'inspecteur du bureau d'ordre du 20 décembre 1989). Cette mesure a été rapportée par la suite.

Chronologie des événements survenus dans la nuit du 30 novembre au 1er décembre 1989

A 20 heures, se tient l'assemblée générale du personnel. L'arrivée de M. Philip dans le centre de tri est signalée. Il est invité à faire connaître sa position. M. Philip accède à cette demande : il avait l'intention de demeurer dans le centre de tri jusqu'à 23 h 30. Cette participation à une assemblée générale du personnel n'a rien d'exceptionnel : les cadres et le chef de centre viennent fréquemment aux assemblées générales pour donner le point de vue de la direction (témoignages de MM. Doribreux et Henniart). Une telle participation du directeur départemental a d'ailleurs été constatée lors du conflit de 1988.

Dans son intervention devant l'assemblée générale, M. Philip invite les employés à réfléchir *«sans tabou»* à la situation du centre de tri. L'ambiance est calme. Il rappelle les positions de la direction : nécessité de réorganisation du centre de tri par un redéploiement, retenue de la journée de salaire en application de l'amendement Lamassoure, non-approvisionnement du centre de tri en courrier jusqu'à la reprise du travail.

Cette intervention, voulue par M. Philip comme une preuve de sa volonté de dialogue, mais qui ne contient aucune proposition nouvelle, est ressentie par les employés comme une provocation. Elle suscite de vives réactions verbales de l'assemblée qui l'interprète comme une menace de la direction.

Ce sentiment est encore accru quand M. Philip propose un vote à bulletin secret, étalé sur 24 heures, sur la poursuite du mouvement et quand il fait chercher les urnes qu'il a amenées avec lui. Les employés expriment le refus de ce mode de vote. M. Philip le présente comme la forme d'expression la plus démocratique. Les syndicalistes estiment qu'il s'agit d'une immixtion dans la gestion de leur conflit et d'une provocation préméditée en raison de l'apport des urnes. On a toujours voté à main levée à Lezennes (témoignage des syndicats et de M. Henniart). Un non-gréviste (M. Leaper) intervient pour récuser ce vote à bulletin secret. Il estime que n'ayant jamais subi de pression de la part de ses camarades de travail, le vote à main levée doit être maintenu. Le bureau de vote est cependant mis en place, présidé par M. Henniart, chef de centre. Seules 7 ou 8 personnes iront voter et le scrutin sera interrompu par l'Administration.

M. Novak, gréviste, mais favorable au vote à bulletin secret se rendra au bureau de vote. Il constate qu'il n'y a pas d'isoloir, pas d'enveloppe, que l'urne est transparente et que, vu le peu de bulletins, l'anonymat de son vote ne sera pas respecté. Il décide donc de ne pas voter dans ces conditions.

Après ces débats, l'assemblée générale se porte aux grilles du centre de tri. Cette pratique est habituelle au centre de tri [1]. . Elle avait été décidée à plusieurs reprises dans les jours qui précèdent et lors du conflit de 1988 et notamment le 13 octobre 1988 qui avait vu, dans des conditions semblables, la venue du directeur départemental au centre de tri.

A 21 h 30, M. Philip reçoit un coup de téléphone de l'Agence centrale de presse lui

1. Les syndicats FO et CFDT se sont prononcés contre cette pratique.

demandant *«s'il est retenu de force»*. Il répond négativement (témoignage de M. Philip).

Entre 21 h 30 et 22 h , M. Derouche, directeur du cabinet du Préfet de la région Nord-Pas- de- Calais est contacté par un journaliste qui lui demande de confirmer la séquestration de M. Philip. M. Derouche qui n'est pas au courant prend contact immédiatement avec M. Bourgin, directeur régional des postes. La séquestration n'est pas confirmée par M. Bourgin, M. Derouche n'aura, au cours de la nuit, aucun contact avec M. Philip (témoignage de M. Derouche).

A partir de 22 h, la radio annonce la séquestration dans ses différents bulletins de la soirée.

Vers 22 h 45 : M. Philip confirme à Gérard Mauroy, journaliste à *La Voix du Nord* qu'il ne se sent pas séquestré (témoignages de M. Philip et de Mme Cauterman).

A 23 h 15, l'assemblée générale s'achevant et se portant aux grilles, M. Poteau qui appartenait à la brigade 17/24 rentre chez lui. Il n'assistera donc pas à la suite des faits (témoignages des syndicalistes).

Vers 23 h 30, M. Philip décide de rentrer. Il se fait raccompagner en voiture par M. Capelle, adjoint au chef de centre ; la voiture est escortée et ralentie par une vingtaine d'employés. Les syndicalistes expliquent qu'ils veulent éviter des incidents comme ceux qui se sont produits l'année précédente à Merlimont où l'un des cadres avait tenté de forcer en voiture le piquet de grève. M. Philip donne consigne à son chauffeur d'être prudent afin d'éviter tout incident.

De part et d'autre, on constate la même volonté de voir les choses se dérouler dans le calme.

A la porte du centre de tri, les grilles sont poussées mais non verrouillées. Deux ou trois chariots encombrent le passage. De nombreux employés sont devant les grilles : 80 à 90 selon les affirmations syndicales CGT et SUD, 50 selon la CFDT, une trentaine selon M. Philip.

M. Philip demande l'ouverture des grilles et interpelle directement M. Legrand, responsable local de SUD et l'un des porte-parole de l'intersyndicale. M. Legrand répond : *«Ce n'est pas à M. Legrand que vous vous adressez, mais à tout le personnel, à M. Mercier, à M. Fontaine»*, citant ainsi les employés avec lesquels il milite habituellement au sein de son syndicat... Les employés aux grilles acquiescent unanimement. Certains citent leur nom.

M. Legrand continue : *«au nom du personnel, je vous repose deux questions : êtes-vous prêt à négocier dès demain ? Etes-vous prêt à réapprovisionner le centre en courrier»* ?

Cet épisode est particulièrement important. Il constitue selon la direction la base de la mise en cause des 7. M. Philip reconnaît ne pas connaître personnellement les employés présents à l'exception de ceux qu'il a rencontrés dans la réunion antérieure à la direction départementale. *«Il y en a beaucoup que je ne connais pas»* (témoignage de M. Philip).

Après avoir demandé une seconde fois l'ouverture des grilles et s'être entendu répondre pour la deuxième fois qu'il fallait ouvrir des négociations, M. Philip rétorque : *«puisqu'il en est ainsi, je vais tenir une réunion de travail avec mes cadres»*. Tous les interrogés présents aux grilles rendent compte de cette phrase que M. Philip estime avoir prononcée : *«sur le ton de la boutade»*.

M. Philip accompagné de M. Capelle, rentre à pied au centre de tri. Ils s'enferment dans le bureau du chef de centre, M. Henniart. Il est environ 0 h 30, le 1er décembre, et c'est, aux dires de M. Philip, à partir de ce moment là qu'il s'est considéré comme séquestré. Ils demeureront dans ce bureau jusqu'au matin. M. Philip téléphone à son directeur régional et au cabinet du Ministre. La préfecture est déjà prévenue. M. Philip déclare refuser de faire appel à la police (témoignages de M. Philip et Henniart).

MM. Philip, Henniart, et Capelle travaillent sur un fichier du personnel que M. Henniart va chercher dans un autre bureau (fichier alphabétique de l'ensemble du personnel du centre) (témoignage de M. Henniart).

M. Delaunay, militant CFDT, non présent aux grilles mais qui a vu les événements à partir des bâtiments distants d'environ 50 m, mais sans entendre les échanges, téléphone à ses responsables syndicaux à l'extérieur : *«le patron est bloqué»*. Compte tenu de cette information, la fédération CFDT-PTT téléphone à M. Matringhem, cadre du centre de tri, pour se désolidariser de l'action.

Vers minuit, à la préfecture de région, M. Derouche est contacté par téléphone par le conseiller social du cabinet du Ministre qui lui demande l'intervention de la police. Cette intervention posant des problèmes à la préfecture, il est décidé que l'intervention pourra se faire le matin, si la situation s'est maintenue (témoignage de M. Derouche). M. Derouche estime que la situation ne présentait pas un caractère de gravité exceptionnel : *«il s'agit de situations relativement fréquentes dans des conflits sociaux dans les entreprises publiques ou privées de la région et dans la plupart des cas, ces problèmes se règlent rapidement, à l'amiable, par une négociation»*.

Vers 2 h 30, M. Philip envoie plusieurs de ses cadres demander de dégager l'entrée. Ils parlementent environ un quart d'heure avec l'équipe de grévistes présents aux grilles et composée d'une dizaine d'employés parmi lesquels ne figurent aucun des responsables de l'intersyndicale. Sans résultat. Dans la même période, à l'intérieur des bâtiments, les autres grévistes décident l'ouverture des portes. Les deux événements se succèdent donc à quelques minutes d'intervalle.

Vers 4 h 30, les couloirs deviennent plus bruyants, on frappe contre les murs. *«C'est le seul moment où j'ai eu peur»*, déclare M. Philip qui entend des voix s'élever en disant : *«non, pas de casse de matériel ! »*.

Vers 6 h, la radio annonce que M. Philip est libre. L'assemblée générale de la nouvelle équipe se tient. Elle se prononce contre la poursuite de l'action de grève (grève totale) et pour la reconduction de l'heure de grève. Les responsables CFDT déclarent à ce sujet à la commission : *«le maintien du directeur dans les locaux aurait été pris, à terme, comme une séquestration»*.

Avant que cette assemblée générale ne s'achève, M. Philip sort des locaux par un secrétariat. Les couloirs sont vides. Personne ne s'oppose à son départ (témoignages de MM. Philip et Henniart).

Durant toute la période de 0 à 7 h, de nombreuses allées et venues ont été possibles : M. Henniart est sorti chercher la liste du personnel dans un bureau, M. Grave est allé chercher du café en dehors du centre de tri, M. Philip s'est rendu aux toilettes. De nombreux passages se sont effectués aux grilles pour le service et notamment le matin pour le changement de brigade (le parking est à l'intérieur du centre).

Le 1er décembre dans la matinée, une dépêche de l'Agence France presse qui sera largement reprise par la presse locale rend compte des propos de M. Bourgin, directeur régional des PTT, qui annonce la suspension sans traitement des sept employés et une demande de révocation à leur égard. Contrairement au règlement, la suspension est donc présentée comme une sanction ; la notification officielle de la direction départementale se contente de mentionner : *«je vous informe que je vous retire le service à compter de ce jour le 1er décembre 1989 pour les motifs suivants :*

- séquestration d'autorités en la personne du chef de service départemental des postes du Nord, du directeur d'établissement principal de Lille-Lezennes centre de tri et de son adjoint,

- voies de fait,

- refus d'obéissance,

- entrave au fonctionnement du service par blocage des grilles du centre de tri.»

Par la suite, une plainte sera déposée entre les mains du Procureur. Dans l'après-midi, une intervention de la fédération FO des PTT permettra de redresser une erreur dans l'envoi des notifications. Victime d'une homonymie, la note de suspension avait été adressée à M. Fontaine, adhérent FO qui ne travaillait pas ce soir là, en lieu et place de Richard Fontaine, adhérent du SUD.

Conclusions

Nous tenons à remercier M. le Ministre des PTT qui a facilité l'organisation rapide de la commission d'enquête, M. le directeur départemental des postes de Lille et M. le directeur du centre de tri de Lille-Lezennes qui nous ont accueillis et ont mis à notre disposition des locaux où nous avons pu, avec la discrétion nécessaire, entendre le vendredi 22 décembre, toutes les parties en cause : organisations syndicales représentatives, témoins des événements, salariés concernés, représentants de la direction et de l'encadrement. Tous ont apporté avec sincérité leurs témoignages dont les recoupements nous ont permis de nous forger une opinion sur les incidents survenus au centre de tri de Lezennes dans la nuit du 30 novembre au 1er décembre 1989 et ayant entraîné la suspension de sept agents adhérents, et pour certains responsables de SUD...

Notre conclusion s'étayera sur les points suivants :

- les origines du conflit,
- les aspects du conflit sur lesquels il semble ne pas y avoir de discussion,
- le problème dit de la «séquestration».

1 - Les origines du conflit

On a vu que, depuis un certain temps, régnait une mauvaise ambiance sur le centre de tri de Lille-Lezennes. Le rôle de la commission n'est pas d'en établir la responsabilité, mais de la constater ; un conflit très dur s'était notamment déroulé en octobre 1988 et avait laissé des traces.

On a vu également que la direction des postes considérait comme laxiste la situation au centre de tri. Ce n'est pas un hasard si l'équipe de direction des PTT du Nord a entièrement changé en 1989. Il y avait donc une volonté manifeste de reprise en main exprimée d'ailleurs ouvertement par M. Philip lors de son témoignage.

Cette volonté de reprise en main jointe au fait que ce qui est considéré comme laxisme par la direction est appelée *«résultat des luttes»* par les organisations syndicales, ne pouvait qu'aboutir à une situation explosive pour peu que la direction fasse preuve d'un manque de psychologie.

2- Les aspects du conflit qui apparaissent comme sûrs

Le conflit a été déclenché dans le respect des règles administratives (préavis, rencontres préalables avec la hiérarchie des représentants des organisations syndicales représentatives). Il a été géré par l'intersyndicale qui n'a pas été débordée par le personnel.

La venue du directeur départemental à l'assemblée générale du 30 novembre au soir a été effectuée dans le but d'engager le dialogue. Toutefois, le contenu du message délivré (aucune ouverture nouvelle) et le comportement ont été d'une maladresse insigne : en particulier, apporter une urne pour faire voter sur la poursuite de la grève — même si cette procédure peut apparaître, sur le plan formel, comme plus démocratique — constitue une méconnaissance des traditions des luttes. Ces maladresses expliquent l'exacerbation des salariés.

Il n'y a pas eu de voies de fait. Cette notion est déterminée par la jurisprudence. On peut en donner la définition suivante : *«ce sont des actes, qui sans atteindre physiquement la personne, sont suceptibles de lui causer une impression vive, une émotion violente»*. Cette définition ne peut s'appliquer à ce que M. Philip lui-même considère comme une voie de fait, à savoir le ralentissement de sa voiture par les employés.

L'attitude de la direction régionale, le matin du 1er décembre, et, de l'avis de la commission, la notion de responsabilité collective a joué à l'encontre des 7 : on ne sait ce qui est reproché *personnellement* à chacun des agents suspendus, sinon la participation à des actions *collectives*. Les sept salariés suspendus ne se sont personnellement rendus responsables d'aucun acte répréhensible, n'ayant en leur qualité de syndicalistes responsables, que joué par moments, les rôles d'intermédiaires, de porte-parole ou de tampon entre le personnel en grève et la hiérarchie. Le choix de leur nom a été fait dans des conditions qui sont manifestement liées à leur appartenance et à leur activité syndicales et revêt donc un caractère discriminatoire.

En outre, il est à remarquer que le choix ne s'est pas porté sur des syndicalistes appartenant à des organisations représentatives sur le plan national et donc pouvant être plus facilement défendus par des structures éprouvées.

Dans la même optique, l'annonce à la presse, par la direction régionale que les 7 étaient suspendus sans traitement et que leur révocation était demandée a contribué à jeter de l'huile sur le feu.

3 - Reste le problème de ce que certains appellent la «séquestration»

Tout d'abord, une chose est sûre : le bruit d'une séquestration a couru dans les médias avant même que M. Philip se reconnaisse retenu.

Qui a fait courir ce bruit ? Il n'a pas été possible de le déterminer, mais il est peu vraisemblable que ce soient les représentants des salariés car on ne voit guère quel aurait été leur intérêt à le faire.

Pour la suite, que constate la commission ?

M. Philip a demandé par deux fois à sortir. Que se serait-il passé s'il avait insisté ? Les salariés qui étaient déçus par les propos de M. Philip à l'assemblée générale l'auraient-ils finalement laissé sortir ? Il est difficile de réécrire l'histoire.

A partir du moment où M. Philip prend la décision de faire demi-tour, tout est essentiellement subjectif : la commission constate que M. Philip s'est senti séquestré et qu'il est resté dans le centre jusqu'à 6 h du matin.

Faut-il appeler cela une séquestration, ce qui implique *une volonté* de retenir enfermé le directeur ?

Est-ce que cette volonté existe dans les événements qui se sont déroulés dans la nuit du 30 novembre au 1er décembre ? Sûrement pas du côté des syndicalistes, puisque, dans leur préoccupation de sortir de l'impasse dans laquelle s'était terminée l'assemblée générale, ils attendaient de leur interlocuteur des réponses à leur demande de négociation et ont cru que celui-ci se réunissait avec le chef d'établissement et des cadres pour tenir une réunion de travail dont les conclusions ont été attendues par le personnel jusqu'à l'arrivée de l'équipe du matin.

Psychologiquement, cette attitude s'explique si l'on a dans l'esprit l'ambiance régnant dans le centre de tri et la déception de l'assemblée générale.

Finalement, M. Philip est sorti vers 6 h du matin, avant que l'assemblée générale du personnel du matin ne se prononce, avec une très forte majorité, contre le principe même de retenir le directeur dans les locaux jusqu'à la reprise des négociations : le fait que la question n'ait été posée qu'à cette heure-là est un élément de plus allant dans le sens d'une absence de volonté.

En résumé, la commission constate que la volonté – justifiée ou non, elle n'a pas à en juger – de la direction de mettre fin à une situation jugée laxiste, jointe à des erreurs psychologiques a amené à des incidents dans la nuit du 30 novembre au 1er décembre au cours desquels le directeur départemental est resté une nuit au centre de tri.

La volonté de le retenir n'a pas été prouvée.

Les faits ont été volontairement grossis auprès de la presse le lendemain.

L'apaisement des esprits et la reprise du dialogue social souhaités par le nouveau chef de service départemental passe par l'arrêt de la procédure disciplinaire et par le retrait de la plainte pénale contre les 7.

L'épreuve vécue par tous aura servi à mieux faire comprendre à chacun la nécessité d'une remise à plat de l'organisation actuelle et une adaptation des moyens aux besoins du service ensuite, pour intégrer au mieux les situations personnelles, sans perdre de vue la finalité d'un centre de tri, ni les exigences d'un service public de qualité.

Le 10 janvier 1990.

Chapitre 5

MASCARADE AVENUE DE SÉGUR

***En** préalable*

Les cas de sanctions contre des militants syndicaux au sujet d'agissements dans l'exercice de leur fonction syndicale sont assez rares aux PTT. Même s'il y a toutes sortes de mesquineries pour entraver l'activité syndicale, il est rarissime que des militants syndicaux soient poursuivis. Dans le conseil de discipline qui allait se tenir du 6 au 9 février 1990, aucun des moyens à la disposition du Ministre ne sera ménagé.

Un conseil de discipline sous pression

A 18 h, la veille de la réunion des conseils de discipline à Paris, une manifestation est organisée à Lille à l'appel de toutes les organisations du comité de soutien[1]. Cinq cents personnes manifestent dans les rues de Lille. En tête du cortège, est déployée la grande banderole «fétiche» présente

1. Pour ce qui concerne les PTT, en plus de SUD, y appellent la CGT-PTT ayant organisé préalablement un rassemblement devant la direction départementale et la FNSA. De nombreux militants FO sont là. La CFDT-PTT est présente avec une banderole.

depuis le début et jusqu'à la fin dans toutes les initiatives : *«Sanctions, non. Négociations, oui»*. Pas vraiment en tête d'ailleurs, car elle est précédée de quatre jeunes porteurs de pancartes, avec un masque blanc, censés représenter *«Michel, en grève de la faim»*, *«Murielle, en grève de la faim»*, et également *Richard* et *Gabriel*, eux aussi, en grève de la faim.

Comme d'habitude, le conseil central de discipline se déroule au ministère, avenue de Ségur ; il durera quatre jours.

Le premier jour est transformé en journée d'action sous les fenêtres du bâtiment. Un préavis de grève a été déposé dans le Nord afin de permettre la venue du plus grand nombre à Paris. Des bus gratuits, payés grâce à la solidarité financière, viennent de Lille. Dans toute la région parisienne, SUD a déposé un préavis de grève partout où il en a la faculté. La fédération CGT-PTT a déposé un préavis dans les services postaux parisiens et appelle à un rassemblement à 12 h. SUD organise un rassemblement à 14 h. Un meeting du comité de soutien national a lieu à 18 h. Outre les syndicats[1], Gilles Perrault et l'Amiral Antoine Sanguinetti (LDH) prendront la parole au nom des personnalités nationales. Il y aura en fait manifestation permanente toute la journée ; près de 1500 personnes passeront. On pouvait entendre à l'intérieur les échos du rassemblement. De temps en temps, on percevait les slogans que la sono puissante déversait sur les murs du ministère. On apprend qu'une audience au ministère, sollicitée par l'Amiral Sanguinetti, Gilles Perrault et Mgr Gaillot au nom du comité de soutien national – *«le sabre, la plume et le goupillon»* – dira Gilles Perrault, a été refusée.

Une bien triste farce

Les défenseurs sont entrés, dans un ministère protégé par la police, le cœur serré. Ce sont des militants, des camarades qu'on allait juger. Des militants, grévistes de la faim, très affaiblis, qui tenaient à être présents pour faire face à leurs juges. Les défenseurs savaient que tout était bouclé d'avance.

Le président du conseil de discipline, M. Stocki, inspecteur général proche de la retraite[2] a été visiblement désigné d'office pour cette besogne.

1. Bernard Lagardère pour le Syndicat national unifié des impôts (SNUI), l'union locale CFDT de Lille, le syndicat CFDT-PTT de Seine-Maritime, le Syndicat général de l'éducation nationale (SGEN-CFDT) de Paris, l'Union nationale des étudiants de France indépendante et démocratique (UNEF-ID), l'union départementale 94 CFDT, la branche cheminots CFDT...

2. Il est parti à la retraite en août 1992.

Tout semble indiquer que les présidents habituels des conseils de discipline ne souhaitaient pas siéger. Le président qui n'avait pas présidé de conseil de discipline depuis 15 ans était assisté d'un expert chargé de lui rappeler la procédure et la marche à suivre. Les autres directeurs présents étaient de La Poste ou de France Télécom. Tous commis d'office, ils étaient là pour lever le doigt conformément aux ordres reçus, pour voter les propositions de sanctions. Les plus mal à l'aise, il faut bien le dire étaient ceux des Télécom, peu habitués aux conseils de discipline et à ces affaires politico-syndicales. Le commissaire rapporteur, chargé de jouer le rôle du procureur, d'habitude si incisif dans les conseils de discipline, ne semblait pas être dans son assiette.

Un conseil de discipline a toujours l'air solennel. Mais l'importance et le caractère inhabituel de l'affaire en renforçait l'aspect impressionnant. On n'allait pas juger des agents pour des actes délictueux, des détournements de fonds ou pour des coups échangés. Non, on allait juger des syndicalistes pour leur activité de syndicalistes. Des syndicalistes qui clament leur innocence et qui exigent réparation. Et il y a le vaste mouvement de solidarité qui associe des militants syndicaux de tous bords, des personnalités diverses et surtout la Ligue des droits de l'homme. Le caractère inhabituel est accentué encore par l'organisation de la défense.

Onze défenseurs ont été nommés par les militants. Ils sont tous polyvalents sur l'affaire même si certains ont en charge plus précisément l'un des dossiers.

Il y a tout d'abord Maître Jacob de la Ligue des droits de l'homme, co-fondateur du Syndicat des avocats de France et avocat à la cour de Paris, qui a accepté spontanément de venir assister les militants menacés. Il a délaissé le Palais de justice et ses dossiers en cours pour se consacrer totalement à l'affaire. Il est en robe. Il fait face au président à l'autre bout de la pièce.

Dix défenseurs sont des agents des PTT. Huit sont membres et responsables de SUD- PTT : Marc Daviot, technicien des Télécom, secrétaire du syndicat SUD Ile-de-France des Télécom, Martine Donio, factrice à Paris 18, Guy Freyche, facteur à Paris 10, Pierre Panet, inspecteur des PTT à Guyancourt (78), ancien conseiller juridique de la fédération CFDT-PTT, Thierry Renard du centre de tri de Créteil, secrétaire fédéral chargé de la coordination de la défense, Patrick Vélard, facteur à Paris 18 et Serge Lequeau, receveur rural dans les Côtes d'Armor. Deux sont des responsables de la CGT- PTT : Jean-Louis Doribreux, agent de Lille-Lezennes et Marianne Van Braekel, agent de Lille-chèques et responsable régionale de la CGT-PTT.

Pour la partie représentant l'Administration, c'est un moment difficile à passer. Il faut en finir le plus vite possible.

Pour la défense, c'est un tribunal d'exception où l'Administration est juge et partie et où tout est cousu de fil blanc. Il s'agit d'une mise en scène pour justifier *a posteriori* des sanctions déjà décidées un étage au-dessus, au cabinet du Ministre. La défense a beaucoup travaillé. Elle ne souhaite pas laisser le conseil de discipline ronronner et se passer normalement. Elle sait que les fonctionnaires représentant l'Administration n'ont pratiquement aucune marge de manœuvre. Mais elle veut pied à pied défendre des militants injustement poursuivis. Il n'est pas question de laisser briser des individus et un syndicat. C'est aussi le combat des petits contre les grands et leur pouvoir arrogant. Les représentants du personnel qui siègent ont, eux aussi, conscience du caractère particulier de la situation.

La tragi-comédie quatre jours durant

Le conseil débute l'après-midi du 6 février 1990 par le cas de Philippe Legrand : il durera jusqu'à minuit !

Le ton est vite donné. Le secrétariat du conseil, comme il le fera pour chaque cas, donne lecture de télégrammes, motions, lettres de soutien de tous horizons et de très nombreux agents PTT de toute la France. Ces documents seront joints aux dossiers. Tous demandent la levée des sanctions.

Avant la lecture du rapport disciplinaire, Marc Daviot tient à planter le «décor» des circonstances de l'affaire et notamment le contexte du conflit social affectant le centre de tri. Marc Daviot conclut son intervention en faisant part au conseil de sa certitude que le but de cette affaire est de faire disparaître une organisation syndicale. Le rapport disciplinaire reprenant les états de service de l'agent, les accusations et les propositions de sanctions est lu.

Comme cela se fera pendant ces quatre jours, des dizaines de témoins se succèdent pour venir expliquer, démentir les accusations, rétablir les faits de la nuit en question ou encore expliquer les faits antérieurs à cette nuit. Trente - huit témoignages sont produits le premier jour. Certains font le voyage chaque jour de Lille. La direction n'a pas voulu accorder à tous des facilités de service pour venir. Alors ils ont pris des jours de congé. Plusieurs dizaines de témoins s'entassent ainsi dans la petite salle d'attente du conseil. Militants syndicaux de SUD, de la CGT, de FO, non-syndiqués.

C'est long d'attendre pour déposer. Alors certains tuent le temps, en discutant syndicat, tactique de défense etc. Madame Cauterman, militante CGT, un peu la Mamie des agents présents, reprise des chaussettes. Elle n'a pas sa langue dans sa poche et dira ce qu'elle a sur le cœur devant le conseil de discipline. Comme tous les témoins elle dira pendant quatre jours ce qui s'est réellement passé, comment la hiérarchie a fait pression pour que le personnel qui n'avait pas choisi de voter avec une urne, aille voter. Tous les événements sont décrits avec précision. C'est tout le personnel du centre de tri qui défile au conseil de discipline.

Pour les adeptes de la culture d'entreprise, c'est La Poste, la vraie, celle qui achemine le courrier chaque jour qui est présente. Des agents attachés au service public et qui refusent l'arbitraire. Il y a même des non-grévistes qui viennent dire que personne ne les a jamais ennuyés d'être non-grévistes et qui ne comprennent pas qu'un directeur se substitue à eux pour demander un vote à bulletin secret.

Il y aura aussi la secrétaire générale de SUD, Annick Coupé qui viendra dire et redire chaque jour son refus que *«sept personnes soient otages d'un conflit du travail»*. Elle réaffirmera le soutien total de SUD aux sept militants poursuivis.

Marc Duhem, secrétaire fédéral départemental de FO, relatera les difficultés pour négocier avec la direction pendant le conflit. Il répètera pendant quatre jours son soutien aux «inculpés». Il dira aussi au conseil comment, suite à une erreur d'homonymie, un syndiqué FO avait risqué d'être mis en accusation. Il mettra en doute le sérieux avec lequel a été fait le recensement des agents inculpés.

Aux témoins présents qui viendront expliquer inlassablement le déroulement exact des événements s'ajouteront les témoignages écrits de nombreux agents.

La défense demandera au président, comme ses prérogatives le lui permettent, de convoquer le directeur départemental pour l'organisation d'une confrontation. Elle essuiera un refus net. De même, elle insistera pour que tous les témoins à charge soient convoqués : nouveau refus. La défense mettra en lumière les incohérences du dossier, les inexactitudes, les contradictions, rien n'y fera. Tout était bouclé d'avance.

Peu importe que le dossier soit monté de toutes pièces, peu importe finalement que les pièces à charge soient une confirmation des thèses de la défense qui martèle qu'il n'y a pas eu de séquestration. Ainsi, les chauffeurs du directeur présents n'emploient jamais ce terme. Ils signalent simplement être restés dans l'attente du directeur départemental qui *«après avoir conversé* {à la grille} *a fait demi tour vers le centre et est monté au bureau du chef de centre jusqu'aux environs de 7 h».*

Le summum est atteint quand des militants, des responsables syndicaux, des agents viennent s'accuser d'avoir été là eux aussi et demandent à être poursuivis. Leurs déclarations ne sont pas prises en compte, alors que tous les témoignages se recoupent et montrent qu'il y avait des dizaines de personnes présentes à chaque fois.

Dans une affaire de discipline ordinaire mettant en cause par exemple un problème de probité, l'Administration n'aurait pas hésité un instant à poursuivre les individus qui se seraient accusés.

Cette attitude prouve clairement la volonté de discrimination. Peu importe aussi que les témoignages montrent que les militants syndicaux présents, quel que soit leur syndicat, ont tous joué leur rôle de porte-parole des agents, voire de «tampon» et ont évité les dérapages possibles d'un personnel exaspéré par l'attitude provocatrice et suffisante d'un chef de service ignorant de la réalité sociale locale.

Devant l'inconsistance des dossiers, le commissaire-rapporteur devra opérer un impressionnant exercice de voltige. Il se servira pour accuser chacun, des accusations portées contre les autres. Jamais on ne saura précisément ce qui est reproché personnellement aux agents. Finalement on arguera contre les agents le fait que le chef de service n'a pu inventer tout cela, et qu'en définitive, ils sont forcément coupables puisque présents au moment des faits. L'important était de conclure à la culpabilité des agents. Mission remplie. Paul Quilès déclarera : *«L'enquête administrative a permis de démontrer la réalité de la séquestration».*

Un mot tout de même sur l'accusation. Les dossiers étaient si mal montés, qu'elle a été obligée de prendre le document de la Ligue des droits de l'homme pour tenter de trouver des arguments. On trouvera cette perle : pour justifier la notion de voies de fait, le rapporteur dira qu'il s'agit *«d'une émotion forte».* A ce tarif-là, les agents étaient fondés à déposer plainte, eux aussi, pour voies de fait...

Avant le délibéré de chaque cas, la défense aura la parole et pourra une dernière fois demander l'annulation des poursuites. Les cas individuels et familiaux et notamment les dégâts occasionnés aux familles seront abordés. Malaise côté Administration ! Visiblement les acteurs ne sont pas très fiers de jouer dans cette mise en scène.

La proposition d'exclusion temporaire de fonction pour Philippe Legrand pour une durée de deux ans est rejetée à l'unanimité. Les représentants de l'Administration votent pour une exclusion de 2 ans assortie de 18 mois avec sursis. Les représentants du personnel votent pour qu'aucune sanction ne soit prise. C'est sur cette base que le Ministre devra prendre sa décision.

Des moments forts

L'émotion sera à son comble quand les militants en grève de la faim viendront personnellement (ils y ont tenu) devant le conseil de discipline. Ils sont très fatigués, mais restent dignes.

Michel Mercier déclare qu'il est issu d'une famille de postiers depuis deux générations. Il faut citer ici le compte-rendu officiel du conseil de discipline : *«A l'image de son père qui a toujours été au service des autres, M. Mercier s'est efforcé d'être un acteur de la vie sociale. Entré aux PTT en 1964, il a adhéré à la CFTC puis à la CFDT, enfin à la fédération SUD au début de l'année 1989. Le pourcentage de 35% qu'a obtenu ce syndicat à Lezennes, aux dernières élections, traduit une reconnaissance du travail accompli. M. Mercier est conseiller municipal. M.Mercier a toujours mené son activité dans le cadre de l'action collective, et son comportement dans le dernier conflit n'a pas dérogé à cette ligne de conduite. M. Mercier a agi en tant que responsable. »*

Michel Mercier conclut par *«nos familles et nous-mêmes devons pouvoir revivre»*. Il s'écroule de fatigue et d'émotion. Le conseil est suspendu. Les militants sortent les poings serrés. Dans la salle, les représentants de l'Administration sont eux-aussi sous le choc. Certains regardent le bout de leurs chaussures.

Il y a l'épisode Jean Poteau. Le dossier est tellement vide que l'accusation a beaucoup de mal à argumenter. Jean Poteau est accusé d'avoir fermé les grilles, des témoins viennent dire qu'ils ne l'ont pas quitté de la soirée. Reste que dans le dossier, Jean Poteau est présenté comme un agent violent pratiquant des brimades sur ses collègues. Un incident est monté en épingle pour accréditer cette thèse. La présumée victime a tenu à venir témoigner sur les prétendus sévices qu'elle aurait subis de la part de Jean Poteau. Il s'agit du départ du centre de M. Menuge la nuit du 30, quand, à l'issue de son service, il a été chahuté par des collègues. Difficile de rendre compte par écrit du témoignage de M. Menuge. Il est venu dans son uniforme de préposé-chef. Il est impressionné par le cadre et l'enjeu. Il s'exprime très calmement et distinctement pour qu'on le comprenne bien. Il ne comprend pas pourquoi on fait toute une affaire d'une plaisanterie. Il raconte par le détail s'être présenté à la grille avec sa voiture vers 23 h 20, le 30 novembre, afin de rentrer chez lui.

Le compte-rendu du conseil de discipline poursuit : *«Alors qu'il stoppait devant la grille fermée, des collègues ont secoué son véhicule, ont ouvert les portières, lui ont enlevé ses chaussures. Il s'agissait d'un chahut consécutif au fait que M.Menuge avait négligé d'offrir à boire à ses collègues lors de son changement de brigade, un mois plus tôt. M. Menuge affirme qu'il n'a vu dans ces gestes qu'une plaisanterie, faite dans un esprit de camaraderie. M. Poteau a pris part à la plaisanterie, et s' est assis sur le siège arrière de la Renault 5 de M. Menuge. M. Menuge a pu sortir dès 23 h 23.»* Vous lisez bien. Vous êtes en train de lire la relation d'un conseil de discipline national !

Les accusations du cadre, qui avait «vu» Jean Poteau fermer les grilles et se livrer à des brimades contre un agent tombent.

Le président estimant sans doute que *«passées les bornes, il n'y a plus de limite»* est visiblement agacé par la tournure des événements. On croit pouvoir lire sur ses lèvres, *«non seulement les dossiers sont vides, mais ils nous font passer pour des c...»*. Une suspension de séance est demandée par le président.

La suspension a sans doute été mise à profit par M. Stocki pour avoir un contact avec le membre du cabinet du Ministre chargé de suivre le déroulement des opérations. M. Stocki a dû faire part de son exaspération et de son refus de poursuivre dans de telles conditions.

A l'issue de la suspension, le président demande à réentendre M. Menuge. On l'interroge à nouveau.

Question : *«Comment pouvez-vous être sûr que M. Poteau était à l'arrière de votre véhicule et que ce n'est pas lui qui vous a retiré vos chaussures ?»*

Réponse : *«M. le Président, je l'ai vu dans le rétroviseur.»*
Jean Poteau sera disculpé, acquitté à l'unanimité.
Néanmoins, le commissaire-rapporteur réussira la prouesse de parler de tous les agents, sans jamais évoquer le cas de Jean Poteau et de confirmer tous les griefs contenus dans les dossiers disciplinaires !

On aurait pu penser que son acquittement aurait conduit à revoir tous les dossiers et notamment le retrait des pièces litigieuses le concernant et présentes dans tous les dossiers, il n'en a rien été !
Il n'empêche que pour cet agent comme pour les autres le préjudice est grave. Il ne s'agissait pas seulement de casser une section syndicale, des individus étaient en cause et avec eux leur famille. A part le cas de Jean Poteau, il n'y a pas d'autre acquittement.

Tous les dossiers ont été examinés. A chaque fois, un véritable rituel s'était installé, dénonciation de la procédure irrégulière, non-respect des droits de la défense et du contradictoire, relation des faits erronée, nombreux témoignages, situation personnelle des intéressés...

Jour après jour, le conseil de discipline s'est transformé en un mal nécessaire, une cynique formalité, une mascarade où les représentants de l'Administration n'étaient pas là pour écouter mais pour attendre la fin de chaque réunion afin de voter la consigne politique. Cette instrumentalisation écœurante du conseil de discipline déshonore l'institution et le paritarisme.
La procédure a été jusqu'au bout, et à chaque fois, la partie représentant l'Administration votait une proposition de sanction. La partie représentant le personnel ne votait aucune sanction.

Ainsi Paul Quilès n'avait pas la possibilité de se retrancher derrière un vote majoritaire de la CAP pour sanctionner. C'est lui qui avait lancé l'affaire, c'est lui qui devait sanctionner. Comme prévu, il a suivi la proposition qu'avait soumise la partie administrative. Philippe Legrand et Michel Mercier ont eu les peines les plus lourdes, les autres agents ont été déplacés dans le département. Richard Fontaine aura une sanction inférieure[1]. Évidemment

1. Un des représentants de l'Administration s'était abstenu au moment du vote. Richard Fontaine pouvait être moins sanctionné car il n'était pas du centre de tri... Il faut dire aussi que son dossier était mal monté. Il était aussi vide que les autres, mais mal ficelé...

la défense aurait préféré une autre issue.

Mais il y avait le sentiment d'avoir bien rempli sa mission, d'avoir défendu pied à pied les camarades, d'avoir montré au pouvoir, à Paul Quilès et à ses subordonnés que l'on ne peut sans mal s'attaquer à une organisation syndicale.

Qu'est ce qu'un conseil de discipline ?

Les agents fonctionnaires ont droit de recourir à des commissions administratives paritaires (CAP) pour tout litige d'ordre individuel. Ces commissions paritaires sont composées à égalité par des représentants de l'Administration et par des représentants du personnel.

Ces derniers sont élus sur liste syndicale. Le droit disciplinaire des fonctionnaires fait appel à la CAP pour traiter toute demande de sanction. Il existe deux niveaux de CAP : des CAP régionales pour les fautes mineures et une CAP nationale pour les fautes les plus graves. Ce sont les CAP qui font office de conseil de discipline.

La consultation de la CAP est obligatoire, mais l'autorité ayant pouvoir disciplinaire n'est pas tenue de suivre l'avis émis. En cas d'égalité de vote au sein de la CAP, l'avis est réputé donné et les propositions soumises aux votes sont communiquées à l'autorité chargée de prendre la sanction.

Dessins de Pierre-Yves Pira

LA BALLE EST CHEZ QUILÈS

Le conseil de discipline a rendu son verdict. Les sept de Lezennes attendent maintenant sa confirmation par le ministre des PTT...

Le conseil de discipline de l'administration de PTT, réuni à Paris les 6, 7, 8 et 9 février, a recommandé de sanctionner six des sept postiers du centre de tri de Lezennes, accusés d'avoir « séquestré » un directeur régional le 30 novembre 1989. Deux des postiers risquent deux ans d'exclusion de service dont 18 mois avec sursis, et quatre d'entre eux encourent une mutation d'office dans le département.

Le conseil de discipline, composé paritairement de représentants de l'administration des PTT et des salariés, huit en tout, n'a pas réuni sur cette décision la majorité qualifiée de cinq voix, les représentants salariés ayant refusé de voter une quelconque sanction.

Révolte et émotion

"Parodie de justice, mascarade, triste farce grandguignolesque" : c'est en ces termes que les postiers du centre de tri ont rendu compte samedi matin, dans le local où ils entamaient leur onzième jour de grève de la faim, du déroulement du conseil de discipline qui a statué sur leur sort.

Dans une maison ancienne du vieux Lille, où ils ont installé un campement provisoire- lits de camp, duvets, bouteilles d'eau- ceux qu'on n'appelle plus désormais que "les sept de Lezennes", entourés de représentants de la ligue des droits de l'homme et des syndicats (SUD.ex-CFDT, CGT, FO) sont alignés sous les feux des "mandarines" de FR3. Un peu pâles, fatigués, ils racontent le déroulement du conseil de discipline qui a pris fin la veille au soir. Sur les murs des affiches laconiques : "1980, Quilès tendresse, 89 Quilès agresse, 90, Quilès dégraisse".

L'une des postières a un malaise, et sort discrètement. Un de ses camarades prend la parole et s'interrompt trop ému. Les sanctions réclamées par le conseil les ont secoués. Ce conseil, composé paritairement de représentants de l'administration et du personnel n'a pu en fait, faute de majorité, prendre de vraie décision. C'est donc le ministre des PTT qui devra trancher.

Dans le cas où Paul Quilès se prononcerait pour la clémence, on peut envisager avec Bernard Derosier qui évoquait cette semaine une telle issue, une mesure d'amnistie pour les sept. En cas contraire et si le ministre suit les avis du conseil, deux d'entre eux (Philippe Legrand et Michel Mercier) seraient frappés de 2 ans d'exclusion de service,
dont 18 mois avec sursis, 4 autres (Richard Fontaine, Murielle Fovet, Eric Lamant, Gabriel Verschaeve) étant muttés d'office dans le département.

Le dernier des sept, Jean Poteau, a quant à lui été totalement « disculpé » des faits qui lui etaient reprochés.

Les sept postiers de Lezennes, tous membres du syndicat SUD (Solidaires, unitaires, démocratiques / ex-CFDT), ont adressé vendredi soir une lettre ouverte à M. Quilès, dénonçant notamment le procédé de comparution devant ce conseil qu'ils n'estiment pas "compétent pour les conflits sociaux et qui assimile les militants syndicaux à des délinquants".

Une lettre qu'ils ditribueront aux participants du "Banquet des 5.000", organisé par Pierre Mauroy ce midi à la foire commerciale.

Par ailleurs, les quatre postiers (sur 7) qui avaient entamé une grève de la faim le mercredi 31 janvier, ont décidé d'arrêter pour que le ministre "puisse prendre ses décisions sans pression d'aucune sorte et qu'il les assume".

Nord-Matin
du 11 février 1990

Chapitre 6

LA MACHINATION

Un pur hasard

Il y avait quatre syndicats et 180 personnes à l'assemblée générale à 20 h (130 toute la nuit), une vingtaine à ralentir la voiture, au moins 50 personnes (M. Philip écrit *«plusieurs dizaines»*) et trois syndicats aux grilles. La quasi-totalité de la brigade de nuit est passée à un moment ou à un autre devant le bureau du chef de centre. Des dizaines d'agents de la CGT, de SUD, de FO ou non-syndiqués donneront leur nom et témoigneront avoir été présents aux différents épisodes. Dans le cadre de l'enquête administrative, deux noms seront cités,celui de la secrétaire régionale de la CGT (pour avoir participé au ralentissement de la voiture) et celui du secrétaire de section FO (pour avoir invité Murielle Fovet à venir au centre cette nuit-là). Ils ne seront même pas interrogés. Les fonctionnaires enquêteurs ne chercheront jamais à savoir si d'autres agents étaient impliqués et quelle était l'identité des autres personnes présentes au moment des faits. Qui plus est, 72 personnes s'accuseront d'avoir été présentes et personne ne voudra en tenir compte !

A chaque fois, quelques noms reviennent, toujours les mêmes. Ce qui n'empêche pas le responsable national de la discipline de La Poste de reconnaître à l'intention du conseil supérieur de la fonction publique : *«Il est bien évident que le centre de tri était en effervescence cette nuit-là.»*

D'emblée, les sept sont coupables. L'enquête n'a pas respecté l'impartialité à laquelle ont droit les fonctionnaires poursuivis. Contrairement aux habitudes, les allégations développées par les témoins à charge sont prises pour argent comptant. Elles ont toutes été acceptées sans vérification ni confrontation. Au conseil de discipline, la défense fera part de l'incroyable situation où plusieurs dizaines de personnes sont présentes à chaque moment et où l'on ne veut voir que sept personnes appartenant toutes au seul syndicat SUD. Comme par hasard, parmi ces sept noms, il y a quatre militants ayant des responsabilités dans les structures syndicales. Et comme le hasard fait bien les choses, cinq sanctionnés sont responsables SUD pour leur brigade . Exit les cinq brigades du centre !

La Ligue des droits de l'homme en conclut : *«Les sept salariés suspendus ne se sont personnellement rendus responsables d'aucun acte répréhensible, n'ayant en leur qualité de syndicalistes responsables, que joué par moments, les rôles d'intermédiaires, de porte-parole ou de tampons entre le personnel en grève et la hiérarchie. Le choix de leur nom a été fait dans des conditions qui sont manifestement liées à leur appartenance et à leurs activités syndicales et revêt donc un caractère discriminatoire.»*

Les 7 sont sanctionnés pour avoir été là.

Et le droit de grève ?

Sur le fond, que représente le fait de sanctionner, comme ce sera le cas, au motif de : *«participation active à une action concertée d'intimidation visant à obliger le chef de service à prendre des décisions contre son gré»*. Qu'est-ce que la grève, sinon un face à face d'idées et donc d'hommes et de femmes au cours duquel on montre sa détermination afin que l'autre réfléchisse, questionne Maître Jacob, Président de la commission juridique de la Ligue des droits de l'homme et avocat de la défense au conseil de discipline. Il expliquera fort justement les implications d'une sanction justifiée par de tels motifs. Il fait observer que les actions des syndicats sont concertées, toutes et sans exception, et plus particulièrement encore en cas de grève. De plus, ici, il s'agit d'une action concertée de tous les grévistes.

Cette nuit-là, il n'y a que l'expression d'un rapport de force conflictuel, d'une forte contradiction entre des intérêts divergents, propres à toute action de grève. Le fond du dossier est là. Il s'agit, avant toute chose, d'une atteinte au droit syndical et au droit de grève. Dans leur lettre ouverte au Ministre, les 7 écriront : *«Monsieur le Ministre, faut-il vous rappeler qu'au siècle dernier, dans les pires moments de la condition ouvrière, une grève était appelée une action concertée d'intimidation[1] ? Qu'on le veuille ou non, ce motif d'inculpation, dans le contexte indiqué, représente en tant que tel une atteinte au droit de grève reconnu constitutionnellement.»*

Cousu de fil blanc

«On ne sait ce qui est reproché personnellement à chacun des agents suspendus, sinon la participation à des actions collectives» écrit la Ligue des droits de l'homme.

Par une analyse détaillée des pièces des dossiers (voir en annexe : *«Autopsie de l'accusation»*), nous avons cherché ce qui peut constituer le fondement de cette affaire disciplinaire. Il n'est pas outrancier de dire qu'il n'y a rien. Les dossiers sont vides.

Aucun des sept sanctionnés n'a participé entièrement aux événements de la nuit (sauf Eric Lamant présent cette nuit-là, avec 130 autres agents de sa brigade). Ils ne peuvent donc être, chacun, rendus responsables de faits qu'ils n'ont vécus que partiellement. Pourtant les dossiers d'accusation sont identiques ; les faits reprochés aux uns servent à accuser les autres. Mieux, la hiérarchie a versé, dans chacun des sept dossiers, un témoignage relatant le refus de dégager les grilles vers 2 h 30 alors que pas un seul des sept n'est aux grilles à ce moment-là.

Le rapport disciplinaire n'éclaire pas les faits tels qu'ils se sont passés. Il a fréquemment recours au conditionnel, aux *«il semblerait»*... La défense prouvera que le témoignage commun du chef de centre et de son adjoint n'a pas de valeur. Certains des témoignages produits par l'accusation sont erronés[2] ; les autres ont une seule fonction : s'intégrer dans un schéma directeur qui n'est rien d'autre que la version des événements écrite par le directeur départemental.

En définitive, seuls le directeur départemental, le chef de centre et le chef de centre adjoint citent six des sept noms (le septième étant exclusivement

1. Face aux premières grèves ouvrières, le patronat du textile ne disait rien d'autre. Un certain Ministre Poniatowski n'a-t-il pas tenté sans succès de réintroduire cette notion dans le code pénal ?

2. D'autres sont «maladroits», et donnent des arguments à la défense.

mentionné par le chef de division du service de nuit). Alors, que reste-t-il de sérieux dans cette accusation en dehors des affirmations du directeur départemental ? Le chef de centre et son adjoint peuvent-ils faire autrement que de le suivre alors qu'ils sont ses subordonnés directs ?

D'un côté, il y a 56 témoins qui déposeront au conseil de discipline, un témoignage sur la nuit émargé par 116 agents sur les 130 environ présents toute la nuit, un autre témoignage signé par la quasi-totalité du personnel présent à 6 heures du matin, 72 agents qui signeront une lettre affirmant : *«si les sept collègues suspendus sont sanctionnés, je peux l'être aussi»*. De l'autre, il y a un seul homme. Mais il détient le pouvoir.

Un savant dosage

Les dossiers et toute l'affaire sont montés artificiellement pour justifier différents niveaux de répression. Le dosage des sanctions est basé essentiellement sur le degré de responsabilité syndicale de chacun des 7. Comme les agents sont coupables d'office, il faut trouver des éléments supplémentaires pour les deux principaux responsables du syndicat, Michel Mercier et Philippe Legrand (voir annexe 3 : *«Autopsie d'une accusation»).* Pour Philippe Legrand, on excipera des événements supposés du 23 novembre à la direction et pour Michel Mercier, ceux du 27 à Lille-Moulins.

Dans les deux cas, au moment où se sont passés les faits allégués, il n'y a eu aucune poursuite. Ces événements reprochés *a postériori* gonfleront artificiellement les dossiers. Cette technique permettra de maintenir les griefs de *«refus d'obéissance»* et surtout de *«voies de fait»* [1] à l'encontre de Philippe Legrand et Michel Mercier.

Dès avant le conseil de discipline, en janvier 1990, le responsable des relations avec les syndicats au cabinet du Ministre différencie, auprès de la fédération SUD, les agents portant une *«forte responsabilité»,* d'autres ayant *«une plus forte responsabilité»*. Par la suite, toute la procédure cherchera à

1. Pourquoi ces accusations très graves n'ont-elles pas entraîné un retrait de service immédiat ? La réponse est évidente : on construisait des dossiers dans l'éventualité d'une procédure disciplinaire. Utilise-t-on ces éléments parce que les «faits reprochés» au cours de la nuit se révèlent inconsistants ou avait-on décidé de les exploiter de toute façon ?

scinder les sanctionnés du centre de tri en deux groupes : le groupe des déplacés d'office, Murielle Fovet, Eric Lamant et Gabriel Leschaeve et le groupe des exclus temporaires, Michel Mercier et Philippe Legrand, respectivement secrétaire régional et secrétaire de la section locale de SUD...

Après le conseil de discipline, tout en maintenant six mois d'exclusion ferme pour Philippe Legrand, le Ministre descendra à trois mois pour Michel Mercier. Dans un courrier à la Ligue des droits de l'homme, Paul Quilès donne officiellement cette explication: «... [Pour] *M. Fontaine et M. Mercier, considérant leur situation individuelle et familiale, j'ai demandé dans un esprit d'apaisement, de retenir quinze jours d'exclusion avec sursis pour M. Fontaine* [au lieu du déplacement d'office dans le département] *et une prolongation de trois mois du sursis de M. Mercier (...) dans la voie de la modération»*.

Outre qu'*«apaisement»* et *«modération»* proviennent surtout de la mobilisation, ces décisions montrent la volonté de toujours doser les sanctions en fonction des buts recherchés.

L'objectif est de «marquer» le centre de tri, or Richard Fontaine est le seul qui n'y travaille pas, il n'y a donc pas avantage à trop le sanctionner[1]. Ni effectivement exclu, ni muté, sa sanction sera presque symbolique.

A l'opposé, le Ministre et le directeur veulent, dans le groupe des exclus, alourdir un peu plus la sanction de Philippe Legrand, détermination qui réapparaîtra pour les notations. La hiérarchie de Lezennes précisera à cette occasion *«ne voir aucun obstacle au retour de Michel Mercier au centre de tri mais Philippe Legrand il n'en est pas question»*.

1. Sanctionner Richard Fontaine, c'est aussi prendre le risque d'ajouter un autre centre à la mobilisation. Or, il s'agit d'isoler Lezennes. Il retrouve son poste de travail aux Chèques Postaux avec quinze jours d'exclusion avec sursis pour *«habiller»* la peine (pour reprendre le mot du cabinet du Ministre). Dans le même sens, dans son courrier aux parlementaires que l'on peut considérer comme constituant les attendus de sa décision, Paul Quilès parle des *«Sept de Lezennes»*, cite chacun des sanctionnés mais oublie Richard Fontaine. Le compte du Ministre, s'arrêtant à six, est révélateur de sa fixation sur le centre de tri.

L'art et la manière de la manipulation

En s'en prenant à quelques agents appartenant à un seul syndicat peu connu car nouvellement créé, MM. Quilès, Bourgin et Philip veulent faire croire à la présence d'un groupe de syndicalistes au comportement irresponsable.

En frappant un seul syndicat à un tel niveau, raisonnent-ils, l'opinion et même les agents des PTT devraient penser qu'il s'est effectivement passé quelque chose pour en arriver à de *«telles extrémités»*. Selon le vieux principe : *«il n'y a pas de fumée sans feu»*.

Par la suite, pour justifier l'acharnement, on cherche à tromper l'opinion sur le compte des sanctionnés et de leur syndicat : avec la théorie bien connue du groupe d'agitateurs qu'on tentera même d'assimiler à des délinquants.

Dans ce registre, Paul Quilès écrira : *«L'action était conduite par le syndicat SUD, très minoritaire, mais dont les meneurs au niveau local pratiquent un fort activisme sur divers terrains»* répondant sans rire aux dizaines de députés qui l'ont interpellé : *«Le syndicat SUD a déclenché une vaste campagne de communication à partir de l'hebdomadaire* Rouge*»* . C'est la vieille ficelle du complot gauchiste.

Il ne faut pas le cacher, avant la publication du rapport de la Ligue des droits de l'homme, les militants de la fédération SUD, y compris au sein des PTT, éprouveront quelques difficultés à faire comprendre qu'il s'agit d'une machination. La manœuvre parvenait, pour partie, à faire passer pour autre chose ce qui n'avait été finalement qu'une action de grève majoritaire en lien avec une intersyndicale.

A priori, monsieur «tout le monde» ne parvient pas à s'expliquer pourquoi un directeur resterait toute une nuit dans un bureau sans y être forcé. De la même manière, la présidente de la commission de recours du Conseil supérieur de la fonction publique, magistrat au conseil d'État gardera un doute. *«Pourquoi donc serait-il resté jusqu'à 7 heures du matin ?»* s'interrogera-t-elle.

Toute l'intelligence de la machination est là.

UN ÉTAT DANS L'ÉTAT

Jean-Louis Brochen – Avocat au Barreau de Lille

«Syndicalisme, citoyenneté et politique», tel aurait pu être le sous-titre de cet ouvrage consacré à l'affaire exemplaire des syndicalistes du centre de tri de Lezennes, sanctionnés à la suite des événements survenus dans le cadre du déroulement de la grève qui, à la fin du mois de novembre 1989, a paralysé le centre de tri.

Aucun des griefs initialement reprochés par l'Administration : *«voies de fait, refus d'obéissance, entrave au service par blocage des grilles»*, n'a, en dernière analyse, été retenu par le conseil supérieur de la fonction publique qui, le 23 octobre 1991, n'a retenu contre les agents concernés que le fait d'avoir *«participé activement dans la nuit du 30 novembre au 1er décembre à différentes actions menées par le personnel du centre de tri alors en grève, visant à obliger le chef de centre venu sur place pour négocier la reprise du travail dans ce conflit social à prendre des décisions contre son gré...»*

Garanti par le préambule de la Constitution de 1946, le droit de grève trouve ainsi sous la plume de l'instance disciplinaire suprême de la fonction publique une étrange illustration.

La cessation collective et concertée du travail, dans le but de faire aboutir des revendications, n'est plus aux yeux de l'Administration la définition d'un droit constitutionnel, l'expression d'une liberté publique majeure, c'est le grief retenu contre les salariés pour justifier les sanctions prises contre eux par l'Administration.

La Poste serait-elle un état dans l'État, et les employés des postes ne bénéficient-ils pas des droits que confère la citoyenneté ou la présence sur le sol national.

Le seul fait de participer à des actions dont, personne, au demeurant, ne soutient qu'elles étaient illicites, menées par le personnel alors en grève, actions visant *«à obliger le chef de centre venu sur place pour négocier(...) à prendre des décisions contre son gré»*, donc à tenir compte des revendications formulées par le personnel gréviste, à réaliser *«un bout de chemin de chaque côté»* selon l'expression de Paul Quilès, à faire des concessions, à dialoguer, bref à négocier, tomberait sous le coup de poursuites disciplinaires.

Il appartiendra au tribunal administratif saisi de la légalité de la sanction et donc du respect par La Poste de la règle de droit applicable, de dire si la France en cette impitoyable fin de siècle demeure un État de droit.

Chronologie de décembre 1989 à octobre 1992

1989

14 décembre
- première réunion du collectif de soutien local

15 décembre
- manifestation à Lille à l'appel de syndicats des PTT

22 décembre
- enquête de la Ligue des droits de l'homme

1990

10 janvier
- 1er recul : les révocations deviennent des exclusions de deux ans et des mutations d'office hors de la région

13 janvier
- publication du rapport de la LDH
- réunion publique à Lille avec G. Perrault, G. Minet (LDH) et R. Tardy (SAF).

25 janvier
- première réunion du comité national de soutien

26 janvier
- première conférence de presse commune des 7, de la LDH et du SAF

31 janvier
- début de la grève de la faim ; elle durera jusqu'au 10 février

2 février
- délégation refoulée du comité national de soutien au ministère

5 février
- manifestation à Lille à l'appel des 7, de SUD-PTT, de syndicats des PTT, de la LDH, du SAF et le soutien de dix-neuf autres organisations

6, 7, 8 et 9 février
- 4 jours de conseils centraux de discipline au ministère
- 2e recul : les exclusions de deux ans passent à six mois fermes, le reste avec sursis et les déplacements d'office hors région deviennent des déplacements dans le département

21 février
- Paul Quilès écrit aux parlementaires

23 février

- à Lille pour une inauguration, le Ministre annonce que *«son intime conviction* [sur les sanctions à prendre] *est faite»*

7 mars

-le cabinet du Ministre téléphone les sanctions décidées à la fédération SUD
- 3e recul : l'exclusion ferme de Michel Mercier est réduite de 6 à 3 mois

16 mars

- diffusion d'un dossier aux participants du congrès de Rennes du PS

3 avril

- grève aux PTT à l'appel de CGT, FO, SUD et FNSA contre le projet Quilès

4 avril

- vote de la loi d'amnistie à l'Assemblée Nationale

5 avril

- notification aux intéressés des sanctions qui deviennent effectives le 6
- Philippe Legrand est exclu de fonction sans salaire pour 6 mois, Michel Mercier pour 3 mois
- Murielle Fovet, Eric Lamant et Gabriel Leschaeve sont déplacés d'office aux confins du département du Nord ; ils seront finalement mutés dans des bureaux de poste de la communauté urbaine de Lille
- Richard Fontaine retrouve son poste aux chèques postaux de Lille avec une exclusion de fonction de quinze jours avec sursis
- Jean Poteau n'est pas sanctionné, il retrouvera son poste au centre de tri

12 avril

- audience de la fédération SUD auprès du directeur départemental

14 avril

- Pierre Mauroy reçoit les 7 avec la LDH

27, 28 et 29 avril

- 70e Congrès de la LDH à Arras

4 mai

- dépôt à la direction départementale par 21 organisations d'une motion pour le Ministre

9 mai

- début de la discussion du projet Quilès à l'Assemblée Nationale
- manifestations à Paris contre le projet

12 mai

- gala de soutien à Lille et débat public avec Henri Noguères, Monseigneur Jacques Gaillot et Léon Dion

4 juin
- Henri Noguères remet au Président de la République une lettre des 7 accompagnée d'un courrier de Gilles Perrault, Mgr Jacques Gaillot et lui-même

12 juin
- rencontre de Murielle Fovet, Eric Lamant et Gabriel Leschaeve avec le directeur départemental

21 juin
- audience de la fédération SUD auprès du directeur départemental

27 juin
- 4e recul : interruption au bout de 2 mois et 22 jours des exclusions temporaires de fonction de Philippe Legrand et Michel Mercier
- commission administrative paritaire siégeant sur demande du directeur départemental pour mutation d'office suite à exclusion de fonction
- rassemblement à l'appel de SUD, de syndicats PTT et du collectif de soutien

2 juillet
- adoption définitive de la loi Quilès par l'Assemblée Nationale

9 juillet
- 5e recul : Paul Quilès annonce *«la levée des sanctions»*

30 juillet
- audience de la fédération SUD au cabinet du Ministre

2 août
- début de la crise du Golfe

1er et 2 septembre
- stand sur *les 7 de Lezennes* à la braderie de Lille

6 septembre
- Richard Fontaine et Gabriel Leschaeve font savoir, par voie de presse : *«que ne pouvant plus supporter l'acharnement, ils souhaitent qu'on les oublie un peu»*

8 octobre
- dernière réunion régulière (jusque là quasi hebdomadaire) du collectif de soutien local

26 octobre
- audience de la fédération SUD auprès du chef de centre de Lezennes sur les notations de Philippe Legrand et Michel Mercier

15 novembre
- décès de Henri Noguères, ancien Président de la LDH

1991

4 mars
- Paul Quilès répond à Yves Jouffa, président de la LDH, sur les demandes de SUD à l'audience du 30 juillet 1990 et reprises par Yves Jouffa en novembre 1990

13, 14 avril
- le 71e Congrès de la LDH vote un vœu demandant le retour de Michel Mercier au centre de tri

en mai
- changement de gouvernement, Paul Quilès quitte les PTT

20 juin
- Madeleine Rebérioux, nouvelle Présidente de la LDH écrit au nouveau Ministre des PTT

21 octobre
- le conseil supérieur de la fonction publique examine l'affaire : il recommande au Ministre de substituer aux sanctions initiales les sanctions les plus faibles

23 octobre
- audience au ministère des PTT de la LDH avec une délégation du comité de soutien national (Roger Rouquette, Gilles Perrault et Mgr Jacques Gaillot)

29 novembre
- 6e recul : le cabinet du Ministre annonce le retour de Michel Mercier au centre de tri pour le 1er janvier

1992

6 janvier
- réintégration de Michel Mercier à Lezennes où il est affecté dans un service isolé

31 janvier
- le Président de La Poste agissant en lieu et place du Ministre notifie qu'il ne suit pas la recommandation du Conseil supérieur de la fonction publique

2 mai
- Michel Mercier, en tant que responsable régional du syndicat SUD participe à un colloque organisé à Fourmies par la LDH sur l'exclusion dans l'entreprise

15 mai
- recours déposé devant le tribunal administratif

5 octobre
- réintégration de Michel Mercier dans son ancien poste de travail au centre de tri

Dessin de Pierre-Yves Pira

Chapitre 7

Tenants du pouvoir et logique répressive

Sept otages

Imaginez la journée du 1er décembre 1989 pour les 7. D'un seul coup ils sont accusés de *«séquestration»*, suspendus *«de fonction et de rémunération à effet immédiat»* et traduits en *«conseil central de discipline»*, où sera proposée *«la révocation définitive»*. La menace apparaît comme bien réelle car s'inscrivant logiquement dans la machination ourdie. En l'espace de quelques secondes, ils basculent d'un monde à un autre, d'une «vie normale» à une angoisse pour leur avenir. Le lendemain, ils sont dans tous les journaux, imaginant alors que tout peut arriver[1]. *«Les faits sont volontairement grossis auprès de la presse, l'annonce à l'Agence France presse de la suspension sans traitement et de la demande de révocation donne à la suspension une signification de sanction qu'elle n'a pas et peut être considérée comme une pression»* (rapport de la Ligue des droits de l'homme)[2]. La machine répressive est lancée.

1. Cet état d'esprit des sanctionnés a tout à fait été ressenti par le permanent de la fédération SUD envoyé immédiatement sur place pour épauler les sanctionnés et le syndicat SUD régional.

2. L'annonce de la suspension sans traitement a eu immédiatement des conséquences pour Gabriel Leschaeve, puisque sur la foi de la dépêche de l'AFP, sa banque lui a refusé des crédits.

Jusqu'à la lie

A propos de l'opinion qu'a la direction sur le centre de tri, la Ligue des droits de l'homme écrit dans son rapport : *«La direction départementale estime que le laxisme a régné trop longtemps à Lezennes. Ses cadres sont démotivés, l'action syndicale s'est transformée en un forum permanent en raison de «tolérances» qui dépassent très largement les règlements.*

Selon M. Philip, il est nécessaire «d'orienter les gens vers l'avenir» en (...) faisant «cesser la chienlit» qui règne. Pour cela, la direction propose de «tout mettre à plat, sans a priori ni tabous» (...) Pour M. Philip, le manque de fermeté des directions en 1988 a fait croire aux syndicats qu'il était possible de recommencer [en 1989]. *Ce que la direction départementale exclut totalement en préconisant un redéploiement et un effort de communication».*

Tous les hommes sont nouveaux, aucun n'a connu le conflit de 1988 : Jean-Antoine Bourgin, directeur régional, est arrivé en avril 1989, Jean Philip, directeur départemental, le 27 novembre 1989[1]. Cette nouvelle équipe ne fera pas dans la dentelle pour réaliser son programme avoué.

La prise de 7 otages (*otage : personne que l'on détient pour obtenir ce que l'on exige - Le Petit Robert)* a des effets sur l'ensemble du groupe.

Les sanctionnés sont à l'opposé d'une situation marginale ; répartis dans chacune des 5 brigades du centre, ils forment un échantillon représentatif de toutes les générations du centre de tri (âge et ancienneté à La Poste). Ce n'est pas un hasard. En frappant les 7, on est sûr de marquer tout le personnel. Un tel niveau de sanctions pour fait de grève et fait syndical crée un traumatisme psychologique. Les agents s'interrogent : *«Si les détenteurs de l'autorité envisagent la révocation pour des agents «protégés»[2] par leur statut de militants, alors tout est possible à l'encontre de chacun».* Parce que la répression frappe des militants souvent porte-parole du personnel et connus pour leur opiniâtreté dans le travail syndical, une inquiétude transpire : ne peut-il pas y avoir nouvelle désignation d'agents dont l'Administration jugera qu'ils vont trop loin ?

L'annonce des sanctions à l'encontre des 7 est le signal qui permet la

1. Le chef de centre de Lezennes en août 1989 et le chef de centre adjoint le 17 octobre 1989.
2. C'est ce que croient bien souvent à tort les salariés.

répression pour une partie de la hiérarchie.

Le vendredi 1er décembre après-midi, des vigiles d'une société privée sont mis en place. *«Ils devraient y rester tant que le conflit n'aura pas évolué*[1]*»*. En fait, ils seront retirés dès le samedi, le personnel supportant mal de devoir présenter ses papiers d'identité à l'entrée de son lieu de travail.

Les mesures de détournement des plis vers les centres de tri parallèles sont renforcées. C'est le chantage : dans l'attente de la reprise du travail, Lezennes ne sera plus alimenté. *«Ce n'est pas évident, mais on peut se passer du centre de tri de Lezennes*[2]*»* explique le directeur régional. Autre disposition prise : tout ce qui concerne la vente par correspondance ne transite plus par Lezennes...

Le directeur régional joue la division : *«Je dois signaler également le ras-le-bol du personnel des bureaux de poste. Il est certain que la grève de Lezennes coûte cher à l'Administration et que ces dépenses supplémentaires se font au détriment des petits bureaux*[3]*»* . Il ajoute : *«Le centre de Lezennes a besoin d'une reprise en main*[4]*.»*

L'Administration applique l'amendement Lamassoure. Elle décide de retirer une journée complète de salaire pour chaque heure de grève effectuée depuis le début du conflit. De surcroît, les agents ayant fait grève les vendredis puis les lundis se voient retirer de leur salaire les deux jours du week-end *«puisque c'est un mouvement reconductible»*. Pour beaucoup, cela veut dire un mois complet de traitement en moins.

De plus, l'Administration annonce la retenue, dès le 20 décembre (date de la paye), d'une semaine de salaire (25% du traitement, montant maximum de la quotité saisissable) sauf pour les agents arrêtant la grève à la date ultimatum du 6 décembre. Ceux-ci bénéficieraient d'une retenue limitée à deux jours de rémunération en décembre, le reliquat étant soumis à un étalement susceptible d'être négocié[5].

Le mouvement de grève d'une heure ne s'interrompant pas pour autant, la direction déclare illégal, tout arrêt de travail à partir du 5 décembre. Enregistré chaque jour depuis le début du conflit, le préavis de grève d'une heure devenait d'un seul coup irrecevable. Chaque gréviste était désormais *«sous le coup de sanctions»* : pour chaque heure de grève, perte d'une

1. *Nord-Eclair* du 2 décembre 1989.
2. *La Voix du Nord* du 2 décembre 1989.
3. Ibid note 1.
4. Ibid note 2.
5. L'ultimatum du 6 sera reporté au 11 décembre à 20 h.
6. Ces menaces sont pourtant illicites depuis l'abandon des textes dits sur le «service fait».

journée de traitement, mais aussi d'avancement et de droit à la retraite[6].

Après avoir déployé un tel arsenal, la direction se réjouira dans un communiqué national de la fin de la grève le 6 décembre. Si le 7 décembre, les brigades de jour purent tenir des assemblées générales d'un quart d'heure et faire des délégations de masse, par contre, dans la nuit du 8 au 9, tous les agents participant à une assemblée générale d'une vingtaine de minutes se verront retirer une journée de salaire supplémentaire. *«Sera désormais considérée comme arrêt de travail toute participation aux réunions ou assemblées non autorisées ; quelle que soit la durée de l'arrêt, il y aura retenue d'un trentième indivisible».* Toute réunion du personnel sera désormais interdite[1]. Quelques jours plus tard, six agents de l'entrepôt du service de nuit, comme par hasard de la brigade où se sont déroulés les événements, sont gravement menacés pour *«refus d'obéissance»* sous prétexte d'un incident mineur. La réinsertion du trafic sera subordonnée au fonctionnement complètement normal du centre ; elle ne sera effective que le lundi 18 décembre. Les agents auxiliaires qui ont eu le tort de faire grève avec les titulaires seront licenciés fin décembre. Une intervention des syndicats permettra de rapporter cette mesure.

Dans une atmosphère où transpire parfois un esprit revanchard sur l'affront subi en 1988, certains responsables et cadres s'en prennent directement au personnel. Les déplacements des agents sont limités, des contrôles de cadence systématisés...Très probablement sur consigne de la direction, le chef de centre invitera ses cadres à la délation.[2]

Dans ce contexte très difficile, une grève d'une journée, pour la levée des sanctions, est décidée pour le vendredi 15 décembre. Le directeur départemental adopte alors une attitude d'un cynisme très brutal. Il utilise

1. Seules seront autorisées des assemblées générales pendant les 4 jours de réunion du conseil de discipline en février 1990, pour que les militants syndicaux puissent rendre compte de ce qui s'y passait. Sans octroi de cette possibilité, le centre de tri aurait implosé.

2. Texte d'une *Note d'information à tous cadres*, en date du 9 décembre1989 :

«Devant la campagne de désinformation qui est menée par certains, il convient de réagir rapidement :

- en démentant immédiatement tout mensonge par la communication orale, sur les positions de travail,

- en me faisant remonter systématiquement toute fausse information par un rapport succinct. Ces rapports seront exploités dans la journée par un comité qui rédigera et fera publier immédiatement un communiqué de mise au point.

une nouvelle fois la menace ayant servi à arrêter le conflit. L'Administration, ayant enregistré la fin du mouvement de grève initial, a convenu d'un étalement des retenues sur plusieurs mois à raison de deux jours de salaire par mois. En dépit de cet engagement, la direction annonce, par note de service, que les agents qui feront grève ce jour-là ne bénéficieront pas de cet échelonnement et verront la quotité maximale retenue sur la paye du mois de décembre (période des fêtes). Malgré ce nouveau chantage, 56% du personnel d'exécution de Lezennes observera l'arrêt de travail d'une journée.

La menace sera mise à exécution[1] sur la paye de janvier en dépit des protestations et en accord vraisemblablement avec le Ministre. Ainsi, ceux qui soutiennent par la grève du 15 décembre les sanctionnés sont plus maltraités que les autres. Ségrégation parmi les agents, discrimination dans le choix des 7 et répression à paliers parmi les sanctionnés, l'Administration planifie la répression en cercles concentriques afin de diviser le personnel et d'en isoler les éléments les plus «récalcitrants». En cela, elle n'a rien à envier aux méthodes les plus réactionnaires.

Dans un tel climat, certains collègues des agents sanctionnés craindront pour leur avenir en venant témoigner au conseil de discipline. Au dernier moment, certains demanderont à ne pas se présenter. Néanmoins, l'Administration reconnaîtra n'avoir jamais vu autant de témoins devant cette instance.

La répression se poursuivra longuement[2]. Les retraits de salaire s'opèreront jusqu'à la lie, les derniers intervenant sur la paye de novembre 1990. Paul Quilès ne fera aucun cadeau aux grévistes de Lezennes, mais il est vrai qu'étant en train de faire passer son changement de statut, tout est bon pour tempérer l'envie de se battre.

1. En effet, pour des raisons informatiques, sans ordre donné au plus tard le 5 du mois, aucune opération ne peut intervenir sur le traitement du mois considéré. Le personnel savait cela mais dans le contexte, tout le centre de tri imaginait la chose malgré tout possible en décembre (à titre d'exemple, une agent de service - bas salaire du centre - qui devait percevoir 5118,54F se voit retirer 1449 F).

2. En octobre 90 encore, l'Administration reprend une partie des acquis du conflit de 1988 en allongeant le temps de travail, les syndicats locaux seront menacés par la hiérarchie de manière à peine voilée sur le thème du *«Pas de vague* (sous-entendu : grève) *si vous ne voulez pas qu'on enlève d'autres avantages»*.

En quarantaine

Les militants syndicaux poursuivis sont suspendus. Cette procédure est employée en général pour prévenir d'éventuels incidents dans les services en cas de coups portés contre des agents ou d'affaire de probité. Dès le début de la procédure le but est ainsi clairement affirmé : empêcher les militants SUD-PTT de venir s'exprimer dans le centre. De cette manière, ils ne pourront plus venir parler devant le personnel réuni en assemblée générale et qui poursuit la grève. Des menaces de poursuites pénales sont proférées à l'encontre des militants qui s'aventurent dans le centre (voir *«Autopsie d'une accusation»*) .

L'Administration prétend leur interdire l'accès aux locaux syndicaux et même à la cantine pendant quelques jours. L'action du syndicat SUD sera considérablement entravée. Les 7 sont empêchés d'exercer leur mandat syndical, en particulier de distribuer des tracts, au mépris des textes officiels régissant le droit syndical dans la fonction publique. A la suite du conflit, l'Administration tente même d'exclure SUD des négociations, sans y parvenir. Les militants SUD et, par extension, le syndicat lui-même sont diabolisés. En octobre 1990, des collègues hésiteront encore à se présenter sur les listes SUD pour les élections dans les restaurants administratifs. Face à cette hiérarchie et à ce Ministre, s'engager syndicalement, c'est prendre des risques !

Briser les hommes

Très vite, le 4 décembre et pendant trois jours, les agents sont convoqués, en dehors du centre, pour des interrogatoires dans le cadre de la procédure d'enquête administrative. L'agent est alors seul pendant plusieurs heures, et deux inspecteurs principaux l'interrogent. Chaque réponse est écrite, puis datée et signée par l'agent. Les deux inspecteurs principaux en question sont des professionnels chargés de faire craquer un agent indélicat accusé de détournement de fond ; ils sont moins à l'aise contre des militants syndicaux. Tous maintiennent la version des faits affirmée par les organisations syndicales et le personnel. Aucune contradiction, rien. C'est agaçant.

Comme par hasard, Richard Fontaine passe le premier «à la moulinette», et sera le seul à subir plusieurs séances. Pour la hiérarchie, il est probablement plus vulnérable ; ne travaillant pas au centre de tri et donc non-gréviste, elle l'espère moins soudé au groupe. L'Administration ayant trouvé le «bon Fontaine[1]», lui fait signer son retrait de service pour commencer. Excellente mise en condition ! Les inspecteurs veulent obtenir de la bouche des interrogés ce qu'on leur a demandé d'entendre, à savoir la thèse du directeur. Les inspecteurs pratiquant la «question» sur ordre de la hiérarchie n'hésiteront pas à intimider[2]. Ils réussiront seulement à faire dire à chaque suspendu qu'il était bien là...

La *«suspension immédiate»* du salaire, qui avait été annoncée, n'aura pas lieu car elle est tout simplement illégale. Dans leur ardeur à orchestrer la répression, les responsables avaient omis de relire certaines règles du statut de la fonction publique. Le Ministre cherchera d'ailleurs à rattraper cette erreur auprès des personnalités[3]. La direction régionale et le Ministre prétendront que le directeur régional n'a pas parlé de suspension sans traitement à la presse : celle-ci aurait mal compris[4]. En admettant même que la langue du directeur régional ait fourché, pourquoi alors les inspecteurs principaux annonçant officiellement le retrait de service à Richard Fontaine, lors de son interrogatoire, ont-ils écrit sur le procès-verbal : *«Le service vous est retiré à compter de ce jour, lundi 4 décembre 1989 à 11 h 45. Votre traitement est suspendu à compter de cette date»*. A l'interrogatoire suivant, les inspecteurs principaux mettront la mention *«rayés nuls»* sur ces neuf derniers mots. C'est clair, la hiérarchie avait décidé d'utiliser la suspension comme une sanction et non comme une *«mesure conservatoire»*, même si elle a dû faire machine arrière en quelques jours.

Si effectivement le salaire n'est pas suspendu, la volonté de s'attaquer immédiatement et le plus directement possible aux conditions d'existence

1. Voir Chapitre 3 : «Cette nuit-là, comme si vous y étiez».

2. Exemple de menace : *«Je vous réitère l'interdiction d'accès aux locaux de service quels qu'ils soient* [du fait de la suspension de service]. *Le non-respect de cette mesure constitue une faute grave justiciable des tribunaux.* Tout fonctionnaire suspendu qui, après en avoir eu connaissance officielle, aura continué l'exercice de ses fonctions sera puni d'une peine d'emprisonnement de six mois au moins et de deux ans au plus, d'une amende de 500 F à 8000 F. Il sera interdit de toute fonction publique pour 5 ans au moins et 10 ans au plus. Je vous demande de prendre sérieusement note de cette interdiction et des graves conséquences que pourrait entraîner pour vous son non-respect»...

3. En effet, dans sa lettre aux parlementaires, Paul Quilès se sentira obligé de préciser : *«.(..)Les 7 agents impliqués(...) ont été suspendus de fonctions afin de permettre le déroulement de l'enquête. La suspension de fonctions ne constitue pas une sanction mais une mesure conservatoire, l'agent suspendu continuant à percevoir normalement son traitement».*

4. Vérification faite à l'époque auprès de l'AFP, le contenu de la dépêche reprend précisément les propos du directeur régional.

des sanctionnés reste tout à fait présente. Ceux-ci seront les seuls parmi tous les grévistes à se voir retirer la quotité maximale autorisée dès le mois de décembre[1].

Les 7 subissent ainsi une mesure totalement discriminatoire, les retraits de salaire pour une grève suivie par plusieurs centaines d'agents s'opérant différemment à leur encontre.

D'un bout à l'autre, la machine disciplinaire cherchera à briser les individus pour atteindre la volonté de résistance des militants.

Question de dignité

Bien sûr, les 7 voient leur vie bouleversée mais ils s'estiment surtout atteints dans leur dignité. Les directions et le Ministre mettront en cause leur réputation notamment à travers les médias. Un an après, le 14 décembre 1990, le directeur départemental écrit encore dans un hebdomadaire national : *«la version mensongère des faits (...) les voies de fait commises par quelques uns»*.

La présence des 7 est interdite dans tous les locaux postaux. Mais ils ne seront pas pour autant transformés en parias, en particulier grâce à la solidarité du personnel. Cependant, imaginez que vous travailliez dans une entreprise depuis dix, quinze ou vingt-cinq ans et qu'une injustice vous interdise d'aller serrer la main de vos collègues sur leur lieu de travail !

Le directeur s'oppose à la participation de l'un quelconque des 7 à toute audience auprès des directions locales et départementales *«étant donné qu'ils ne doivent en aucun cas interférer dans le fonctionnement des services»*. Ils n'ont plus le droit de représenter le syndicat. La dimension sociale, syndicale des sanctionnés est littéralement gommée.

Et pourtant, ce n'est pas le vécu quotidien perturbé qui déstabilise principalement mais l'injustice originelle.

L'un des 7 l'exprimera lors d'une conférence de presse, plus d'un an après les faits : *«Sans les soutiens et la possibilité de rencontrer la presse, nous n'aurions pas tenu. La pression est très forte»* et d'ajouter : *«A tel point qu'on finit par se dire que l'on est peut-être coupable»*.

1. Or, comme indiqué plus haut, pour qu'une opération intervienne sur le traitement d'un mois considéré, l'ordre doit en être donné avant le 5 du mois. On a donc fait diligence..!

Une décision grave

L'ampleur de l'injustice qui vient d'être commise atteint profondément ceux qui en sont les victimes.

Les moyens habituels de l'action syndicale ne semblent pas, pour certains d'entre eux, capables de répondre à ce niveau d'attaque. Quatre parmi les 7 décident de mettre en jeu leur personne et décident d'aller «jusqu'au bout», jusqu'à la grève de la faim. Une telle décision par son côté radical et absolu n'est pas sans poser problème dans le syndicat, dans la fédération et à de nombreux militants qui jugent ce moyen d'action individuel, en rupture avec l'action collective. La décision, longuement discutée, une fois prise, sera respectée par tous. La grève de la faim de quatre personnes sanctionnées, sera assumée dans toutes ses conséquences par le comité de soutien, par le syndicat, par la fédération SUD .

Une semaine avant le passage en conseil de discipline, Murielle Fovet, Richard Fontaine, Gabriel Leschaeve et Michel Mercier commencent leur grève de la faim. Elle durera dix jours. Pour des raisons familiales mais aussi parce que c'est une décision qui doit être totalement assumée individuellement, Eric Lamant, Philippe Legrand et Jean Poteau ne la feront pas. De toute façon, il leur faut terminer l'organisation de la défense, aider techniquement (une grève de la faim demande une grosse infrastructure) et donner à l'initiative toute l'ampleur voulue.

Les quatre grévistes de la faim se déplaceront à Paris pour le conseil de discipline et une salle particulière sera aménagée dans les locaux de la fédération SUD. La pression des procès accentuant les effets de la grève de la faim, Gabriel Leschaeve aura un malaise.

La grève de la faim soulignera le caractère intolérable des sanctions, alors qu'il n'y a pas faute, et la discrimination, avec ses conséquences sur le plan humain. Elle donnera une autre dimension à l'affaire puisqu'elle percera les médias au niveau national, ce qui n'avait pas été le cas jusqu'alors, et ainsi contraindra le Ministre à s'exprimer sur le dossier. *Le Monde, Libération* et *Le Figaro* publient un article notant qu'un conflit du travail est traité par un conseil de discipline. La position de la Ligue des droits de l'homme est relevée par les observateurs au niveau national.

La grève de la faim est un véritable porte-voix qui favorise une participation accrue aux initiatives et notamment à la manifestation, la veille du conseil de discipline. Des dizaines de personnes rendront visite individuellement aux grévistes de la faim dans un local associatif situé à proximité du centre ville de Lille. De nombreuses délégations d'organisations viennent sur place, des personnalités aussi. Le soutien est réel et significatif. La grève de la faim donne à l'affaire une dimension humaine. *«Ceux que l'on n'appelle plus désormais que les 7 de Lezennes»* dira la presse.

«Arrêtons la mascarade», c'est le titre qu'ose donner la direction départementale à un communiqué de presse, au lendemain du démarrage de la grève de la faim. *«La grève de la faim apparaît sans rapport avec les situations réelles»*, ajoute-t-elle, montrant par là son mépris pour les gens qui se défendent[1].

A noter que la grève de la faim permettra de se rendre compte que l'affaire des *7 de Lezennes* fait l'objet d'un débat traversant une bonne partie de l'Église locale exactement comme dans l'opinion publique. Comment ? La première question à résoudre pour faire une grève de la faim est de trouver un local bien situé. Les futurs grévistes de la faim se tournent naturellement vers l'Église. Dans ce but est organisée la tournée systématique de toutes les paroisses et de tous les hommes d'Église de Lille. Plus les recherches avancent et plus les portes se ferment, aucun curé n'acceptant leur présence en tant que grévistes de la faim.

On saura plus tard que la hiérarchie locale de l'Église, informée des démarches, avait donné une consigne stricte. Pourquoi ? Les responsables diocésains estimaient que l'Église ne devait pas intervenir car, en particulier, selon eux, les syndicats étaient divisés. En fait, on apprendra que l'Église avait été désorientée par un premier texte de référence sur l'affaire, écrit tout début décembre par l'Action catholique ouvrière (ACO) des PTT où les militants CFDT-PTT sont fortement influents... On saura que la coordination de

1. A noter que dans ce communiqué de presse, la direction annonce, dès avant le conseil de discipline *«qu'en cas de partage des voix, un recours sera possible devant le conseil supérieur de la fonction publique»*, comme si elle connaissait par avance le résultat du vote, comme si le conseil de discipline était déjà joué. Une maladresse qui en dit long sur la machination.

l'ACO (qui regroupe les différents secteurs professionnels) regrettera par la suite cette position initiale et parlera d'une volonté de briser une organisation syndicale et d'une injustice et une militante interviendra dans ce sens au gala du 12 mai. *Témoignage Chrétien* publiera un article.

Ferrière-la-Petite

«Ce dossier des 7 de Lezennes évolue toujours dans des conditions «limites», à la frontière de la caricature, aussi bien dans le temps que dans l'espace» : écrit D. Serra, journaliste à *La Voix du Nord.*

Les 7 sont suspendus de fonction par arrêté ministériel en date du 5 décembre 1989. Un fonctionnaire suspendu conserve son traitement durant les quatre premiers mois de la suspension. Si à l'expiration de ce délai aucune décision n'a été prise par le Ministre suite au conseil de discipline, l'intéressé est rétabli dans ses fonctions[1]. Pour les 7, la notification officielle des sanctions tombera le 4 avril 1990... la veille du délai-butoir.

Cette lenteur n'est pas fortuite. Dès le 23 février, le Ministre n'avait-il pas *«indiqué que son intime conviction était faite(...) ajoutant que l'annonce de sa décision interviendrait rapidement[2]»*. Les sanctions décidées n'avaient-elles pas été annoncées à SUD, le 7 mars par le cabinet du Ministre, puis le 15, par un courrier du Ministre à la LDH. Pour épuiser, sinon briser, les militants concernés et derrière, cette femme et ces hommes, le Ministre et le directeur départemental «jouent la montre». Mais surtout, ils recherchent l'usure, avec le temps, de toutes les organisations et personnalités agissantes.

«Le dossier empoisonné : trois mutations - sanctions aux confins du Nord» La Voix du Nord *du 7 avril 1990*

Sanctionnés par le Ministre de *«déplacement d'office dans les limites du département»*, Murielle Fovet, Eric Lamant et Gabriel Leschaeve reçoivent le 4 avril 1990 par télégramme[3] leur nouvelle affectation. Ils doivent respectivement se présenter le 5 à St Pol-sur-Mer, Ferrière-la-Petite et Fourmies. On ne pouvait faire pire pour les éloigner au maximum de Lille tout en restant dans les limites du département du Nord. Pour comprendre,

1. Ordonnance du 4 février 1959 et article 30 de la loi du 13 juillet 1983, textes encadrant la discipline dans la fonction publique.

2. *La Voix du Nord* du 24 février 1990.

3. Une lettre suivra.

le lecteur pas nécessairement féru de géographie régionale, doit savoir que le département du Nord est une bande longue de 200 kilomètres environ constituant la frontière avec la Belgique depuis la mer jusqu'aux Ardennes. Lille-Lezennes est à mi-distance. Murielle est donc envoyée à une extrémité, sur la mer, à St Pol-sur-Mer[1], à 100 km de Lille. Eric et Gabriel sont expédiés à l'autre bout du département, eux-aussi à 100 km de Lille, à Ferrière-la-Petite et Fourmies, deux des dernières communes du Nord avant de passer dans les Ardennes.

Bien que l'affectation du personnel dans un département fasse partie des prérogatives du directeur départemental, ces mutations ont très sûrement été décidées en concertation avec le Ministre.

Pendant quinze jours, les trois agents traversent des moments d'angoisse proches de ceux qu'ils ont connus le 1er décembre. Ces mutations lointaines peuvent signifier des licenciements par «démission», du fait des problèmes familiaux engendrés (perte de travail du conjoint, problème de garde d'enfants et remise en cause de l'accession à la propriété dans deux cas). Parce qu'ils trouvent leur racine dans une injustice, tous les problèmes sont appréhendés comme encore plus insurmontables . A ce moment-là, tous les sanctionnés pensent que MM. Quilès et Philip peuvent disposer d'eux à leur guise. Cet arbitraire est vécu comme une vraie violence. La Ligue des droits de l'homme parlera de *«démesure»*.

Après une intervention auprès du cabinet du Ministre, ces mutations seront gelées. Une rencontre aura lieu entre SUD et M. Philip le 12 avril. Non sans que l'Administration ait tenté de faire ce qu'il faut bien appeler du chantage. *«Les deux parties auront quelque chose à mettre dans la balance. Je serai exigeant sur l'exercice du droit syndical(...) Il faut qu'ils prennent l'engagement de ne pas mettre la pagaille»* [commentera le 6 avril] *le directeur départemental*[2]». De nouvelles affectations interviendront le 23, cette fois dans différents bureaux de poste de la communauté urbaine de Lille[3].

Pourquoi cette opération ? A notre sens, elle poursuivait deux objectifs. D'une part, profiter de la mise en application des sanctions pour faire

1.Une plaisanterie circulera au centre de tri : *«Heureusement pour Murielle, il n'y a pas d'agence postale sur les plate-formes pétrolières en Mer du Nord».*

2. Dans l'article de *la Voix du Nord* du 7 avril 1990.

3. Gabriel Leschaeve sera de nouveau muté le 2 mai dans un autre bureau, toujours de la communauté urbaine et, cette fois, définitivement. L'Administration avait oublié de regarder sa situation médicale, bien qu'inapte aux fonctions de facteur, il avait été déplacé d'office comme tel...

redescendre l'affaire au niveau du directeur départemental[1], alors que l'ampleur du soutien obligeait le Ministre à s'exprimer. D'autre part, pousser la fédération SUD et les sanctionnés à limiter leurs prétentions et à négocier les sanctions[2]. Le Ministre n'y parviendra pas, SUD maintiendra ses objectifs. La mobilisation pour l'annulation des sanctions se poursuivra et s'élargira.

Se taire ou résister

Après la péripétie des mutations caricaturales aux confins du département, tout en agissant pour l'annulation des sanctions, SUD est contraint de «gérer» les mutations d'office de Murielle Fovet, Eric Lamant et Gabriel Leschaeve dans la communauté urbaine de Lille, pour en limiter les effets néfastes. Dans cette optique, SUD sollicite une audience auprès du directeur départemental qui la refuse. Pour renouer le dialogue, les trois rédigent alors une requête individuelle sur la base de laquelle SUD redemande une entrevue, de nouveau rejetée. Le directeur acceptera finalement de recevoir les trois intéressés ensemble mais *«uniquement sur la base des requêtes individuelles, en dehors de tout cadre syndical»*[3].

Au cours de l'entrevue, le directeur paraît disposé à envisager l'éventualité d'autres affectations[4] et parle d'un retrait de la plainte à l'encontre des trois intéressés sans répondre pour les quatre autres *«car ce n'est pas une audience syndicale mais une rencontre sur des cas personnels».*

En faisant miroiter auprès d'une partie des sanctionnés une humanisation possible des sanctions, on recherche vraisemblablement leur neutralisation afin d'isoler les autres. En recevant trois des sanctionnés, dans

1. Dans l'article du 7 avril 1990 déjà cité, on lit : *«Au cabinet de Paul Quilès, on considère désormais que «c'est un dossier qui doit se régler au niveau du département»* et l'on ajoute : *«C'est une affaire disciplinaire interne à La Poste, ça aurait dû en rester là ! »*

2. En déplaçant les sanctionnés à cent kilomètres pour les nommer ensuite, après *«négociation»*, dans la communauté urbaine de Lille, on donne du *«grain à moudre»* au syndicat et la direction pourra prétendre dans la presse avoir pris *«en considération les souhaits des intéressés (facilités de transport notamment)». La Voix du Nord* du 20 avril 1990.

3. Dans de telles conditions, cette proposition de rencontre pouvait être déclinée mais on n'aurait pas manqué alors de rendre les sanctionnés et SUD responsables du refus de la concertation. A noter que le directeur refuse, comme on l'a vu, la présence de chacun des 7 dans toute audience syndicale en tant que représentant du personnel mais accepte d'en recevoir trois en même temps... à condition qu'ils ne représentent qu'eux-mêmes.

4. Tout en précisant : *«pour changer de bureau, vous passerez après les postiers "normaux"».*

ces conditions, et en leur parlant d'une levée de la plainte, on cherche à intimider l'ensemble du groupe sur le thème : *«Nous avons toutes les cartes en main que nous abattons ou retirons selon notre bon plaisir».* En refusant de négocier sur les démarches collectives tout en feignant de répondre aux demandes individuelles, l'Administration cherche à saucissonner le collectif formé par les 7 en autant de cas séparés.

Pour cette hiérarchie, chaque sanctionné a seulement le droit d'être un individu isolé et implorant face à une machine répressive d'ensemble. Elle ne réussira pas dans cette entreprise. Pourtant l'incertitude sur l'avenir dans laquelle vivront les sanctionnés pendant plusieurs mois et le chantage permanent créent un état d'esprit aux mécanismes particuliers.

Les 7 expliqueront être à chaque instant partagés entre la fierté et la crainte. La dignité les pousse à affronter l'autorité, à faire valoir leurs droits, la crainte les invite à limiter leurs exigences pour ne pas «aggraver leur cas» et «limiter la casse».

Poser ses valises

Tous les sanctionnés du centre de tri sont mutés d'office dans différents petits bureaux de poste, y compris Philippe Legrand et Michel Mercier. Ils vivent ces déplacements comme un démantèlement de leur vie professionnelle, personnelle et familiale. Imaginez que suite à une injustice vous soyez déplacé sur un autre lieu de travail, avec un nouvel horaire, où vous ne connaissez probablement personne et où vous devez apprendre un nouveau métier. Imaginez enfin que dans ce nouveau bureau, vous receviez une notation qui, consécutivement à la même injustice, soit mauvaise pour la première fois de votre carrière.

Les 7 vivent chacune de ces modifications comme autant de sanctions supplémentaires à celle infligée officiellement.

Hors d'un centre de tri, plusieurs des sanctionnés perdent le bénéfice de la retraite à 55 ans[1]. La modification des horaires de travail désorganise la vie d'agents qui avaient choisi les horaires postés d'un établissement important. Murielle Fovet doit travailler de 8 h 30 à 12 h 30 puis de 16 h 30 à 19 h, Michel Mercier et Philippe Legrand de 7 h à 9 h 30 puis de 12 h à 18 h30.

1. Sous certaines conditions, les agents exerçant en centre de tri et appartenant à la catégorie dite du service général bénéficient de la retraite à 55 ans alors qu'elle est à 60 ans dans les autres secteurs de La Poste.

Michel Mercier vit encore plus mal la mutation d'office. Au delà d'horaires et de déplacements entravant fortement ses activités tant sociales (c'est aussi le cas pour les autres), qu'associatives (il est conseiller municipal), il y a plus grave. Michel Mercier travaille au centre de tri depuis 1964 ; il y est entré à l'âge de 21 ans et y a construit la quasi-totalité de sa vie syndicale et professionnelle. En expulsant Michel de Lezennes, on brise l'homme car on anéantit 25 ans d'investissement de sa vie. A l'âge de 47 ans et à 8 ans de la retraite, une injustice impose à un homme ayant toujours travaillé au centre de tri une modification radicale de son travail. Déplacé, partagé entre l'espoir d'un retour à Lezennes (résultant du soutien) et les déceptions (découlant des manœuvres Ministre/directeur), il dira lui-même ne plus savoir *«où poser ses valises»*.

Signalons enfin une anecdote, savoureuse par certains aspects, significative de l'acharnement. Murielle Fovet déplacée dans un bureau de poste de Roubaix subit en tant que guichetière une attaque à main armée en juillet 1990. Dans ce cas, tout agent peut demander à changer de bureau. Elle fait donc une demande pour retrouver un poste en nuit, au centre de tri ou dans un bureau de Lille.

L'événement fournit une occasion à l'Administration de donner satisfaction à Murielle Fovet sans nullement «perdre la face». Au lieu de cela, le directeur enverra certes une lettre de félicitations *: «(...)vous avez, face à un malfaiteur armé, fait preuve d'un grand sang-froid en ne remettant qu'une partie du numéraire(...) Je vous exprime ma plus vive satisfaction pour votre comportement en la circonstance»* mais proposera pour seule mutation... un service de jour... dans un autre bureau de Roubaix tout proche[1].

Fumée sans feu

Six mois après avoir déposé plainte, le directeur départemental revient à la charge dans un communiqué de presse paru en mai 1990 : *«Plainte reste(...) déposée pour séquestration de personne, et je fais confiance à la justice pour se prononcer en toute objectivité le moment venu»*. Les 7 indiqueront «[ne pas craindre] *les suites... données à la plainte pénale... déposée pour grossir*

1. Nous aboutirons finalement à une mutation en octobre 1990, toujours dans un service de jour mais aux chèques postaux de Lille qui ne dépendent pas de M. Philip mais de M. Bourgin. On croit savoir que celui-ci aurait proposé de prendre Murielle Fovet afin de lui permettre d'être à Lille : regret, volonté de se racheter ?

délibérément les faits et ainsi justifier la répression interne à l'Administration». La justesse de cette affirmation sera confirmée.

Le retrait de la plainte est confirmé le 18 juillet. Elle est classée sans suite le 24 au motif du retrait[1]. Tout se passe comme si on avait attendu que toutes les sanctions soient entièrement consommées et/ou appliquées (exclusions temporaires sans traitement et mutations d'office) pour retirer la plainte. Celle-ci était devenue inutile, la répression interne à l'Administration ayant fait toute son oeuvre. Nul besoin d'argumenter dans le cas présent. Le courrier retirant la plainte se serait contenté d'indiquer : *«compte tenu des éléments nouveaux intervenus»*. Lesquels ?!

Décidément, l'utilisation des différents instruments de la répression a été savamment pensée du début à la fin.

Les oubliettes

L'Administration veut réduire les militants concernés. N'y parvenant pas avec les sanctions initiales officielles car contrainte de les amoindrir, elle cherchera à atteindre l'objectif par une répression dissimulée : la notation. Aux PTT, la note annuelle s'échelonne de 1 à 5. La note 4 est normale, 3 mauvaise et 2 très mauvaise.

Murielle Fovet, Eric Lamant et Gabriel Leschaeve sont notés 3, en juin 1990, avec la mention suivante : *«compte tenu de la sanction, vous ne méritez plus d'être classé dans la catégorie 4»*.

On attend septembre pour noter Michel Mercier, à l'échelon 3, lui-aussi. Mais la note 2 est attribuée à Philippe Legrand[2]. SUD et les sanctionnés ne s'attendaient pas à cette nouvelle manœuvre.

Du fait d'une mesure d'*«amnistie»* intervenue entre temps, il ne peut plus être fait référence aux sanctions pour expliquer la baisse de notation. Alors, on invente des éléments antérieurs au conflit. Les motifs justifiant les

1. Il faut savoir que le Parquet pouvait tout à fait engager l'instruction sans le maintien de la plainte mais de toute évidence, celle-ci «ne tenait pas la route». A noter que, selon nos informations, les noms de R. Fontaine et J. Poteau auraient été oubliés dans le retrait de la plainte, comme si celle-ci n'était plus d'aucune utilité à leur égard : R. Fontaine n'est pas du centre de tri et J. Poteau n'a pas été sanctionné... Le Parquet évidemment classera sans suite pour la totalité dessept intéressés.

2. Une note 3 motivée de manière identique à celle octroyée à M. Fovet, E. Lamant et G. Leschaeve et devant être remise en juin à M. Mercier et P. Legrand aurait été bloquée pour être modifiée.

notations ont des allures de règlements de compte et des relents de délit d'opinion ou de délit d'appartenance syndicale[1].

La note 3 supprime des primes importantes, retarde l'avancement[2] . La note 2 a les mêmes effets mais s'y ajoute plus que tout autre chose l'interdiction de toute mutation. Par cette notation, on empêche donc pendant plusieurs années Philippe Legrand de quitter le bureau où il est muté d'office pour revenir à Lezennes[3]. Mais aussi et plus spécialement, on annule toutes ses demandes de mutation formulées depuis plusieurs années pour d'autres centres de tri et lui faire perdre ainsi définitivement le rang acquis avec le temps[4].

Différentes organisations et personnalités, en particulier la Ligue des droits de l'homme, interviendront pour faire remonter cette notation. Le Ministre fera connaître en décembre sa réponse par l'intermédiaire de la hiérarchie locale. Paul Quilès écrira parallèlement à la Ligue des droits de l'homme. Le Ministre refuse une remontée de la notation, mais propose d'examiner avec bienveillance des souhaits de mutation, à la condition cependant qu'ils portent uniquement sur des petits bureaux de Poste ou mieux encore sur des établissements des Télécoms. On veut donc interdire la présence de Philippe Legrand, non seulement au centre de tri de Lezennes mais aussi dans tout centre de tri ou même gros bureau, afin d'isoler le syndicaliste. Devant l'impossibilité d'une issue honorable, l'intéressé demandera à changer d'administration publique. Cette demande recevra un avis favorable de Paul Quilès.

La répression n'est pas sans résultat

Gabriel Leschaeve, Eric Lamant et Murielle Fovet diront successivement

1. L'Administration invoque *« des refus répétés de se plier aux interdictions faites d'organiser, en dehors de toute réglementation, des réunions d'information du personnel pendant les heures de service»*. La hiérarchie fait ici référence à la tenue des heures mensuelles d'information syndicale. Et concernant Philippe Legrand parle d'*«agressivité inacceptable de la part d'un fonctionnaire»*.

2. Le retard à l'avancement qui cumulé avec celui lié à la période d'exclusion sans salaire se répercutera tout au long de la carrière.

3. Pour remonter la pente de la note 2 et pouvoir bénéficier à nouveau d'une mutation, il faut beaucoup de temps (entre 3 et 5 ans au mieux).

4. Aux PTT, le classement d'une demande de mutation, donc la possibilité d'en bénéficier progresse avec son ancienneté dans le temps.

ne plus vouloir revenir au centre de tri. Les déplacements d'autorité, les nouveaux lieux et horaires qu'ils impliquent, nécessitent une nouvelle organisation de la garde des enfants, du travail du conjoint. Pour supporter la répression, on s'y adapte. De nouvelles habitudes se prennent. Alors, au delà de son amour-propre on en vient à considérer comme une contrainte supplémentaire son retour à la case départ.

Dans un tel contexte, deux parmi les sept feront savoir, le 6 septembre 1990 au cours d'une conférence de presse, que ne pouvant plus supporter l'acharnement de l'Administration, avec ses conséquences sur leur vie familiale, ils souhaitent *«qu'on les oublie un peu»*. Ils dénonceront à cette occasion l'*«arnaque»* dont ils sont victimes de la part des PTT, la *«réintégration bidon»* et l'*«amnistie fantôme»* ainsi que la mystification du Ministre sur l'opinion publique, que personne ne semble pouvoir contrecarrer, alors que les accusations à l'origine de la procédure disciplinaire se sont révélées être sans fondement.

Les autres sanctionnés et SUD diront regretter leur démarche, même s'ils en comprennent les raisons, et porter une appréciation identique.

Chapitre 8

S... COMME SOLIDARITÉ

La solidarité d'une profession

En frappant un seul syndicat à un tel niveau, l'Administration espère briser net l'action tout en isolant les militants SUD. Objectif manqué. Le 1er décembre, la stupéfaction est totale, mais pour autant le personnel réagit fermement et reconduit majoritairement les arrêts de travail d'une heure. Les réactions de solidarité sont très fortes : toute la brigade accompagne Philippe Legrand pour son interrogatoire. En région parisienne se tiennent des assemblées générales de personnel avec un très gros écho, la présence et le soutien de tous les syndicats[1].

Le samedi 2 décembre, l'intersyndicale se réunit à Lezennes. Le secrétaire départemental ou régional de chaque syndicat est présent.

La CFDT-PTT quitte très rapidement la salle : le syndicat départemental se retire de l'intersyndicale. Le soir même, il communique : *«Après quatre semaines de grève, la section CFDT du centre de tri de Lezennes, compte tenu qu'elle a souvent été mise devant le fait accompli et du peu de cas qu'on a fait de ses remarques dans l'intersyndicale, décide de s'en retirer. En effet,*

1. En dehors des PTT, des actions sont menées très rapidement à certains endroits : une pétition circule au centre hospitalier de Lommelet (banlieue lilloise), l'union locale interprofessionnelle CFDT de Lille envoie, le 5 décembre, un communiqué de presse *«appelant les salariés à se mobiliser contre la répression anti-syndicale»*... Au niveau national, des organisations syndicales réagissent très vite, comme le syndicat national unifié des impôts (SNUI).

des décisions graves ont été prises sans son accord ; celles-ci ont engendré l'escalade, confirmant ses craintes initiales. La «retenue» (guillemets dans le texte) *au centre, du chef de service départemental, du chef d'établissement ainsi que de son adjoint, qui a amené les sanctions disciplinaires, rend impossible la poursuite du conflit sur les revendications initiales insatisfaites. Par contre, nous sommes prêts à participer, dans la mesure de nos moyens, à toutes les initiatives sérieuses et responsables des organisations syndicales majoritaires du centre de tri».*

Un tract diffusé à quelques endroits dans les jours suivants mettra en lumière la position de la fédération CFDT-PTT[1]. Mais il faut dire aussi que de nombreuses équipes de militants CFDT,en Haute Normandie, en Franche - Comté et ailleurs ne monnayeront pas leur soutien, comprenant qu'avant tout c'est à des syndicalistes que l'on s'attaque. En définitive, c'est le droit syndical tout entier qui est en cause.

A présent, sans la CFDT, l'intersyndicale CGT-SUD-FO élabore une motion de solidarité dans laquelle elle *«constate avec surprise que les faits étaient interprétés comme une séquestration».* Plusieurs responsables départementaux CGT avec leur secrétaire régionale et des militants FO travailleront avec les sanctionnés de SUD une bonne partie de la nuit du samedi 2 décembre et le dimanche 3 à la rédaction d'un très long texte relatant la réalité des faits. Ce texte deviendra un témoignage collectif, signé dès le dimanche soir par la quasi-totalité du personnel de nuit présent au moment des faits et aussitôt remis le lundi 4 à la presse conviée par l'intersyndicale.

1. On peut lire dans un tract du 7 décembre diffusé en Meurthe-et-Moselle cette version de la nuit :*«Le 30 novembre, le directeur départemental présente au personnel du centre de tri les propositions de l'Administration... Les militants CGT et SUD, craignant la fin du conflit, font boycotter le vote et séquestrent le directeur départemental. C'est la section CFDT et le syndicat qui, le matin, font prendre conscience aux travailleurs, de la gravité de la situation. Ils obtiennent la libération du directeur. La veille, la section CFDT avait rendu public son retrait de l'intersyndicale au vu de ses désaccords sur l'analyse et la conduite de l'action. Le 6 décembre FO, comme la CFDT 5 jours auparavant, quitte l'intersyndicale et appelle à la reprise du travail...*

Si l'Administration (dans son obstination aveugle) n'a pas su, une nouvelle fois, résoudre convenablement ce conflit, le jusqu'au-boutisme de certains militants de SUD et de la CGT a conduit les travailleurs de Lille-Lezennes à l'impasse et à d'importantes pertes financières. Ces militants jusqu'au-boutistes appellent aujourd'hui l'ensemble des travailleurs à les soutenir contre les sanctions dont ils sont menacés.

Le syndicat CFDT du Nord fait aujourd'hui circuler une pétition dans son département pour tenter de faire revenir l'Administration sur sa volonté de sanctionner (on parle de 6 suspensions) plusieurs militants de SUD...»

Le syndicat FO précise sa position : «(...)*Conformément à ses principes, organisation syndicale libre, Force Ouvrière a et continuera à subordonner sa contribution à l'intersyndicale à la condamnation de toutes actions de banditisme, de vandalisme ou atteinte à la liberté d'autrui qui ne sont pas de nature à réunir les conditions d'une négociation à l'aboutissement positif. Si Force Ouvrière obtient la preuve de l'accomplissement de tels actes, elle saura prendre ses responsabilités en ayant à cœur de sauvegarder les intérêts de ceux qui lui font confiance, dans le respect de ses principes*».

Le syndicat CGT affirme : *«Nous ne les lâcherons pas, car s'il y a eu séquestration, il doit y avoir 70 à 80 sanctions, contre tous ceux qui étaient présents à la grille ce soir-là»* ajoutant par la suite : *«C'est aussi du droit de se défendre dont il s'agit»*. Maryse Dumas, secrétaire générale de la CGT-PTT écrira à Paul Quilès le 5 janvier[1].

Ainsi, face à la répression, trois syndicats continuent d'agir en commun, comme pendant le conflit, dans le respect des options de chacun, par la suite rejoints par le syndicat autonome (FNSA). Chacun des syndicats CGT, FO et SUD fait signer une pétition dans les bureaux de la région[2].

Confronté à ces réactions, le syndicat départemental CFDT-PTT fera vite émarger lui aussi un texte *«s'élevant contre les mesures prises par l'Administration envers les agents du centre de tri de Lezennes et demandant que soient levées les sanctions à l'encontre de ces camarades»*.

Le 15 décembre, une grève de 24 heures, principalement destinée à permettre la participation du plus grand nombre à une manifestation en journée est, malgré les manœuvres, suivie à 60% en moyenne dans les quatre centres de tri du département[3].

Après un départ collectif du centre de tri, les agents de Lezennes défilent dans les rues de Lille au sein d'un cortège de plus de 400 personnes dont plus des deux tiers sont des postiers et télécommunicants originaires de multiples bureaux. Le nombre surprend les organisateurs eux-mêmes qui avaient prévu initialement un rassemblement pouvant se transformer en

1. A noter que dans ses écrits au niveau national, la CGT semble ne pas avoir voulu citer le syndicat SUD. Le choix des sanctionnés est pourtant manifestement lié à leur appartenance syndicale.

2. Ces réactions sont amplifiées par diverses initiatives dans plusieurs services : tract local et pétition CGT-SUD-CFDT à Lille CCP, débrayage et délégation de masse à la direction départementale et à la préfecture du bureau de poste de Lille-Moulins, grève au bureau de poste de Lille recette principale, assemblées générales, votes de motions... La fédération SUD recueille des signatures sur une pétition nationale à son entête.

3. 18% aux CCP et des grévistes sont enregistrés dans quelques bureaux (Orchies, Lille central télégraphe..).

manifestation. La CFDT est représentée. A l'issue de cette manifestation, SUD et la CGT sont reçus par le cabinet du Préfet et les groupes PS et PCF du Conseil régional.

C'est le début d'une mobilisation pour l'annulation des sanctions qui durera deux années.

Paul Quilès, que la vérité n'étouffe pas, traduira ces réalités de la manière suivante : *«Les syndicats CFDT et FO[1] ont immédiatement et officiellement déclaré qu'ils se retiraient du conflit en dénonçant les méthodes utilisées par quelques personnes minoritaires. A l'inverse, le syndicat SUD, soutenu par la CGT, a tenté d'organiser un mouvement de solidarité parmi le personnel des PTT du département sur le thème de la menace de révocation des sept agents, alors même que l'enquête n'était pas terminée et que le conseil de discipline ne s'était pas tenu»* (sa lettre aux députés).

En fait, le pari de Paul Quilès et Jean Philip, isoler SUD et ses militants à l'intérieur des PTT, échoue. Au contraire, l'ancrage de la solidarité sur l'entreprise ne faiblira pas avec le temps.

Fin décembre 1989, 72 agents présents la nuit des faits signent le texte suivant : *«Gréviste dans la nuit du jeudi 30 novembre au vendredi 1er décembre 1989, j'estime que si les 7 collègues suspendus de service sont sanctionnés, je peux l'être aussi».*

Des centaines de motions parvenues de bureaux PTT de tous les coins de France tapissent littéralement le hall d'entrée du centre de tri.

De février à juin 1990, le personnel soutenu par les sections CGT, SUD, FO et FNSA signe massivement trois pétitions[2] adressées respectivement aux conseils de discipline, au directeur départemental et au Président de la République[3].

Ces quatre sections syndicales interviendront à deux reprises auprès des directions ; leurs homologues départementaux apostropheront le Ministre.

1. C'est inexact. En réalité, FO a décidé, face à l'ultimatum du 6 sur les arrêts de travail (voir le chapitre «*Tenants du pouvoir et logique répressive*») de suspendre le mouvement de grève, le 5 décembre, en déclarant officiellement à la presse : «*Dvant cette détermination* [de l'Administration], *fidèle à la méthode «Rocard» qui joue le pourrissement des conflits, et compte tenu de l'isolement complet du centre suite aux derniers événements, FO préfère tenter de limiter au maximum les conséquences des retenues de grève plutôt que de poursuivre un conflit qui tourne au massacre et s'avère sans issue».*

2. L'une sera signée par 559 agents de Lezennes, une autre par tout le personnel d'exécution sauf 9 agents. 14 cadres sur 49 émargent aussi, un deuxième tiers assure «être d'accord» mais déclare craindre de se faire «repérer» en signant. A noter aussi, même sept mois après les faits, des pétitions dans d'autres bureaux (La Madeleine, centre de tri de Lille-gare : texte CGT, FO, SUD, CFDT et CFTC...).

3. Cette pétition circulera aussi au centre de tri d'Arras ainsi que dans un bureau des Télécom de St Omer.

Par trois fois, la CFDT manifestera de son côté sa désapprobation des sanctions.

En mai 1990, une opération de parrainage financier des deux agents mis à pied sans traitement connaît un énorme succés. Près de 400 agents du centre s'engagent à verser 20, 30, 40 F ou plus chaque mois pendant toute la durée de leur exclusion[1].

A l'interruption de ces exclusions, le personnel porte un badge, toute la journée du 29 juin, avec l'inscription «*Retour des sanctionnés au centre de tri*» et se rassemblera à la sortie du centre devant les caméras de télévision.

En avril 1991, dix-sept mois après, les syndicats départementaux ou régionaux CGT, FO, SUD, et FNSA écrivent encore au Ministre ou à La Poste. Une quatrième pétition au centre de tri recueille une nouvelle fois la signature de la quasi-totalité du personnel. En octobre 1991, près de deux ans après les faits, les syndicats départementaux ou régionaux CGT, SUD, FO et FNSA écrivent au conseil supérieur de la fonction publique.

Le front syndical commun CGT, SUD, FO et FNSA a globalement toujours bien fonctionné. Le personnel, lorsqu'il a été sollicité, a constamment répondu présent. Après avoir voté le refus de toute sanction au conseil central de discipline, la CFDT a toujours demandé la levée des sanctions mais il est symptomatique de constater qu'elle refusera invariablement de parapher tout texte demandant le retour des sanctionnés au centre de tri[2].

Loin d'être les dangereux activistes présentés par Jean Philip et Paul Quilès, les 7 ont plutôt l'air de militants syndicaux parfaitement implantés, évoluant comme des poissons dans l'eau dans leur entreprise et ayant la confiance du personnel et des autres organisations syndicales. De plus, pour la nuit concernée, personnel et syndicats, sauf la CFDT, se considèrent impliqués au même titre que les 7 et SUD.

La mobilisation interne fonde le rassemblement autour des «*7 de Lezennes*». Seul un soutien réel dans l'entreprise autorise et emporte des appuis significatifs à l'extérieur.

1. A signaler aussi une collecte intersyndicale (CGT, SUD, CFDT, FO et FNSA) au bureau de Lille recette principale ainsi qu'une autre au sein du personnel de nuit des chèques postaux.

2. Précision pour être tout à fait exact : après l'engagement du ministère et du directeur départemental (le 2 décembre 1991) de réintégrer Michel Mercier au centre de tri, la section locale CFDT signera (le 30 décembre 1991) avec les quatre autres syndicats un document demandant la réalisation sans délai de cette promesse.

Un appel national

Un texte exigeant l'annulation de toute sanction, intitulé *«Appel national des sept postiers de Lille suspendus et menacés de révocation»* est proposé à la signature dans la région Nord et au paraphe de toutes les organisations et personnalités du pays dès le 12 décembre. Henri Noguères, Gilles Perrault et Monseigneur Jacques Gaillot signent parmi les premiers. Gilles Perrault, Mgr Jacques Gaillot apporteront leur soutien sans faille à toutes les étapes de la mobilisation ainsi qu'Henri Noguères, tant personnellement qu'en qualité d'ancien Président de la Ligue des droits de l'homme.

Dans une période sociale difficile, où les problèmes de syndicalistes en butte à la répression ne sont vraiment pas le créneau porteur du moment, des personnalités connues du monde culturel et scientifique signent cet appel. Dans le consensus ambiant, afficher cette prise de position est perçu à Lille et dans le milieu PTT comme un acte de soutien très fort, une reconnaissance qui fait chaud au cœur.

Début janvier, l'appel est publié (en encart payant d'un coût de 29 000 F) dans le quotidien *Libération* et transformé en pétition de masse sur le territoire national à l'intérieur comme à l'extérieur des PTT. Cet appel unifie sur un objectif commun la campagne menée ici et là. Il a l'immense avantage d'être un *«Appel des sept postiers»*. En ce sens, il ne fait référence qu'à sept militants syndicaux. Le texte profondément unitaire veut rassembler le plus largement possible malgré la division des organisations politiques et syndicales. Le contenu très dépouillé du document a pour objectif d'éviter au maximum les faux-fuyants et les prétextes à la non-signature. Il s'agit de s'exprimer contre une répression de haut niveau à l'encontre de salariés en grève. La portée de l'Appel frappera les initiateurs eux-mêmes. Plus largement, la campagne montrera que ce label des *«7 de Lezennes»* permet de dépasser les clivages, de lever beaucoup d'obstacles et donc de favoriser le rassemblement.

Conflit du travail et citoyenneté

La révocation dans la fonction publique n'est pas un fait banal. Qu'elle soit le fait d'un Ministre de gauche choque tous ceux et celles pour qui les valeurs de gauche ont encore un sens.

La gravité de cette sanction ne laisse pas indifférent les militants syndicaux, associatifs, les défenseurs des libertés qui perçoivent à travers la répression anti-syndicale, l'atteinte à une liberté. Pour cette raison, la fédération SUD et les militants de Lezennes ont pris l'initiative, rare dans ce cas, de solliciter la Ligue des droits de l'homme (LDH) et les personnalités :

- pour s'exprimer sur ce dossier,
- pour mettre à plat les faits,
- pour refuser les révocations,
- pour arrêter l'injustice et faire rétablir les Sept dans leurs droits,
- pour qu'un Ministre et ses représentants n'aient pas un pouvoir discrétionnaire sur leurs agents.

La Ligue des droits de l'homme répondra présent. En constituant une commission d'enquête, elle mettra son autorité dans la balance. Ses moyens, son temps seront mobilisés pour s'assurer que, dans ce qui est encore à l'époque une Administration d'État, la révocation ne soit pas banalisée.

Reprendre un à un tous les éléments du dossier, voir tous les protagonistes, ne pas se satisfaire de la version de la hiérarchie pour déterminer si oui ou non il y avait eu séquestration cette fameuse nuit. Rendre ses conclusions, assumer jusqu'au bout ce qu'elles impliquaient, à savoir la défense des 7 de Lille jusqu'à la levée des sanctions imméritées, jusqu'à affronter un Ministre sur ses terres. Telle a été la contribution décisive, essentielle et inédite de la Ligue des droits de l'homme.

La section lilloise de la LDH rencontre successivement les syndicats du centre de tri puis le directeur départemental, non sans que celui-ci ait préalablement déclaré : «*Je croyais qu'ils* [la LDH] *voulaient me rencontrer pour évoquer ma séquestration, en fait c'est pour prendre la défense de ceux qui m'ont retenu (...) je suis condamné avant même d'avoir été entendu !*»[1]. Considérant que «*les faits sont loin d'être établis*», la LDH décide de mettre en place une commission d'enquête nationale, composée de Roger Rouquette, ancien député, membre du comité central et président de la commission nationale «*droits économiques et sociaux de la LDH*», Jean-Louis Brochen, avocat, ancien président national du Syndicat des avocats de France et Gérard Minet, membre du comité central et délégué régional Nord-Pas-de Calais de la LDH.

La commission effectue son travail d'audition de toutes les parties en présence, le vendredi 22 décembre. Elle rendra ses conclusions le 13 janvier

1. *La Voix du Nord* du 16 décembre 1989.

1990 sous la forme d'un rapport écrit, rendu public et diffusé tous azimuths à plusieurs centaines d'exemplaires. Ce rapport modifie fondamentalement la situation des forces en présence. Pourquoi ?

Parce qu'une organisation représentante de la société civile reconnue pour son indépendance, prend position sur le dossier. Les conclusions du rapport de la LDH permettent de dépasser le renvoi dos à dos des versions de l'Administration et des syndicats. Cette commission d'enquête entendant les différentes parties dans les locaux mêmes du centre de tri, et la publication du rapport, deviennent sans le vouloir les passeports de la société extérieure pénétrant dans le monde des rapports sociaux internes à l'entreprise. Le rapport de la commission s'imposera comme le document de référence dans toute cette affaire.

Paul Quilès et Jean Philip s'imaginaient certainement que si l'affaire devait quitter le strict cadre des PTT, elle ne sortirait pas du milieu syndical. Ils ne parviendront pas, chacun à leur manière, à s'empêcher de l'avouer.

La direction départementale communique en janvier 1990 : *«Des personnes extérieures à La Poste s'expriment en public pour commenter des faits ou des situations qu'elles ne connaissent que partiellement au travers de témoignages intéressés...»*. Après le gala de soutien, en mai 1990, le directeur maîtrise insuffisamment le contenu d'un communiqué : *«Faire apprécier ce qui s'est réellement passé par des gens qui n'y étaient pas, relève de l'arbitraire...»*[1].

Paul Quilès, quant à lui, a la réaction du Ministre contournant la difficulté. Contraint à s'exprimer, il écrit aux députés : *«SUD a alors sollicité l'appui de la Ligue des droits de l'homme»* sans autre précision. Le Ministre réduit l'intervention de la LDH à sa plus simple expression, sans citer ni son enquête, ni son rapport. Comportement habile pour se dérober à une explication[2].

Sur la base des conclusions de sa propre enquête, la Ligue des droits de l'homme demande *«l'arrêt de la procédure disciplinaire»*. Sa participation et son soutien seront sans faille.

1 *La Voix du Nord* du 19 mai 1990.

2. Pourtant, c'est le Ministre lui-même qui a autorisé le directeur départemental et le chef de centre à être entendus par la LDH et sur le travail réalisé par celle-ci, il donnera le qualificatif de *«sérieux»* quand la question lui sera posée.

Au plan local, la LDH s'investit dans l'énorme travail produit par le collectif de soutien[1]. Pour préserver le cadre unitaire de ce collectif, en seront désignés comme seul porte-parole auprès de tous les interlocuteurs et de la presse, les 7, la LDH et le Syndicat des avocats de France (SAF) .

Au niveau national, deux congrès annuels successifs de la LDH prennent position. Au congrès d'avril 1990 se déroulant opportunément à Arras, les 7 s'expriment longuement à la tribune sur leur situation[2]. Une motion est votée à l'unanimité : *«le 70e congrès assure les sept postiers du centre de tri de Lezennes, frappés de sanctions graves à la suite d'un conflit du travail, de son soutien, donne mandat au comité central pour poursuivre son action en vue d'aboutir à l'annulation de toutes les sanctions»*. Le congrès d'avril 1991 à Paris-La Villette, vote le vœu suivant : *«Le 71e congrès renouvelle son soutien aux postiers de Lille-Lezennes injustement sanctionnés par le Ministre des Postes, des Télécommunications et de l'Espace dans le cadre d'un conflit du travail. Estimant qu'aujourd'hui, l'enjeu essentiel est la sauvegarde d'une structure syndicale, le congrès mandate le bureau national de la LDH pour que soit obtenue la réintégration de M. Mercier au centre de tri de Lezennes»*.

Il faut savoir, et c'est aussi vrai que singulier, que ce 71e congrès de la LDH devait se tenir initialement dans les locaux du... Ministère des PTT. En effet, la LDH tient son congrès annuel alternativement en province et à Paris et Paul Quilès avait, antérieurement à l'affaire, proposé les locaux de l'avenue de Ségur pour le congrès 1991. L'affaire des 7 a empêché la réalisation de ce projet. Au congrès de 1992 à Strasbourg, une intervention annoncera le retour de Michel Mercier au centre de tri.

Henri Noguères, Yves Jouffa président de la LDH jusqu'en avril 1991 puis Madeleine Rebérioux, actuelle Présidente interviendront à plusieurs reprises auprès du Ministre et même, en ce qui concerne Henri Noguères,

1. Ce collectif se réunira une à deux fois chaque semaine jusqu'au mois d'octobre 1990 et continuera d'exister jusqu'au mois de janvier 1991, plus d'un an après. Il structurera toute la campagne avec la fédération et le syndicat régional SUD ainsi que le comité de soutien national. Par la régularité de son fonctionnement, il sera le lieu où se concentreront toutes les informations et les avancées, où se rassembleront toutes les idées et tous les acquis de la réflexion éparse. Il saura ainsi prendre les iniatives appropriées à chaque étape de l'affaire.

2. Ceci est exceptionnel car il n'est pas dans les traditions de la LDH de permettre des interventions extérieures pendant ses congrès. C'est dire l'importance qu'elle attache à cette remise en cause du droit syndical. Une collecte permet de recueillir près de 5 000 F au profit des 7.

auprès du Président de la République .

Pour la Ligue des droits de l'homme, écrit André Paccou, responsable de la commission droits économiques et sociaux de la LDH de Lille, *«l'entreprise ne saurait être en dehors de la Cité. L'Homme au travail reste un citoyen ; et les citoyens doivent protection de l'Homme au travail»*. Les libertés dans l'entreprise font partie intégrante de toutes les libertés démocratiques à défendre insiste la LDH, organisation fédératrice par excellence de luttes pour toutes les libertés. L'engagement de la LDH pousse ainsi toutes celles et tous ceux qui veulent contribuer au renforcement de la justice en général à agir en particulier sur le dossier des 7 de Lezennes.

La citoyenneté ne s'arrête pas à la porte de l'entreprise. Avec la commission d'enquête, la LDH a brisé un tabou, elle a introduit la notion de droit de l'homme dans ce qui reste encore une zone où le pouvoir hiérarchique n'a pas de véritables limites. C'est une première dans les conflits du travail, le staff ministériel des PTT en a mesuré toute l'importance. L'irruption de la LDH impose un premier recul.

Le 10 janvier 1990, la direction annonce la transformation des révocations en exclusions temporaires de deux ans et en déplacements d'office hors région pudiquement appelés *«changements d'affectation»*[1]. Cette annonce cherche à démobiliser, à la veille de la publication des conclusions de la commission d'enquête de la LDH et trois jours avant un débat public, intitulé *«2 heures pour la vérité»*, avec la participation de Gilles Perrault, Gérard Minet, membre du comité central de la LDH et Renaud Tardy, président de la section du Nord du SAF. Sans y parvenir, car le samedi 13 janvier après-midi est une réussite : 400 personnes[2]. Quelques 70 agents de Lezennes sont là. La salle se partage sensiblement entre un tiers de postiers et télécommunicants et deux tiers d'un public très populaire et chaleureux venu des quatre coins de la métropole lilloise. Sont réunis autour d'un problème de «salariés», des intellectuels, des enseignants, des étudiants, des jeunes et des personnalités du mouvement ouvrier local. L'écoute de la salle est parfaite, on la sent avide de connaître la vérité. Le tract d'appel se terminait par : *«Toutes et tous sont invités à venir s'exprimer sous la forme qu'ils*

1. A noter que ce recul officialise la division des 7 en deux groupes, voulue depuis le début : on passe de sept révocations à cinq déplacements et deux exclusions temporaires.

2. Un journal régional titrera *«La mobilisation n'était pas en poste restante»*.

désirent». Pari gagné : cela faisait plusieurs années qu'à Lille, on n'avait pas vu des gens d'horizons si différents, ensemble dans une salle. On entendra, par exemple, le syndicat CGT-PTT du Nord et l'union locale CFDT s'exprimer l'un après l'autre finalement dans le même sens[1].

Si l'enquête de la LDH a sorti le dossier des 7 des limites de l'entreprise et l'a transformé en «affaire», le meeting, quant à lui, permet à l'opinion publique de s'en emparer.

Deux aspects sont soulignés ce jour-là : la *«discrimination syndicale»* et la *«volonté de reprise en main».* Le mot *«bouc-émissaire»* est lâché. Renaud Tardy précise que les sanctionnés *«n'avaient pas été pris au hasard mais constituaient des cibles choisies»,* parle d'*«une interférence de la direction dans l'expression des salariés»,* de *«graves atteintes au droit de grève», «les centres de tri parallèles vident le droit de grève de sa signification en tant que moyen de pression».* Gérard Minet souligne *«la ségrégation, l'arbitraire à partir de responsabilités syndicales», «les nombreuses pressions constatées dans le domaine du droit de grève (amendement Lamassoure)»* et Gilles Perrault souligne : *«Quand on touche à une liberté, toutes les libertés sont atteintes».*

Le retentissement du débat public a une autre conséquence. Quelques jours plus tard, la CFDT de Lille communique : *«(...) les militants de l'union locale interprofessionnelle CFDT de Lille* [se prononcent] *à l'unanimité et en accord avec le syndicat départemental CFDT des PTT pour l'annulation de toute sanction, quelle qu'elle soit, comme mode de résolution des conflits».* La mobilisation a amené la CFDT-PTT à modifier sa position initiale. D'ailleurs, les élus CFDT voteront contre toute sanction au conseil de discipline[2].

Paul Quilès échoue sur deux tableaux. D'une part, il espérait probablement gagner à sa cause un ou plusieurs syndicats qui auraient alors limité leurs exigences à une «humanisation des sanctions». Au contraire, grâce à la

1 Interviendront aussi, après la fédération SUD, le syndicat national de l'enseignement secondaire (SNES), les élus du PCF, l'alternative rouge et verte (AREV) et la ligue communiste révolutionnaire (LCR).

2. De peur d'être suspectés de collusion, les élus CFDT déposeront même des déclarations préalables dès l'ouverture des séances pour affirmer qu'ils refuseront toute sanction.

solidarité des postiers et au soutien extérieur, le front syndical est désormais constitué sur l'objectif «zéro sanction». D'autre part, en rapportant les révocations, il escompte endiguer le mouvement de solidarité. A l'inverse, le meeting du 13 janvier et les initiatives prises autour des conseils de discipline élargiront encore le soutien.

Le soutien de toute une région

L'indignation est largement présente dans ce qu'il convient d'appeler les couches populaires de la région Nord-Pas- de- Calais. L'affaire est associée au «déficit social» de la politique gouvernementale. Au delà du chômage, le gouvernement remet en cause bien des choses dans tous les «domaines idéologiques» et voilà que de surcroît, il s'attaque au droit à l'action collective. Cette atteinte au droit de grève passe mal dans une région à forte tradition ouvrière[1]. Sans autre impulsion que cette indignation, des gens ne militant pas habituellement font signer des pétitions sur des marchés, les signatures sont obtenues très facilement[2]. On verra l'appel être signé par des conseils municipaux entiers. Un certain nombre d'organisations s'investissent réellement dans la réflexion et l'activité du collectif de soutien local[3]. Un cartel de 21 organisations soutiendra toutes les initiatives prises par le collectif [4].

En mai, a lieu un rassemblement devant la direction départementale afin d'y déposer une motion commune à destination du Ministre. Une délégation est reçue par le directeur de cabinet du directeur départemental.

1. Peu de temps après le début de l'affaire, une abstention de l'électorat de gauche très importante marquera une élection cantonale partielle à Villeneuve d'Ascq (à côté de Lille). Le maire socialiste d'une grande ville directement concernée dira que des affaires comme celles du centre de tri n'y sont pas étrangères. Il n'est pas anecdotique de signaler que dans la même ville, une des plus vieilles militantes socialistes du Nord écrira au Ministre : *«.(..)Mon père s'est inscrit à la SFIO en 1920, jusqu'en 1936 il s'est battu pour conquérir le droit de grève ce que ce Monsieur* [le Directeur] *veut enlever.(.. .) Le Nord est en train de mourir, ne l'enfoncez pas un peu plus...»*. Le chef du bureau du cabinet du Ministre aura cette réponse autant lapidaire que bureaucratique : *«.(...) l'enquête en cours établira la vérité des faits et déterminera les mesures qui seront prises pour la suite».*

2. Le journal *La Voix du Nord* pose chaque jour à ses lecteurs une question d'actualité : *«Etes-vous pour ou contre»* (les résultats n'ont pas valeur de sondage ne faisant que traduire l'opinion de ceux des lecteurs qui décident de participer à la consultation téléphonique). Preuve que les médias ont le sentiment que cette affaire fait l'objet d'un débat dans l'opinion, la question suivante sera posée : *«Etes-vous pour ou contre la réintégration des «postiers du centre de tri de Lezennes»?* Résultat : Pour : 59% Contre : 41%. Mais chaque partie a pu faire téléphoner qui veut !

3. On citera en plus de SUD, de la LDH et du SAF, le SNUI, le SNES, l'UNEF-ID et la CNT, pour les syndicats ; la fédération du Nord du PCF, la LCR, la FA et LO pour les partis.

4. S'ajoutent aux précédentes : le SNESUP, l'UL CFDT, la FNSA-PTT, l'AGEL-UNEF , les Verts, les Communistes rénovateurs, Forum progressiste, l'AREV, le Comité de soutien aux 7 des Travailleurs Sociaux et l'Union des travailleurs sénégalais en France.

A la braderie de Lille, en septembre 1990, imposante fête populaire qui voit passer près d'un million de personnes dans les rues de la ville, une même affichette présente dans chacun des stands de ces organisations invite la population à passer à un stand d'information sur *les 7 de Lezennes.*

Le soutien populaire et celui de nombreuses organisations permettent l'autofinancement des activités de soutien dans la région Nord et le comblement d'une partie du manque à gagner pour les sanctionnés .

Au niveau national, une souscription organisée par la fédération SUD permet de couvrir le reste des pertes subies et de financer les autres dépenses engagées.

Le dessinateur Siné aura la gentillesse de manifester son soutien par la composition d'un dessin reproduit sur carte postale transformée en carte-pétition à destination du Ministre, tirée à 10 000 exemplaires et vendue au prix minimum de 5 F.

Les 7 et la fédération SUD ont pu réaliser la totalité des objectifs de la campagne sans entamer sérieusement les capacités de fonctionnement du syndicat. Le budget de cette histoire , qui s'élève à 226 000 F (voir page 165) a presque totalement été couvert par la solidarité. En s'attaquant à un petit syndicat, Paul Quilès ne s'attendait certainement pas à un tel déploiement de moyens.

Les sanctionnés et le collectif interpellent

Au cours des conflits de 1988 et de 1989, comme depuis toujours, les syndicats de Lezennes avaient interpellé systématiquement les responsables politiques locaux du Parti socialiste et du Parti communiste français. La référence à ces partis se voit renforcée par leur poids dans la région Nord. Dès le 2 décembre, les 7, SUD ou la CGT alertent et demandent audience à Noël Josephe, président du conseil régional, Bernard Dérosier, député de la circonscription de Lezennes et président du Conseil Général, Pierre Mauroy, député-maire de Lille et premier secrétaire du PS, Georges Hage, vice-président de l'Assemblée Nationale et député communiste du Nord, Alain Bocquet, député du Nord et membre du bureau politique du PCF et le Préfet. Ces demandes d'audience seront renouvelées à chaque évolution du dossier car un échange oral est toujours fructueux et de nombreuses rencontres auront lieu.Un dossier d'information exhaustif est envoyé en décembre

1989 à tous les députés de France du PS et du PCF en même temps qu'à toutes les sections syndicales de tous les centres de tri et à tous les partis, syndicats, associations et organisations du territoire national. Ce travail porte ses fruits. Un certain nombre de signatures parviennent assez rapidement sur l'Appel. Plusieurs députés socialistes et communistes, hors région, interviennent début janvier auprès du Ministre. Fin janvier, un texte présenté par l'ensemble des courants de pensée de la direction nationale de la FEN demande *«l'arrêt de la procédure disciplinaire engagée*[1]*»*. A l'issue des conseils de discipline, une lettre ouverte à Paul Quilès lui demandant de ne pas décider de sanction est diffusée aux organisations et personnalités[2].

Cette volonté de mettre devant leurs responsabilités les leaders politiques se poursuivra pendant toute la campagne et saisira toutes les opportunités[3]. Des structures de la fédération SUD interviennent auprès de députés de leur région (Nancy, Marseille...). En mars, trois des 7 accompagnés d'un militant SUD de Lezennes font le déplacement de Lille à Rennes pour diffuser aux participants du congrès du PS 3000 exemplaires d'un dossier de quatre pages d'information des *«7 postiers de Lille*[4]*»*.

1. Une lettre parvient avant les conseils de discipline à Michel Rocard, Premier Ministre, Pierre Mauroy, Georges Marchais et aux présidents des groupes parlementaires du PS et du PCF. Les Sept écrivent aux secrétaires généraux de la CGT, de la CFDT, de FO et de la FEN. Pour le gala de soutien (voir plus loin), un bristol d'invitation sera édité à destination de tous élus PS, PCF et Verts suivants : députés et sénateurs du Nord-Pas de Calais, tout le conseil municipal de Lille et tous les maires, conseillers généraux, élus régionaux et responsables de la communauté urbaine de Lille.

2. Trois mille exemplaires d'un résumé de cette lettre sont diffusés en février au banquet annuel dit «des 5000» de la fédération du Nord du PS.

3. Comme Paul Quilès l'avait fait au même endroit pendant le conflit, Laurent Fabius alors président de l'Assemblée Nationale, se déplace le 17 janvier dans la bourgade de Wahagnies, dans le cadre de la préparation du congrès de Rennes du PS. Deux membres d'une des organisations partie prenante du collectif de soutien (dont l'un habite une commune voisine) viennent lui demander d'intervenir pour la levée des sanctions. A noter qu'il se trouvera des gens pour dire que ces démarches successives à Wahagnies étaient téléguidées par les mauroyistes car la section socialiste du bourg serait une des rares sections fabiusiennes du Nord... Drôle de vision de la légitime interpellation des politiques par les salariés et les syndicats. Le même Laurent Fabius sera apostrophé quelques jours plus tard sur le même sujet dans son fief de la Seine-Maritime par le secrétaire du syndicat CFDT-PTT de ce département.

4. Le document avec ce libellé : «[Les7] *veulent vous informer(...) et vous interpeller pour que vous puissiez agir afin d'éviter un déni de justice»*, est distribué aux occupants des véhicules avant leur entrée dans l'enceinte du Palais des Congrès de la ville. Les diffuseurs sont agréablement surpris par les réactions d'un public semblant intéressé. Certains participants, et non des moindres, s'arrêteront même pour discuter. Il est vrai qu'une chaleur torride règne ce jour-là et l'ouverture en grand des fenêtres des voitures facilite les contacts. Constat est fait que quel que soit leur état d'esprit réel, tous les participants prendront le tract sauf... Paul Quilès et les occupants de sa R25. Alors qu'un des diffuseurs présents, militant SUD de la région Bretagne, s'apprête à donner un tract au Ministre, la vitre se ferme. La voiture du courageux Ministre essaiera en vain de distancer le distributeur qui tout en courant finira par pouvoir servir son Ministre en glissant un tract sous l'essuie-glace. Paul Quilès est-il au courant de la présence des 7 sur place ? Probablement. La presse régionale du Nord en avait préalablement parlé et un journal de Rennes en avait fait un bref écho la veille.

Exactement comme la presse, toutes les organisations et personnalités sont informées avec un souci de vérité et de transparence. Chaque évolution même minime du dossier fait l'objet d'un courrier documenté à toutes les structures et individus qui suivent de près ou de loin l'affaire. Environ 80 000 photocopies de documents seront tirées dans ce but. Dans le cadre du collectif de soutien, la LDH participe largement à cette activité.

L'indignation

Annick Mattighello, conseillère municipale de Lille est déjà présente, le vendredi 1er décembre à midi, devant la direction, porteuse d'une motion des élus communistes contre la répression. Début décembre, Bernard Roman reçoit successivement SUD et CGT puis peu après encore une fois SUD. Mi-décembre, Alain Bocquet, député du PCF écrit au Ministre : *«Ce n'est pas la première fois que des machinations sont montées contre des travailleurs»*. Christian Bataille et Marc Dolez, députés PS, signent l'Appel national fin décembre ainsi qu'Ivan Renar, sénateur PCF. Bernard Roman écrit à Paul Quilès estimant préférable de ne pas signer l'Appel *«compte tenu de ses responsabilités nationales au PS»* mais autorise à faire part, publiquement, de son accord sur les termes du document. Le premier secrétaire de la fédération du Nord du PS affirme être opposé à des sanctions alors que tous les syndicats ont pris position contre et rappelle l'attitude du Président Mitterrand ayant demandé l'amnistie pour des faits *«plus graves»* chez Renault alors que dans le cas présent, la gravité des fautes est loin d'être démontrée[1].

Comme par hasard, immédiatement après l'annonce de l'abandon des révocations, un communiqué du secrétaire du groupe socialiste d'entreprise (GSE) PTT du Nord est diffusé : *«Le groupe socialiste des PTT de la fédération PS du Nord ayant œuvré pour l'apaisement (...) se félicite des mesures prises par l'Administration des PTT concernant les propositions de sanctions (changements d'affectation, exclusions temporaires) (...) Le non recours à des révocations pour les agents ayant procédé à la séquestration du directeur départemental, les mesures réduites prises à l'encontre de ceux-ci témoignent de la volonté de l'Administration des PTT et du Ministre Paul*

1 Parallèlement, un adjoint au maire et un conseiller municipal délégué de Lille, tous deux socialistes, signent l'Appel. Les maires des principales communes communistes de la région font de même.

Quilès de mener le dialogue avec le personnel dans la sérénité. Si des sanctions, un peu plus sévères à l'encontre des agents les plus fautifs, peuvent être envisagées, c'est sans doute pour manifester aussi le souci de rappeler les conditions dans lesquelles doit s'exercer, dans nos services, le droit syndical reconnu par tous. La séquestration ne saurait être acceptée comme méthode d'action normale dans le cadre des conflits sociaux»[1].

A la lecture de ce communiqué de presse, SUD et les sanctionnés croient perdre le soutien des responsables socialistes. Ce ne sera pas le cas. Le parti socialiste du Nord s'engagera clairement en faveur des 7[2]. On s'est interrogé sur le ou les vrai(s) instigateur(s) de ce communiqué dont la sortie semble avoir été incontrôlée[3].

Courant janvier, les 7 en compagnie de la LDH pratiquent «l'accueil» par les municipalités. Ils le seront par Jean-Claude Quenesson, maire communiste de Somain puis par Georges Hage. On doit insister ici sur l'accueil extrêmement chaleureux et le soutien sans faille, à tout point de vue, apporté par les élus communistes du syndicat intercommunal de la région Somain-Aniche[4].

En haut lieu, l'engouement pour cette histoire dans le Nord n'est pas sans inquiéter. A telle enseigne que le 23 février, lorsque Paul Quilès vient à Lille pour une inauguration et qu'à cette occasion, un rassemblement est organisé, tout un quartier est bouclé et quadrillé par une force de police importante et démesurée par rapport à la taille de la manifestation (une soixantaine de personnes à l'appel de SUD et de la CGT)[5].

1. Paru dans Liberté du 11 janvier 1989.

2. Au congrès de Rennes, au nom de la fédération du Nord, un député interviendra dans les termes suivants : *«(...) Il faut renforcer le dialogue social dans les entreprises privées mais aussi dans le secteur public. L'Etat-patron doit donner le ton. Le fait-il ? Certes des efforts ont été réalisés (...) Les syndicalistes qui, a priori revendiquent, n'ont pas forcément raison sur le fond, mais leurs revendications doivent être examinées avec intérêt. Un exemple : dans le Nord, au centre de tri postal de Lezennes, des travailleurs représentant les catégories les plus modestes sont menacés de sanctions disproportionnées au regard de ce qu'on leur reproche... Les représentants du monde du travail, les nôtres, tous ceux qui nous ont soutenus attendent du congrès des socialistes des signes positifs»*. On croit savoir que cette intervention déclenchera les foudres de Paul Quilès. Il aurait fait parvenir sur le champ à la délégation du Nord un communiqué rectificatif mais par l'intermédiaire du service de presse ministériel alors que nous sommes officiellement dans un congrès de militants...

3. Doit-on y voir une main occulte de la direction et/ou l'intervention de certains syndicalistes cherchant à influencer l'expression officielle dérangeante du parti socialiste dans le Nord ?

4. Les 7 sont aussi reçus par le président du conseil général.

5. Ce qui donnera d'ailleurs lieu à des protestations.

Un dossier mis sur la place publique dans la transparence

La campagne sera jalonnée, en deux ans, de quelque dix-neuf conférences de presse (trois nationales et seize régionales – avec une présence de tous les organes) dont quinze en un peu plus de sept mois. On comptera 210 articles dans la presse écrite régionale et 22 dans les journaux nationaux sans compter les nombreux reportages et/ou interviews à FR3 région et sur les radios locales[1].

Dès lors, il n'est pas étonnant qu'on lise dans un communiqué de la direction, en août 1990 : *«Il s'agit de mesures (...) s'appliquant (...) sans discrimination syndicale comme toute une propagande locale tendrait à le faire croire»* ou à la fin de cette même année, sous la plume de Jean Philip : *«Cette affaire a été démesurément grossie par d'incessantes campagnes de presse ou des opérations médiatiques dirigées contre le Ministre».* La hiérarchie oublie qu'elle a été la première à utiliser la presse, dès le lendemain, pour amplifier délibérément les faits de la nuit. Après avoir qualifié *«d'arbitraire»* le fait de *«faire apprécier ce qui c'est réellement passé par des gens qui n'y étaient pas»*, la direction met en cause l'indépendance de la presse et l'objectivité des journalistes, jusqu'à s'en prendre même, en filigrane, à leur devoir d'information .

C'est vrai, les médias joueront un rôle primordial et le collectif de soutien avec la LDH et SUD ont à plusieurs reprises remercié les journalistes pour leur travail. Mais pourquoi l'affaire a-t-elle été suivie de cette manière par la presse ? Pourquoi cette couverture importante au niveau régional et ce relatif mais réel intérêt de la presse au niveau national ? Bien sûr, cette solidarité dans l'entreprise, sur laquelle vient se greffer une campagne extérieure, intéresse les médias, mais un journaliste ne se déplace pas deux fois à une conférence de presse répétitive dans son contenu. De la même manière, pour qu'un organe de presse publie un nouveau communiqué, celui-ci doit apporter des éléments inédits. Car la plus grande part de l'information se nourrit de nouvelles fraîches et substantielles.

1. René Buhl, membre du comité central de la LDH tiendra une réunion sur le sujet à Dijon, couverte par la presse locale. Les actions de SUD dans divers départements seront parfois reprises par la presse régionale (Toulouse, Nantes, Nancy...).

Or, d'une part, grâce à l'action et aux initiatives l'affaire évolue presque chaque semaine, d'autre part, un grand nombre de personnalités et d'organisations s'investissent dans le dossier, l'alimentent de leur opinion et par là-même lui donnent de la teneur. L'affaire intéresse alors encore un peu plus les journalistes qui eux-mêmes captivent l'opinion à travers leurs articles, celle-ci en retour se mobilise un peu plus sur le dossier... C'est vrai, cette spirale a isolé tous les jours un peu plus la hiérarchie. Mais son développement a pour racine fondamentale les véritables questions soulevées par le dossier, problèmes dont l'Administration et la hiérarchie sont à l'origine.D'autant que finalement la succession des iniatives et les différentes argumentations développées fournissent toujours plus de crédit aux thèses des sanctionnés alors que les communiqués de l'Administration donnent plutôt l'impression de clichés répétitifs assénés sur un ton sensiblement agressif et méprisant.

Le collectif de soutien prend plaisir à rencontrer les journalistes car interlocuteurs privilégiés de l'opinion publique, ils font toucher du doigt les incompréhensions, les doutes, les questions. Le collectif essaie d'y répondre le mieux possible sur le moment ou au point presse suivant, à partir d'une réflexion collective. Certaines conférences de presse deviennent de véritables forums avec de réels échanges constructifs. Les journalistes, en observateurs qu'ils sont, et sont demeurés, ont eux aussi nourri le dossier sans le vouloir.

Cette confiance de la presse est aussi gagnée par une transparence attentive. Tous les documents sont donnés, rien n'est caché, tout est expliqué. Les journalistes quittaient les conférences de presse avec de volumineux dossiers. Chaque évolution de l'affaire donne lieu à une information systématique et parallèle à la presse[1].

L'explication minutieuse fournie sur le fonctionnement de La Poste et le démontage de tous les mécanismes de la répression permettent aussi aux médias de découvrir la face cachée des relations du travail. A travers cette affaire, on se rendra compte à quel point l'opinion publique n'est pas habituée à une vraie transparence ; c'est pourquoi ce parti pris de laisser

1. Le 7 mars, le ministère annonce officieusement les sanctions par téléphone à la fédération SUD ; le 10, une conférence de presse en fait état. Le 12 avril au matin Jean Philip reçoit la fédération SUD, une conférence de presse est prévue l'après-midi. Le 30 juillet, la fédération SUD a une entrevue avec le cabinet du Ministre, un communiqué est publié le 1er août...

paraître la réalité tout entière avec ses bons et ses mauvais côtés rendra le public plus sensible au dossier. La curiosité légitime de la presse participe de cette intervention de la société civile à l'intérieur de l'entreprise, au pont entre l'interne et l'externe. Ici aussi, le rapport de la LDH servira de voie de passage car les journalistes témoignent d'un réel intérêt pour la démarche de cette organisation.

Un rassemblement autour des 7

En mars, Paul Quilès débute comme ceci une lettre à la Ligue des droits de l'homme : *«Suite à la tenue du conseil de discipline concernant les agents du centre de tri de Lille-Lezennes, je tiens à vous informer de la conclusion de cette affaire»*. Le Ministre compte bien sur la *«conclusion»* de toute cette agitation. Paul Quilès ne vient-il pas d'opérer aux conseils de discipline et à leur suite, deux nouveaux reculs successifs en abaissant les exclusions de deux ans à une durée de six mois, et en limitant les déplacements d'office hors région au département, puis en réduisant à trois mois l'exclusion de Michel Mercier. Contrairement à ses attentes, le Ministre assiste à un nouvel élargissement du rassemblement autour des 7.

L'*«auto-amnistie»*, votée en avril 1990 au Parlement, renforce le sentiment d'injustice et crée un contexte favorable, les sanctions devenant effectives au même moment. Un journal régional titre: *«Pas d'amnistie pour les 7 de Lezennes»*.

Le collectif de soutien local avec l'aide de la LDH relance sa politique d'interpellation. Après la notification des sanctions, un nouveau dossier extrêmement complet est expédié à tous les députés du PS et du PCF ainsi qu'à la quasi-totalité des plus hautes autorités syndicales, politiques, associatives, universitaires, scientifiques, religieuses et artistiques se réclamant de la justice sociale dans ce pays[1]. D'autres signatures afflueront sur l'appel national.

1. Dossier comprenant notamment un fac-similé de la réponse du mois de février de Paul Quilès aux parlementaires intervenus en faveur des 7 .

Après avoir reçu les 7 avec la LDH le 14 avril, Pierre Mauroy écrit à Paul Quilès[1]. Le mouvement des jeunes socialistes du Nord rappelle *«qu'en aucun cas, le droit syndical comme le progrès social ne doit être remis en question»* et *«compte sur le Ministre et le gouvernement pour régler ce problème dans un souci de dignité de l'Homme»*. Bernard Roman, cette fois au nom de l'ensemble des parlementaires de la fédération du Nord du PS, fait parvenir au Ministre le 3 puis le 29 mai deux courriers successifs[2], communiqués à la presse : *«(...) Au-delà des sentiments individuels et des passions qui ont caractérisé ce conflit social, nous souhaitons que le gouvernement socialiste envisage des mesures d'apaisement. Les dix-sept parlementaires socialistes du Nord et moi-même sollicitons de votre part une rencontre qui permette d'une part, de procéder à un échange mutuel,et d'autre part, d'aboutir à une position cohérente entre les socialistes du département du Nord et les hommes qui le représentent au sein du gouvernement...»*

Les parlementaires du PCF du département se manifestent aussi, de même que les présidents des conseils généraux du Nord et du Pas-de-Calais et le président du conseil régional. A la demande des 7, Georges Hage dans l'impossibilité de poser une question orale à l'Assemblée Nationale, accepte volontiers de poser une première question écrite au Ministre. Parallèlement aux syndicats des PTT, la FEN départementale intervient auprès du Ministre.

1. Signalons ici une donnée probablement non négligeable. L'affaire des Sept de Lezennes fait très certainement l'objet d'arbitrages, au sein du gouvernement et du PS, sur la manière de traiter les conflits et plus généralement d'appréhender les mouvements sociaux. La fédération départementale du PS et Pierre Mauroy affichaient un réel différend, avec Paul Quilès, sur certaines méthodes adoptées, ne se réduisant pas à une opposition à l'amendement Lamassoure rappelée à plusieurs reprises par les principaux responsables socialistes du Nord. Sachant très vite qu'il ne s'agissait pas seulement d'une bavure, Pierre Mauroy, on peut le penser, ne s'est pour autant rendu compte qu'un peu plus tard (comme tout le monde) qu'il était en fait question dans sa ville, d'une opération de portée nationale liée au changement de statut des PTT et à l'orientation gouvernementale vis à vis des nouveaux syndicats. Le député-maire de Lille a alors reçu les Sept pour marquer un désaccord, la fédération du Nord du PS envisageant même sérieusement de faire une conférence de presse. Même s'il estimait que *«les grévistes y étaient allés un peu fort»* l'année précédente (en 1988), Pierre Mauroy était à la recherche de solutions permettant de *«rétablir les sanctionnés dans une situation conforme à celle qui précédait la procédure»*. Le maire de Lille aura beaucoup de mal à faire entendre son point de vue sinon même à garder le contact avec le Ministre. On peut se demander si les fabiusiens (dont fait partie Paul Quilès) n'ont pas utilisé cette affaire, autour du congrès de Rennes, pour mettre une pierre dans le jardin du premier secrétaire du PS de l'époque.

2. Bernard Roman écrira de nouveau au Ministre le 29 juin, puis un an plus tard, le 21 juin 1991, au sucesseur de Paul Quilès.

Le comité national de soutien est réuni pour la troisième fois. De tout le territoire, de nombreuses autres personnalités font entendre leur voix [1]. Une vingtaine de députés communistes et socialistes (de tous les courants - ou apparentés) interviennent ou réinterviennent, dont des dirigeants communistes et quatre membres du secrétariat national du PS. On comptera aussi deux anciens ministres (Jack Ralite et le professeur Léon Schwarzenberg), le président des Verts et des personnalités comme Charles Lederman, juriste et sénateur, Jean-Claude Casadesus ou Haroun Tazieff.

Le dossier rassemble sur l'aspect humain et pour la justice, de nombreux démocrates honnêtes. La mobilisation réelle de certains parlementaires communistes et socialistes est à replacer dans ce cadre. Un député de la Dordogne saisira neuf fois Paul Quilès puis Yves Cousquer, président de La Poste.

Un gala de soutien

Un gala initialement décidé pour payer les salaires de Philippe Legrand et Michel Mercier, en situation d'exclusion privative de toute rémunération, est transformé en nouvelle initiative sur l'affaire; sa limitation aux seuls objectifs financiers n'aurait pas manqué d'être interprétée comme un entérinement des sanctions. Au contraire, la manifestation revivifie l'exigence d'annulation des sanctions et fait rebondir la campagne.

En quelques semaines, véritablement tout ce que la région du Nord compte comme organisations ouvrières et démocratiques fait connaître son opposition aux décisions du Ministre. Les prêtres ouvriers de Lille, le curé de la bourgade de Lezennes appellent à participer au gala de soutien.

Le samedi 12 mai, la réunion publique l'après-midi, faisant office d'ouverture, forme l'enjeu de la journée. Un journaliste ne s'y trompera pas en écrivant à propos de ce deuxième meeting de la campagne : *« Une nouvelle étape d'une mobilisation engagée en décembre pour combattre les premières menaces de révocation et obtenir désormais la levée de toute sanction»*. Y participent Henri Noguères, dont ce sera la dernière réelle apparition

1. La liste exhaustive de ces personnalités est donnée en fin de livre en annexe 4.

publique pour l'homme qui toute une vie lutta pour ses idéaux de justice, Mgr Jacques Gaillot, Évêque d'Évreux, Léon Dion, syndicaliste (ancien responsable de la fédération CFDT habillement-cuirs-textiles), responsable de la revue *Collectif* et Annick Coupé, secrétaire générale de la fédération SUD. En introduction, un montage vidéo sur écran géant retrace les grèves à Lezennes de1988 et 1989 et le début de l'affaire. Après le débat public est proposée une partie spectacle payante *«7 heures pour les 7»*, jugée d'excellente facture, avec l'atelier-clown du Prato et Gilles Defacque, très connus sur la place lilloise puis un postier auteur-compositeur avant un groupe de jazz et enfin Philippe Val du duo *Font et Val* qui lui aussi a fait le déplacement pour soutenir les 7. Toute la journée, l'ambiance est, simplement, solidaire. La démonstration est encore un succès[1]. Près de six mois après, il est toujours possible d'agir pour l'annulation des sanctions. Henri Noguères invite à *«maintenir et augmenter la mobilisation»* pour défendre la cause des postiers sanctionnés en espérant que, plutôt tard que jamais, la pression de l'opinion provoque une levée des sanctions.

Suite au gala, Henri Noguères signe avec Mgr Jacques Gaillot et Gilles Perrault un courrier accompagnant une lettre des 7 postiers au Président de la République. A travers ce recours auprès du chef de l'Etat, chacun pense au 14 juillet qui approche et à l'amnistie toujours d'actualité à cette date[2]. Début juin, Henri Noguères a coup sur coup deux opportunités pour atteindre le Président de la République. Il est décoré de la Légion d'Honneur par François Mitterrand en personne et le lendemain, le Chef de l'Etat inaugure le nouveau local national de la Ligue des droits de l'homme. Au premier jour, Henri Noguères remet lui-même les documents au Président ; au deuxième jour, Henri Noguères insiste auprès de lui sur le mot *«amnistie»* et sur la valeur de l'affaire, le chef de l'État répondra penser à la traiter.

Dans une telle situation, alors que de tous côtés on s'exprime contre ses sanctions, Paul Quilès est contraint de prendre une nouvelle décision. Le

1. 450 personnes environ y assistent entre 14 h 30 et 20 h. Toute l'équipe de sonorisation est prise en charge par le conseil régional, du matériel est prêté par des municipalités de la banlieue lilloise.

2. Cette idée est depuis longtemps présente dans l'affaire. Bernard Dérosier, président du conseil général n'avait-il pas déclaré le 7 février : *«... Je trouve normal que la procédure suive son cours, quitte à envisager ensuite une amnistie...»*. Par ailleurs, on sait que l'entourage du chef de l'Etat est touché par le dossier dès janvier.

Ministre a véritablement tout fait pour que la gestion du dossier redescende au niveau de la direction du Nord mais la mobilisation le place une nouvelle fois devant ses responsabilités. *«On ne pensait pas que cela prendrait de telles proportions»* confessera plus d'un an après, le conseiller social du Ministre à une délégation du comité de soutien national. Mais le Ministre va encore manoeuvrer.

Double mystification

Première manœuvre

Par une série de lettres adressées le 21 juin notamment à Yves Jouffa, Bernard Roman, Pierre Mauroy, Mgr Jacques Gaillot..., Paul Quilès, *«après le vote positif du Parlement sur la réforme des PTT, dans un souci d'apaisement,* [informe] *avoir demandé expressément au directeur général de la Poste de prendre toutes les dispositions (...) afin que les agents restant suspendus de fonction soient réintégrés le plus tôt possible...».*

Ce courrier au ton ferme fait croire un instant que l'affaire se conclut favorablement. La suite des événements oblige à reconsidérer cet optimisme. En effet, le directeur départemental convoque dans le même temps, une commission administrative paritaire (CAP) *«siégeant en matière de mutations d'office suite à exclusions de fonction»*. Sept mois après le début de l'affaire, il se trouve encore 80 personnes pour se rassembler devant le bâtiment concerné pendant toute l'après-midi d'un mercredi. Les représentants du personnel, unanimes, votent la réintégration de Philippe Legrand et Michel Mercier à Lezennes et ceux de l'Administration, la mutation d'office ordonnée par le directeur. Comme le conseil de discipline, la CAP reste sans décision. Le directeur départemental, s'arrogeant alors, qu'on le veuille ou non, le rôle de juge et partie, décide la mutation d'office dans des bureaux de la communauté urbaine de Lille, pratiquant ainsi la double sanction : exclusion temporaire sans traitement puis mutation d'office. A ce moment-là, une fois encore, tous les sanctionnés ont la sensation que MM. Quilès et Philip peuvent disposer d'eux à leur guise[1].

1. En effet, selon la réglementation, le déplacement d'office ne peut constituer une sanction complémentaire à l'exclusion temporaire. Dans la pratique, cela arrive mais pour des cas de manquement à la probité en particulier.

Bernard Roman écrit à Paul Quilès : *« Votre mesure de «clémence» conduit en définitive les intéressés à subir de ce fait une double sanction ».*

Un des objectifs de toute l'affaire est définitivement compris à ce moment-là. *«La section syndicale est démantelée, tous ses responsables se trouvant dispersés dans divers bureaux de l'arrondissement. On est évidemment en face d'une atteinte incontestable aux droits syndicaux»* s'insurge Gérard Minet pour la LDH. Un journal lance : *«Après les sanctions, la chasse aux sorcières»*. Le mot *«bannissement»* est évoqué. La mesure ministérielle n'a en fait de conséquence positive réelle que pour Philippe Legrand dont la mise à pied d'une durée de six mois est ainsi ramenée à trois. En tout état de cause, la mise à pied de Michel Mercier était terminée le 5 juillet. Michel Mercier et Philippe Legrand déclareront : *«Dans ces conditions, nous aurions préféré faire tout notre temps d'exclusion sans traitement et revenir avec nos collègues de travail. L'issue aurait été plus honorable»*. On a voulu accréditer la thèse de la faute en sanctionnant différemment (exclusions temporaires ou mutations d'office) les agents concernés, considérés ainsi comme plus ou moins fautifs. L'Administration eût été plus «honnête» en sanctionnant tous les intéressés d'une mutation d'office, elle aurait eu ainsi le «mérite» de montrer tout de suite les objectifs poursuivis : éliminer du centre de tri des militants dérangeants...

Tel Candide, Paul Quilès écrira en substance à une personnalité : *«(...)Je ne comprends pas tout le battage fait sur une double sanction, la fraction activiste de SUD ayant réussi, avec une certaine habileté il est vrai, à faire de l'agitation là-dessus...»*. Mgr Jacques Gaillot et Gilles Perrault rédigent une nouvelle lettre avec Henri Noguères. Celui-ci intervient de manière très vive auprès de François Mitterrand à travers ses conseillers. *« C'est un pseudo-apaisement ; on vous a trompé»* dira-t-il.

Deuxième manœuvre

Le 9 juillet, à l'occasion de la signature du volet social de la réforme des PTT, le Ministre déclare : *«(...) J'ai décidé de lever toutes les sanctions, pas très nombreuses en vérité [1] prises depuis septembre 1989 dans le cadre de conflits suscités par la préparation de la réforme...»*. Le directeur ajoutant pour la presse : *«(...) le Ministre Paul Quilès a annoncé des mesures (...) sous forme d'une amnistie...»*. Le directeur précisera en août, dans un courrier

1. *«Peut-être peu nombreuses mais conséquentes»* écrira un journaliste en décembre 1990 dans l'hebdomadaire national *Profession Politique*.

envoyé à chaque sanctionné, la portée réelle de ces fortes déclarations. En fait, la mesure se limite à *«(...) effacer des dossiers toute trace relative à la peine disciplinaire infligée»*. Aucune sanction n'est annulée[1].

Dans la série, faire croire et ne pas faire ou en faisant l'inverse... Bien joué ! Le Ministre parle de *«réintégration des agents restant suspendus[2]»*. Mais loin d'être réintégrés au centre de tri à l'issue de leur exclusion temporaire interrompue avant terme, les deux intéressés en sont expulsés comme les autres sanctionnés.

Le Ministre fait parler d'amnistie[3] sans qu'aucune des sanctions ne soit levée dans la réalité, toute l'intelligence de cette *« forme d'amnistie»* étant de lui donner le contenu de l'amnistie présidentielle de 1988 [4]. Paul Quilès évite-t-il ou devance-t-il une décision éventuelle du chef de l'Etat ?

Cet épisode forme l'archétype de la tromperie permanente de cette affaire. En effet, Paul Quilès a pris le plus grand soin d'agir en deux temps et dans un certain ordre : il a muté d'office tous les sanctionnés avant de les *«amnistier»*. Or le texte visé relatif à l'amnistie stipule : *«L'amnistie supprime pour l'avenir la sanction disciplinaire (...) et ne revient pas sur un déplacement d'office dès l'instant que celui-ci a été prononcé antérieurement à la date de l'amnistie»*. Ainsi, avec ou sans *«amnistie»*, tout le mal qui est fait demeure[5].

1. Pour la petite histoire, le 23 juillet, la direction départementale fait un couac. Dans une note qui n'est pas signée par le directeur, elle écrit : *«.(.. .) le Ministre.(...) a décidé de lever toutes les sanctions(...)* [es sanctions] *retenues à l'encontre des agents du centre de tri de Lille-Lezennes sont exclues du champ d'application de la décision du Ministre»*. Que s'est-il probablement passé ? Dans le Nord, il semble tellement évident que la *«levée des sanctions»* veut dire leur annulation, qu'informée des limites de la mesure, l'Administration se croit permis d'annoncer que les Sept ne sont pas concernés ! Pour tromper l'opinion publique et le personnel, le Ministre est si ambigu que la hiérarchie locale, naïvement, précise... En août, le directeur rectifiera ce loupé.

2 . Ce faisant, il entretient sciemment la confusion entre *«suspendu»* et *«exclu»*. On a tellement parlé de *«suspension sans traitement»* (annoncée mais pas réalisée) que le mot *«suspendu»* ne donnera que plus de relief au terme *«réintégration»*. Or, à l'époque, il n'y a pas *«d'agents restant suspendus»* mais deux exclus temporaires. Il n'y a donc pas lieu d'utiliser le mot *«réintégration»* se disant du fonctionnaire révoqué et qui obtient sa réintégration. Ou alors, le verbe «réintégrer» a une autre signification, à savoir *«revenir dans un lieu qu'on avait quitté»* (Larousse et Petit Robert) ; ce qui n'est pas le cas.

3. En réalité, le Ministre ne peut pas accorder d'amnistie. Il l'avait d'ailleurs précédemment indiqué lui-même à un responsable socialiste du Nord, précisant que l'amnistie nécessite une loi. C'est pourquoi, il applique un texte préexistant et ne cite à aucun moment le mot *«amnistie»* mais le directeur départemental se chargera, lui, de l'employer.

4. Contrairement à celle de 1981 qui revenait sur les effets des sanctions prononcées, celle de 1988 fait seulement disparaître les sanctions des dossiers.

5 . A l'inverse, si celle-ci était intervenue avant l'interruption des exclusions temporaires, il y aurait été mis fin, en tout état de cause, et dans cette hypothèse une véritable réintégration à Lezennes devenait incontournable.,

Si cette *«amnistie»* représente certainement une concession, résultat de la mobilisation, elle a aussi et surtout pour fonction d'«enterrer» le dossier. D'ailleurs, pour le Ministre, le dossier s'arrête à ce moment-là. A chaque demande ultérieure d'annulation des sanctions, la réponse sera invariablement négative, sur le thème : il y a eu «amnistie».

Le ministre joue la montre

Avec l'interruption des mises à pied et surtout l'*«amnistie»*, Paul Quilès espère cette fois en finir définitivement avec le dossier. Pour gagner du temps et ne pas gâcher les possibilités d'une issue favorable, tout en n'entérinant pas la décision, SUD place Michel Mercier et Philippe Legrand en situation de permanent syndical. Décision refusée, dans un premier temps, par la direction au mépris du droit pour chaque syndicat de choisir ses permanents... Les deux resteront permanents syndicaux plus de huit mois.

Un énorme travail d'information[1] permettra de faire comprendre les mystifications, *«réintégration»* et *«amnistie»*, du Ministre et ainsi de maintenir intégralement le front constitué des syndicats, personnalités et organisations. Il s'agit alors de poursuivre l'action avec ténacité, même si elle entre maintenant dans une phase descendante. Il faut obtenir au minimum le retour immédiat de Michel Mercier au centre de tri, la remontée de la notation de Philippe Legrand et l'affectation de Murielle Fovet dans un service de nuit.

Grâce à l'insistance de Yves Jouffa, la fédération SUD obtient une audience auprès du cabinet du Ministre fin juillet 1990. A la suite de cette rencontre, dans un souci d'apaisement, SUD et la LDH s'interdisent toute intervention publique dans l'attente de la réponse promise. Le Ministre fera preuve de moins de compréhension, car la réponse ne parviendra jamais à la fédération SUD... C'est la LDH qui l'obtiendra mais... sept mois plus tard, en mars 1991 et il aura fallu pour cela deux nouvelles interventions d' Yves

1. Par l'envoi de centaines de courriers et une information à la presse ; un article paraîtra dans *le Monde Diplomatique, Témoignage Chrétien* .

Jouffa auprès de Paul Quilès[1]. Le Ministre faisait lanterner le mouvement de soutien, espérant son évanouissement, comme la vague sur le sable.

Entre temps, le Ministre a déniché une autre argutie pour refuser le retour de Michel Mercier au centre de tri. Il écrit : *«(...) les fonctionnaires de La Poste(...) obtiennent la résidence de leur choix en application de tableaux de mutation, qui sont soumis à des règles précises dans le cadre d'un système strictement paritaire auquel les services gestionnaires et les organisations syndicales sont très attachés. Leurs demandes sont ainsi instruites avec objectivité, et sans aucun ostracisme. Vous comprendrez qu'il n'est pas possible de modifier par décision discrétionnaire les classements résultant de l'application de ces règles; les faveurs accordées lèseraient en effet d'autres agents, très légitimement soucieux de voir régler les cas individuels de la manière la plus conforme aux droits acquis par chacun d'entre eux».*

Pour Paul Quilès, encore un peu et les personnes sollicitant la réintégration de Michel Mercier au centre de tri feraient de la tentative de corruption d'un Ministre n'écoutant que l'honnêteté de sa conscience. Quel aplomb ! En décidant de muter d'office tous les sanctionnés, Paul Quilès les enferme dans les procédures de mutation ; et le Ministre invoque... le respect des règles pour justifier son refus du retour au centre de tri. Personnel et syndicats réagiront en expliquant qu'à l'opposé de ce que laisse entendre Paul Quilès, la réintégration au centre de tri ne représenterait nullement un passe-droit, mais au contraire, une mesure d'équité.

Quelques jours plus tard intervient un changement de gouvernement sans que le Ministre n'apporte, avant de quitter son poste, la moindre réponse aux syndicats, au personnel et aux différentes personnalités le réfutant sur ses

1. En décembre 1990, le Ministre avait écrit à Yves Jouffa une première lettre aux termes très vagues. Dans la réalité, aucune réponse ne parvint. L'éventualité d'une conférence de presse nationale de protestation pouvant se tenir au siège de la LDH à Paris débloquera d'un seul coup l'annonce d'éléments nouveaux. En fait, le Ministre manœuvre encore et toujours. Il explique que *«la Poste ne s'opposera en aucune manière à la réalisation des vœux de mutation de Michel Mercier».* Ce faisant, Paul Quilès cherche ici à faire penser que Michel Mercier était interdit de demander Lezennes à la mutation comme PhilippeLegrand, ce qui n'était pas le cas. Paul Quilès est décidément un orfèvre dans le maniement du langage. Assimilant la situation de Michel Mercier à celle de Philippe Legrand, son annonce est interprétée comme une avancée. Mais, le Ministre se garde bien de faire savoir à Yves Jouffa que *«la réalisation des vœux de mutation»* ne se fait que de nombreuses années après leur formulation. Après explications de SUD à Yves Jouffa sur toutes les subtilités du jeu des mutations, celui-ci réinterviendra et obtiendra une réponse complète cette fois et définitive.

prétextes. Madeleine Rebérioux, nouvelle Présidente de la LDH écrira à Jean-Marie Rausch, Ministre successeur de Paul Quilès : il ne lui répondra pas. Georges Hage posera une deuxième question écrite à l'Assemblée Nationale, la réponse ministérielle reprendra les termes de la lettre de Paul Quilès à Yves Jouffa. Pendant de longs mois, aucune autre réponse n'est apportée aux interpellations répétées de personnalités diverses.

Le maintien au centre de tri d'une présence réelle de la sensibilité SUD est un acquis issu de l'histoire de l'entreprise, devant naturellement être préservé si on a le souci d'y maintenir une vie démocratique et syndicale normale. Assure-t-on le dialogue social quand on fait disparaître un des partenaires ? L'exigence de ce maintien se concentrera dans le droit au retour immédiat de Michel Mercier au centre de tri pour permettre la pérennisation d'une structure SUD à Lezennes, malgré la dispersion de l'équipe syndicale. Michel est le seul à maintenir sa demande de réintégration. Un travail opiniâtre permet de faire vivre l'idée-pivot autour de laquelle évolue maintenant l'affaire à savoir le droit à l'existence des syndicats que se donnent les salariés.

Une recommandation sans effet

L'examen du dossier, en octobre 1991, par le conseil supérieur de la fonction publique relance le dossier[1]. Quatre sanctionnés ayant maintenu leur recours, Murielle Fovet, Eric Lamant, Philippe Legrand et Michel Mercier, sont accompagnés de défenseurs du conseil de discipline de SUD PTT ainsi que de maître Jean-Louis Brochen du barreau de Lille et membre de la commission d'enquête de la LDH. La commission de recours est une instance composée paritairement de représentants des administrations et des syndicats de la fonction publique. Elle est présidée par un magistrat du conseil d'État. Les P et T sont représentés par le suppléant au poste, M.Stocki qui se trouve être la personne qu'avait désignée Paul Quilès comme... Président du conseil de discipline en février 1990. L'intéressé s'opposera ouvertement à toute modification des sanctions initiales[2]. Le conseil supérieur

1. En cas d'égalité des voix au conseil de discipline, le sanctionné peut introduire un recours auprès de cette institution. Le recours ne suspend pas la sanction. L'instance émet seulement une recommandation au Ministre que celui-ci peut suivre peu ou prou ou pas du tout. Le recours avait été déposé fin avril 1990...

2. Dans le communiqué de presse parlant de *«mascarade»* à propos de la grève de la faim, à la veille du conseil de discipline, la direction départementale avait écrit : *«Un recours sera possible devant le conseil supérieur de lafonction publique»*...

soulignera l'inconsistance des griefs et le caractère discriminatoire du choix des sanctionnés. Il relèvera également l'aspect *«règlement de comptes»* dans l'attitude de l'Administration.

De mémoire de conseil supérieur, c'est la première fois qu'une affaire de ce type, pour fait de grève, arrive devant cette instance jugeant d'ordinaire, à la suite des conseils de discipline, des problèmes de malversation, probité... Comme il est rarissime qu'une grève soit jugée par un conseil de discipline... Le conseil supérieur recommandera au Ministre de substituer le blâme aux déplacements d'office et l'exclusion d'une durée de quinze jours à celles de deux ans assorties de déplacements d'office. En premier lieu, l'institution opte ainsi pour les sanctions les plus faibles. En deuxième lieu, ces propositions de sanctions relevant normalement d'un niveau de conseil de discipline local montrent que dans l'esprit du conseil supérieur, l'affaire n'aurait jamais du prendre de telles proportions. Et enfin, la nature des sanctions recommandées implique le maintien des intéressés dans leur bureau d'origine. Cet avis du conseil supérieur démontre que les mesures d'*«apaisement»* ministérielles (interruptions des exclusions temporaires avant terme et *«amnistie»*) n'en sont pas.

Un désaveu certes pas total, mais un désaveu tout de même. Une instance avec une forme judiciaire palpant la réalité du dossier commence à prendre en compte la vérité.

L'opiniâtreté paye finalement

En octobre 1991, près de deux ans après, la LDH obtient une audience au ministère au nom du comité de soutien national. La rencontre tombe à pic, le conseil supérieur vient justement de se prononcer. Roger Rouquette, président de la *«commission droits économiques et sociaux»* de la LDH est accompagné de Gilles Perrault et Mgr Jacques Gaillot[1].

Pourtant, malgré cette délégation, malgré la recommandation du conseil supérieur, malgré les relances de plusieurs parlementaires et d'autres partenaires, l'affaire n'évoluera pas. Ils jouent encore et toujours le calendrier.

1. Le membre du cabinet du Ministre avouera être surpris par leur présence pour un événement tellement lointain. A l'aide de quelques fausses affirmations, il essaiera de dénigrer les sanctionnés mais devra rapidement s'interrompre, frappé par la connaissance approfondie du dossier par ses interlocuteurs.

Pour qui prennent-ils les personnalités qui s'engagent ?

Michel Mercier décide alors de repartir en grève de la faim. Cette idée le travaille depuis un moment et Michel fait l'analyse que l'avis du conseil supérieur de la fonction publique est le dernier moment important de l'affaire, donc la dernière occasion d'obtenir un résultat. Il ne supporte plus ce déni de justice, cet acharnement à refuser sa réintégration. A partir du 17 novembre, en lien avec quelques associations, l'intéressé prend toutes les dispositions nécessaires : un local est trouvé, l'appareil technique se met en place. Il annonce officiellement le 23, à l'Administration et à tous les partenaires que si la situation n'évolue pas, il part en grève de la faim à compter du 30 novembre.

Immédiatement, on perçoit de l'agitation dans les directions et au ministère. La fédération SUD interpelle La Poste.

Le 29 à 18 h 30, un représentant du cabinet du Ministre annonce à SUD le retour de Michel Mercier au centre de tri pour le 1er janvier.

Décidément, ils ne comprennent que le langage du rapport de force.

Jusqu'au dernier moment, on a encore craint une nouvelle entourloupe mais il n'y en avait probablement plus aucune possible. Sans nouvelle, Michel écrira au directeur départemental le 26 décembre. En réponse, celui-ci annonce *«(...) saisir l'opportunité du passage de la flamme olympique* [à Lille], *symbole d'unité et de fraternité, pour anticiper* [son] *affectation (...)* [par] *une prise de service à Lezennes dès le 6 janvier...»*. Fabuleux...

Vingt-cinq mois après, avec cette réintégration au centre de tri d'au moins un des sanctionnés, ils opèrent le sixième et dernier recul.

On n'acceptera pas que Michel retrouve sa place d'origine dans une brigade d'exploitation du centre de tri, il sera mis à l'écart dans un service isolé. A une lettre de protestation de Michel, la hiérarchie répondra : *«(...) Garant de la sérénité du centre, j'ai estimé préférable de vous affecter dans ce service...»*. Une pétition intersyndicale demandant la réintégration de Michel dans son service initial recueillera encore une fois la signature de presque tout le monde. Le secrétaire de la fédération du Nord du PS écrira dans le même sens au directeur départemental.

Michel réintégrera finalement sa brigade d'origine, le 5 octobre 1992, près de trois ans après...

Toujours pas d'annulation des sanctions

Roger Rouquette, au nom de la LDH intervient encore en janvier 1992 pour demander une décision du Ministre allant dans le sens de la recommandation du conseil supérieur, c'est-à-dire l'annulation des sanctions par la reconstitution de carrière des agents.

La Poste devenue entre temps exploitant autonome refusera de suivre l'avis du conseil supérieur de la fonction publique. Il faut dire aussi que le directeur général de l'époque est devenu président de La Poste autonome... Chacune des sanctions est maintenue : exclusions temporaires pour une durée de 24 mois dont 18 ou 21 mois avec sursis et déplacements d'office dans les limites du département. Une note d'accompagnement motive cette décision : *«Compte tenu des mesures d'apaisement prises par le Ministre en juillet 1990 (...) qui ont eu pour objet d'expurger votre dossier de toutes mentions relatives à la sanction, il n'est pas envisagé de revenir sur cette affaire»*. La réponse aux recours gracieux exercés aura le mérite d'être claire : *«Vous avez sollicité une reconstitution de votre carrière et le versement d'une indemnité compensatrice du préjudice subi. Je vous informe que les mesures d'apaisement précitées ont eu pour effet de supprimer la sanction pour l'avenir et non de revenir sur les conséquences financières ou professionnelles que cette sanction a pu entraîner»*. A un parlementaire, Yves Cousquer, le président de La Poste répond : *«Je considère donc, pour ma part, que l'affaire de Lille-Lezennes est définitivement close»*[1].

Les lecons de la solidarité

Cette affaire a commencé en 1989, année du bicentenaire de la révolution française. A la tête de ce pays démocratique, un gouvernement de gauche, arrivé au pouvoir grâce aux voix des salariés. Dans le local des grévistes de la faim, une affiche manuscrite était apposée : *«Janvier 1990. Voltigeurs*

1. Le même courrier du Président de La Poste indique la possibilité pour les agents concernés de revenir à Lezennes mais *«naturellement dans le respect de la procédure réglementaire en matière de mutation»*. Si cette affirmation, reprenant l'argutie de Paul Quilès, avait été appliquée pour Michel Mercier, celui-ci ne pouvait revenir au centre de tri avant de longs mois encore. Or, la mobilisation opiniâtre a imposé une décision politique de réintégration en dérogation à *«la procédure réglementaire»*. Reconnaître cette dérogation, c'est reconnaître que persistait auparavant une demande légitime de retour au centre de tri. Alors, on fait comme si... pour neutraliser les pressions tout en terminant de gérer le dossier. Jusqu'au bout, ils auront donc manoeuvré.

motocyclistes : prison avec sursis pour avoir assassiné Malik Oussekine. Exclusion pour des grévistes PTT innocents».

La mobilisation a tenu bon malgré un contexte politique international pourtant peu favorable. *L'affaire des 7*, en effet, a commencé en même temps que la chute du mur de Berlin et s'est poursuivie pendant la guerre du Golfe. Une conférence de presse nationale prévue fin janvier 1991 a même été annulée car l'opinion publique avait bien d'autres centres d'intérêt.

Dans cette situation, maintenir aussi longtemps une mobilisation aussi large n'était pas chose aisée. D'autant que nous avons eu affaire à un Ministre aux multiples facettes qui cultivait sciemment le double langage. Le niveau atteint par la mobilisation a permis de prolonger son existence pendant plus de deux ans. Mais il faut dire qu'au départ l'Administration et le Ministre ont créé eux-mêmes les conditions pour que se réalise une campagne aussi importante en plaçant la barre très haut.

Une main de fer dans un gant de velours

Tout au long de ce dossier, les reculs obtenus l'ont été grâce aux initiatives prises et à la ténacité de ceux qui se sont mobilisés contre les sanctions. A aucun moment, le Ministre n'a «spontanément» fait preuve de la volonté réelle d'apaisement, qu'il prétendait pourtant avoir.

La mobilisation pour la levée des sanctions étant sortie du cadre des PTT, le Ministre cherche à gérer au mieux la contradiction entre les objectifs de l'opération à l'intérieur des PTT et les demandes extérieures d'annulation des sanctions. Comment frapper assez fort ces postiers pour marquer l'ensemble du personnel et apparaître dans le même temps comme un homme à la recherche de l'apaisement, auprès de l'opinion publique ?[1] Pour y parvenir, Paul Quilès maintient contre vents et marées la thèse des *«fonctionnaires reconnus coupables de faits graves»* pour mieux mettre en valeur la modération *«de sanctions notablement inférieures par rapport à celles initialement proposées».*

On demande sept révocations pour fait syndical dans la fonction publique ce qui frappe obligatoirement l'opinion et laisse penser que les faits ont du être extrêmement graves. Ensuite on désamorce en atténuant le niveau des

1. Dans un courrier à la Ligue des droits de l'homme en décembre 1990, le Ministre écrit : *«Vous avez pu constater que j'avais su trouver le juste équilibre entre les souhaits d'apaisement que vous manifestiez et les nécessités d'assurer le bon exercice de l'autorité...»*

sanctions. Il s'agit de donner l'impression aux personnes étrangères aux PTT que finalement, les sanctions sont plutôt légères.

Le ministère a pu craindre aussi que l'impact important de la campagne en faveur des *«7 de Lezennes»* dans le Nord ne s'élargisse au niveau national si les demandes de révocations étaient maintenues. A la veille de la présentation du projet de loi modifiant le statut des PTT, la répression destinée à freiner les ardeurs du personnel ne doit pas se retourner en son contraire, en créant un abcès de fixation.

L'objectif premier de Paul Quilès reste d'apparaître vis-à-vis des personnalités comme un homme réel de dialogue. Y compris à l'égard de la LDH, il emploie un ton et une attitude fort différents de ceux qu'il utilise avec les 7 ou la fédération SUD. Il répondra avec attention et de manière systématique aux interventions des personnalités, particulièrement aux parlementaires. Ses réponses seront parfois formelles mais dans la plupart des cas, sans mettre quelque chose d'effectif dans la balance, il cherchera pourtant à faire croire à une concession de la part de l'Administration.

En 1989, souffle un vent de liberté en Afrique du Sud et surtout à l'Est. En janvier 1990, Paul Quilès accueille un convoi humanitaire de camions jaunes de retour de Roumanie, pendant qu'il s'en prend à une liberté au sein même de son ministère. Les libertés ne forment-elles pas un tout indivisible ? Les salariés, les démocrates ne s'y trompent pas[1] .

Une mobilisation ouverte sur l'extérieur

Il eût été impossible de mener une lutte comme celle-là en la limitant au strict cadre de l'entreprise. En effet, cette dernière est le terrain privilégié de la revendication matérielle. Or, ici, il s'agit d'une lutte d'idées impossible à porter dans une entreprise pendant deux ans par le seul biais syndical.

En lançant sa machination, le Ministre, conscient de cette réalité, compte bien ainsi éviter les vagues. Il ne s'attend certainement pas à une réaction en dehors de l'entreprise. L'engagement durable de personnalités et d'organisations démocratiques a maintenu l'espoir, notamment au centre de tri, d'une issue un tant soit peu positive à l'affaire. La campagne lancée ainsi

1 . *Nord-Eclair* du 6 février 1990 écrit pour ses lecteurs *«que tout au long de* [la manifestation du 5 février] *le nom du Ministre des PTT a été scandé sans ménagement puisqu'il se voit maintenant affublé du surnom de «Quilescescu» et que les manifestants scandaient à son endroit quelques slogans le mettant en parallèle avec le dictateur roumain».*

sur le terrain des libertés syndicales et même démocratiques permettra en retour de maintenir à l'intérieur de l'entreprise l'unité du personnel et des syndicats sur le dossier. Sans cette mobilisation extérieure, certaines habitudes auraient vite été reprises. Les syndicats ont tous adopté dès le départ des positions claires ; ils les ont maintenues. Les personnalités, les organisations, les syndicats, la presse, le public, le personnel apportaient, chacun, des éléments qui ont créé une dynamique[1]. Systématiquement, à chaque étape de l'affaire, sont intervenus de manière convergente auprès du Ministre, le personnel et les syndicats, le collectif de soutien, les personnalités, les organisations et les partis politiques. Ainsi, tout le front constitué progressait et agissait au même pas. Cette politique attentive augmentera tous les jours un peu plus le nombre des personnes reprenant peu ou prou la thèse des 7 et du collectif de soutien. Plus large est le soutien, plus s'impose le caractère non-fondé des accusations à l'origine des sanctions.

Les initiatives rassemblent

A chaque étape de l'affaire, les 7, SUD et les comités de soutien national et local prennent des initiatives. Il s'agit de trouver les actions qui rassembleront les salariés, syndicalistes et démocrates révoltés par cette affaire en particulier dans la région pour percuter l'opinion et mobiliser davantage. A aucun moment, il ne s'est agi de se contenter de parler de modération ou d'aménagement des sanctions.

C'est le maintien jusqu'au bout de cette demande formulée clairement : *«annulation de toute sanction»* qui a permis à ces initiatives d'être des réussites. Pourquoi ?

Sauf à penser qu'il y a eu faute de la part des 7, c'est la seule revendication légitime, donc la seule à même de faire agir tous ceux et celles que cette affaire indigne. En corollaire, ces iniatives ont permis de faire durer dans le temps la mobilisation alors que Paul Quilès a utilisé au maximum le facteur temps pour démobiliser. Le maintien du rapport de force était seul à même de préserver la possibilité et l'espoir de déboucher, et donc de ne pas reculer sur les exigences formulées.

1. Par exemple, l'idée du texte de co-inculpation signée par 72 agents a été émise par le collectif de soutien, la journée badgée du personnel réclamant le retour des sanctionnés à Lezennes aussi...

La vérité isole

Que de chemin parcouru depuis les bruits qui couraient tout à fait sérieusement au début de l'affaire : les sanctionnés avaient enfermé pendant toute une nuit le directeur départemental dans sa voiture, un des sanctionnés avait soulevé de terre un cadre pour le pousser... Pas à pas, la mobilisation a fait ressortir la vérité. Peu à peu, cette affaire est apparue clairement et très largement pour ce qu'elle était. En fait, le Ministre a perdu l'initiative réelle dès l'apparition de la LDH dans le dossier. Les reculs eux-mêmes auxquels il a été contraint ont éclairé le dossier.

Le premier d'entre eux, lorsque la hiérarchie revient sur les révocations, montre qu'il s'agit d'une affaire politique. En effet, si les intéressés sont effectivement coupables de faits graves, *«séquestration»*, *«voies de fait»*, pourquoi la révocation n'est-elle pas maintenue comme proposition de sanction au moins jusqu'au conseil de discipline, quitte à faire preuve de clémence à son issue ? Il n'existe qu'une seule réponse à cette question. En reconnaissant à ce moment-là qu'il n'y a pas matière à révocation, ils avouent eux-mêmes avoir menti, que les faits ne sont pas fondés et que, par conséquent, il ne devrait pas y avoir de sanction du tout. La campagne commence à révéler, à travers ce premier recul, la nature réelle des objectifs poursuivis.

L'intervention des personnalités fera, elle aussi, progresser le dossier. Gilles Perrault au meeting du 13 janvier : *«Une sanction quand elle est injuste, qu'elle soit grande, petite ou moyenne, est toujours une sanction injuste»*. Cette formule donnera du corps pour le long terme à la demande d'annulation de toute sanction. Le 12 mai, lors du gala de soutien, Léon Dion, Henri Noguères et Mgr Jacques Gaillot apportent des idées nouvelles. Henri Noguères affirme : *«Je m'insurge contre cette répression sélective (...) Ici, on choisit d'isoler un certain nombre de militants représentatifs d'un syndicat qui dérange. Ce n'est pas comme cela que fonctionne la justice(...)Si on attaque le syndicalisme, on atteint la démocratie»*. Henri Noguères assure voir dans le dossier une volonté de limiter les libertés syndicales et l'action collective en *«prenant comme têtes de turc des syndicalistes aisément identifiables»*.

L'ancien Président de la Ligue des droits de l'homme juge *«grave de voir un Ministre socialiste adopter les mêmes méthodes que certains patrons du privé»*.

C'est cette mobilisation à l'extérieur des PTT qui a principalement inquiété le Ministre. Le directeur départemental confessera : *«Vous avez mis le Ministre à toutes les sauces»*.

Du fait du large soutien et à cause des réactions de Paul Quilès et Jean Philip, le dossier des *7 de Lezennes* est devenu une affaire politico-syndicale. Les appréciations suivantes sont apparues successivement et progressivement : répression anti-syndicale et atteinte aux droits syndicaux, discrimination, déni de justice, les libertés ne s'arrêtent pas à la porte des entreprises, double sanction, droit à l'existence des organisations syndicales que se donnent les salariés... Ce sont ces différentes facettes du dossier qui ont fait vivre la seule et unique revendication posée depuis le début : *«zéro sanction !»*. Car, en effet, on ne fait jamais perdurer une exigence en la répétant sous la même forme à l'infini. Dans le cas présent, la mobilisation a apporté des idées qui ont alimenté... la mobilisation ! De décembre 1989 à juillet 1990, la disparition de l'affaire espérée par Paul Quilès à chaque rabottage des sanctions a toujours été rattrapée par la réflexion et la compréhension du fond du dossier, construites notamment à travers les initiatives ponctuant chaque évolution du dossier. Les 7, la fédération SUD et le mouvement de soutien se sont ainsi adaptés à chaque nouvelle situation. La compréhension des salariés et des démocrates progresse de la même manière pas à pas. Au meeting du 13 janvier, chacun saisit la discrimination syndicale. En juin, lorsque les derniers sanctionnés sont éparpillés, l'opinion comprend qu'il s'agit en fait de se débarasser d'un syndicat. Les 7 eux-mêmes et la fédération SUD prennent conscience un peu à la fois de l'ampleur du problème. Si certains dans les premières semaines de l'affaire ont pu croire à une bavure locale, il en sera tout autrement quelques mois plus tard.

Une certaine idée de la citoyenneté

Cette affaire a tracé un trait d'union entre l'entreprise et la société civile. Un conflit du travail est devenu un dossier social sur les menaces aux libertés publiques. Des liens réels s'étant tissés entre des syndicalistes, des démocrates et des politiques, l'affaire a permis de remettre en avant certaines valeurs fondamentales du mouvement syndical et social. L'entreprise est un lieu public, la dignité doit y être préservée. Ces débats ont-ils eu des conséquences, tout au moins dans la région Nord, sur l'image de marque de La Poste, sur une certaine idée du service public, d'un côté auprès des grosses entreprises, les gros usagers, de l'autre auprès des couches populaires, les petits usagers ? Probablement. Cette affaire a renforcé une certaine idée du mouvement syndical, une certaine image du syndicalisme qui, à l'opposé des reniements et des revirements, met en avant le mot solidarité. La méthode d'action adoptée face à la répression était aux antipodes d'un certain syndicalisme de la non-vague et des discussions dans les salons feutrés.

L'attitude de l'Administration face à la mobilisation a d'une certaine manière réhabilité le syndicalisme. Beaucoup ont perçu que pour une certaine hiérarchie, discuter ses décisions, c'est porter atteinte à son libre arbitre. De plus, ils ont fait passer, de fait, tous les soutiens pour des personnes irresponsables ou inconscientes. Paul Quilès l'écrit en mots doux : *«Des personnalités , parmi lesquelles figurent quelques socialistes, ont signé cet appel ; plusieurs d'entre elles ont regretté ensuite de ne pas avoir pris la précaution de vérifier les informations qui leur étaient données»* et le directeur départemental de rajouter : *«Une information très complète a été donnée à chacune des personnalités afin que leur générosité ne soit pas trompée par l'exposé d'une version mensongère des faits»*[1].

L'attitude de ces hommes montre l'absolue nécessité d'un contre-pouvoir et redonne de la vigueur à l'idée que tout bien considéré, le syndicalisme indépendant est utile. A ce titre, ce combat est profitable pour l'avenir. Il participe d'une certaine éducation des militants sur la défense des libertés syndicales dans leur ensemble.

La raison du plus fort n'est pas toujours la meilleure

Malgré leur isolement, deux personnes, le Ministre et le directeur maintiennent la thèse de la séquestration . Deux instances en forme de justice administrative (le conseil de discipline puis le conseil supérieur de la fonction publique) se sont exprimées contre leurs décisions. On l'a vu, ils s'en sont moqués sauf lorsque ces prises de position étayaient la mobilisation, les poussant ainsi dans leurs retranchements. Il y a eu six reculs successifs réels : on est passé de la révocation à l'exclusion de deux ans et aux mutations hors région, puis au sursis de 18 mois, ensuite de 21

1. Lettre de Paul Quilès aux parlementaires et article de Jean Philip paru dans l'hebdomadaire *Profession Politique*. .

mois et aux mutations dans le département puis dans la communauté urbaine de Lille, après à l'interruption des exclusions fermes et à l'amnistie et pour terminer à la réintégration de Michel Mercier au centre... Mais les sanctions demeurent. Pour autant, si les 7 avaient été isolés, on peut penser que sans subir probablement en final une révocation, le Ministre n'ayant pas besoin de martyrs pour son image de marque, ils auraient certainement été beaucoup plus lourdement sanctionnés. Ils n'ont pas cédé sur le fond. Le refus opposé à la demande de reconstitution des carrières montre qu'ils dénient aux sanctionnés le droit à une réhabilitation. A ce jour, aucun des préjudices financiers et moraux causés aux intéressés, comme à SUD, n'est réparé.

La réintégration de Michel Mercier représente, et c'est plus qu'un symbole, la reconnaissance de l'action syndicale dans l'entreprise. Mais *«c'est une victoire amère»*, avoue Michel Mercier, *«nous avons tous supporté des situations douloureuses, nous avons été dispersés...»* [ajoutant] *«C'est une victoire qui s'est payé cher, il ne faut pas l'oublier»*[1].

La logique répressive et discriminatoire ainsi que le déni de justice sont toujours là bien présents.

Après le conflit de 1989 chez Peugeot, au cours duquel on a voulu licencier un délégué CFDT et attaquer au tribunal les municipalités et le comité d'entreprise ayant aidé les grévistes, Jacques Calvet a annoncé fin 1990 qu'il passait l'éponge sur les sanctions infligées aux grévistes. Finalement, le Ministre ne l'a pas fait chez lui. Paul Quilès, son successeur et Yves Cousquer, président de La Poste se calent, dans toutes leurs réponses, sur la mesure dite *«d'amnistie.»* Mais on l'a dit, cette *«amnistie»* cherchait aussi et surtout à enterrer le dossier car finalement amnistie d'une faute veut dire qu'il y a eu faute. Plus largement, tant qu'il y a sanction, c'est qu'il y a faute alors que les 7 n'ont commis d'autre faute que de participer à une action de grève collective.

1. *Nord-Eclair* et *Nord-Matin* région du 26/1/1992

Les 7 en chiffres
Un budget de 226 000 F *

*(*arrondis au millier de francs supérieur)*

Pertes de salaires pour les 7		87 000 F

– dont 42 000 F pour les exclusions temporaires, le reste se répartissant en remboursement des primes, heures de nuit et retard à l'avancement.
Rappel : sans une véritable amnistie, les deux exclus temporaires devront travailler trois mois de plus pour bénéficer de leur retraite à taux plein.

Dépenses de la campagne		
– initiatives publiques		
manifestations		2 000 F
débat public		8 000 F
gala		18 000 F
– conseils de discipline		19 000 F
– encart dans *Libération*		29 000 F
– voyages		11 000 F
– tracts et affiches		52 000 F
	Total	226 000 F

Soutien		
– souscription au centre de tri**		39 000 F
– souscription interne à SUD		50 000 F
– cartes postales		24 000 F
– souscription nationale		78 000 F
– subvention fédération SUD		35 000 F
	Total	226 000 F

*** Pour assurer la transparence de l'utilisation de cette solidarité financière, un collectif de gestion avait été mis en place au centre de tri ; il était composé de syndiqués SUD et CGT et de non-syndiqués.*

TROIS AVOCATS POUR LES « 7 » DE LEZENNES

Meeting et gala de soutien aux sept de Lezennes hier à Lille. A la tribune, Henri Hoguères, ancien président de la ligue des droits de l'homme, Mgr Gaillot, évêque d'Evreux et Léon Dion, syndicaliste.

"ON ne règle pas des conflits sociaux par la répression". C'est Mgr Gaillot qui s'exprime. Il résume ainsi parfaitement la présence commune, autour des « sept » de Lezennes, d'un homme d'Eglise, d'un représentant d'une organisation de défense des droits de l'homme et d'un syndicaliste.

Le rassemblement d'hier organisé en signe de soutien au postiers sanctionnés par le ministre des P.T.T. Paul Quilès a pris valeur de symbole : il n'est plus seulement question de régler le problème de Lezennes, mais de défendre les libertés, syndicales mais pas seulement, et le droit à la revendication.

C'est du moins ce qu'ont tenté d'exprimer, chacun par rapport à son propre engagement, les trois intervenants qui s'étaient déplacés à l'appel des « sept » et de leur collectif de soutien.

Un film, tout d'abord. Avant les prises de parole. Un film qui retraçait les "grands moments" des mouvements de grève de Lezennes en 88 et 89. Pour faire le point face aux quelque 200 sympatisants qui s'étaient rassemblés salle Concorde, à Lille.

"Je pense que tout syndicat doit se mobiliser quand un autre est visé par la répression" expliquait Léon Dion, secrétaire général d'Hacuitex (C.F.D.T.) de 73 à 86. "Le droit syndical appartient aux travailleurs, les syndicats n'en sont que les gérants" a-t-il insisté témoignant ainsi de sa volonté de lutter d'abord pour la légitimité de l'action revendicative.

Pour Mgr Gaillot, être à Lille hier signifiait "joindre le geste à la parole". Signataire de l'appel des « sept » en décembre dernier, il entendait ainsi poursuivre sa démarche. "Rien de ce qui est humain n'est étranger au ministère de l'Evêque" ajoutait-il, "en particulier lorsqu'il s'agit des libertés, et de la liberté syndicale... qui ne s'arrête pas aux portes des entreprises".

« Autant d'énergie pour la répression »

"Il est important de soutenir les militants" devait également déclarer l'évêque d'Evreux, "quand je pense à la loi d'amnistie qui manifeste l'injustice de notre justice, je comprends mal que l'on cherche des noises aux syndicalistes. Quand je vois des événements comme ceux de Carpentras, qui suscitent l'indignation et réclament la mobilisation de l'opinion publique, je m'étonne qu'on mobilise autant d'énergie à la repression syndicale. N'y a-t-il donc pas d'autres combats à mener ?".

L'incompréhension face aux sanctions infligées aux « sept » de Lezennes, Henri Noguères, avocat et ancien président national de la ligue des droits de l'homme la partage totalement. Il y ajoute sa volonté de "combattre l'arbitraire". Pour les « sept » de Lezennes, comme pour les « dix » de Renault à Boulogne-Billancourt qu'il avait été amené à défendre, Henri Noguère dénonce "la repression sélective" qui consiste à s'attaquer "aux syndicalistes facilement identifiables". "A Boulogne Billancourt, ce sont les délégués et les responsables syndicaux qui étaient poursuivis, ils n'étaient pas plus coupables que les autres. Ici c'est pareil, on choisit d'isoler un certain nombre de militants représentatifs d'un syndicat qui dérange. Ce n'est pas comme cela que fonctionne la justice" a-t-il affirmé lors d'une conférence de presse.

Durant le débat, il a rappelé également que la Ligue des Droits de l'Homme, lors de son 70e congrès à Arras il y a quelques semaines, avait adopté une résolution de soutien aux « sept » de Lezennes et que sa présence à la tribune des « sept » n'était que la continuité d'un engagement de toujours. "Quilès devrait savoir que dans un pays comme la France, si on atteint le syndicalisme, on atteint la démocratie" a-t-il conclu.

C.R.

Nord-Eclair
du 13 et 14 mai 1990

La carte postale de soutien aux 7 dont le dessin a été solidairement réalisé par Siné.

Je, soussigné(e), exige du Ministre des PTT :

*- qu'**aucune** sanction ne soit prise à l'égard des 7 agents des PTT de Lille*

- que la plainte déposée par l'administration soit retirée.

Nom :

Prénom :

Profession :

Signature :

Dispensé d'affranchissement

Monsieur le Ministre des PTT

20 avenue de Ségur

75007 PARIS

VIVRE C'EST NE PAS SE RÉSIGNER

Jacques Gaillot – Évêque d'Évreux

Plongé dans l'épais dossier de *«l'affaire»*, j'en refais paisiblement la lecture. Les événements se déroulent comme dans un film . Le dossier de presse restitue bien l'ambiance des luttes, des rencontres, des incompréhensions...

Au fur et à mesure que j'avance dans ma lecture, des paroles de Camus me viennent à l'esprit et s'imposent à moi : *«Vivre, c'est ne pas se résigner»*. Paroles qui sont une sorte de fil rouge pour comprendre ce qui s'est passé et donner sens aux multiples interventions. Car cette volonté de ne pas subir, ce refus de mentir éclairent le combat qui a été mené. *«Quand un travailleur, quelque part au monde dresse ses poings nus devant un tank et crie qu'il n'est pas esclave, qui sommes-nous donc si nous restons indifférents ?»*. C'est encore Camus qui parle. C'était en 1953 lors des événements de Berlin-Est. Car on peut passer sa vie en réussissant à ne jamais la risquer.

On peut même passer plus de temps à regarder la vie des autres qu'à vivre soi-même et à vivre engagé. La télévision ne nous habitue-t-elle pas à faire de la vie un spectacle ?

«Que sommes-nous donc si nous sommes indifférents ?»

Des lettres, des téléphones me sont parvenus pour me dissuader d'intervenir dans cette affaire des postiers de Lille. Pourquoi ? Ce n'est pas mon rôle. Je suis mal informé, et surtout l'affaire n'est pas défendable. Enfin, je ne rends pas service à l'Église.

C'était oublier une rencontre avec Henri Noguères, avocat à la cour et ancien président nationale de la Ligue des droits de l'homme. J'avais fait sa connaissance en Turquie à Ankara au cours d'un long procès au tribunal. Nous étions venus soutenir deux prisonniers politiques. Des liens d'amitié s'étaient créés.

J'admirais son courage, sa ténacité dans la défense des droits de l'homme. Il ne supportait pas l'injustice. Quand il s'apercevait qu'on ne tenait pas parole, il ne mâchait pas ses mots. Dans la lettre qu'il m'adresse ainsi qu'à Gilles Perrault, le 3 juillet 1990, il écrit : *«Malheureusement Paul Quilès a trompé le chef de l'État comme il vous a vous-même trompé, ainsi que Bernard Roman en vous annonçant la manifestation imminente de sa clémence». «J'ai décidé dans ces conditions de mettre les pieds dans la porcelaine de Sèvres. D'où la lettre que j'adresse à M.Kahn* (chargé de mission auprès du Président de la République) *et dont j'envoie copie à Paul Quilès avec une carte comportant la mention «de la part et* sans *les compliments de...».*

C'est Henri Noguères qui m'a décidé à intervenir. Avec lui, je n'allais pas en terrain inconnu.

Malgré la maladie qui allait bientôt l'emporter, il est venu à Lille. A nouveau, je me trouvais à ses côtés. Ses paroles enflammées prennent aujourd'hui tout leur poids. Ce fut son dernier combat. Par sa mort, une grande voix s'est tue. Mais d'autres militants se sont levés pour prendre la relève.

Dès le début, où tomba la nouvelle des postiers sanctionnés, les 7 prirent contact avec moi. Par téléphone et par lettre, ils me firent part régulièrement de l'évolution de la situation. Je recevais tous les éléments du dossier au fur et à mesure de leur parution. Au fil des semaines, des liens d'amitié et de solidarité se tissèrent.

Un jour, un des 7 me dit : *« Si tu pouvais venir à un gala de soutien que nous organisons, ce serait drôlement important pour nous. On en a sacrément besoin en ce moment».*

Les sanctionnés sont le type même de tous ces militants qui ne baissent pas les bras car ils ne veulent pas s'écraser, qui continuent à se battre malgré tous les coups qu'ils reçoivent, qui n'ont pas peur de parler tout haut alors que le silence les protégerait, qui savent ce qui leur en coûte pour leur avenir de tenir tête car la lutte est tellement inégale !

Ils sont minoritaires dans le combat, mais ils ne sont pas seuls. Les familles font corps. Des syndicalistes et des associations apportent leur soutien. Les prêtres ouvriers et le curé de Lezennes répondent présents.

Je prends le train pour aller au gala de soutien. Auparavant, j'avais écrit à l'évêque de Lille pour le prévenir de ma venue.

Dans le train, je pense à l'affaire de Carpentras. La France entière est sous le choc. Tout le monde en parle. C'est l'événement. On ne peut rencontrer un journaliste sans qu'il vous demande votre opinion. Devant les questions posées par la profanation des tombes juives, l'acharnement contre un jeune syndicat paraît bien dérisoire. Pourquoi précisément un tel acharnement ?

Je pense aussi aux lois d'amnistie qui viennent d'être votées et qui m'ont irrité au plus haut point. Une fois de plus, les puissants sont mieux protégés que les faibles. Deux poids, deux mesures dans la justice. Alors pourquoi de telles sanctions contre lessept postiers ?

Je trouve la question sans réponse dans ma tête.

Le moment est venu de rédiger quelques mots pour les journalistes et pour le débat.

Ma présence parmi vous est un geste de solidarité. Ayant apporté mon soutien aux 7 de Lezennes en décembre dernier, j'ai tenu à joindre le geste à la parole. C'est une même démarche. En respect avec l'Église qui est à Lille et avec son évêque.

Rien de ce qui est humain n'est étranger au ministère de l'évêque. Surtout quand il s'agit des libertés, et des «libertés syndicales qui ne s'arrêtent pas aux portes de l'entreprise».

Après les lois d'amnistie qui ont montré l'injustice de la justice, je comprends mal ce procès intenté à des militants. Au moment où les événements de Carpentras soulèvent l'indignation nationale et réclament une mobilisation de l'opinion publique, je m'étonne que l'on perde tant d'énergies à la répression syndicale.

N'y a-t-il pas mieux à faire aujourd'hui que de chercher à sanctionner des syndicalistes ?
N'y a-t-il pas d'autres combats à mener que ceux qui pénalisent des militants ? On ne règle pas les conflits sociaux par la répression.
Je suis venu à Lille pour joindre ma voix à la vôtre, à celle de vos organisations, à celle des hommes et des femmes de bonne volonté. Pour réclamer avec vous l'annulation de toute sanction et trouver, pour le bien de tous, les voies de l'apaisement.

Le train arrive en gare de Lille. En voyant les 7 pour la première fois, je devine toute la détermination qui les habite.

«Vivre, c'est ne pas se résigner».

RÉPARATION D'UNE INJUSTICE

Roger Rouquette
Président de la Commission *Droits économiques et sociaux* de la Ligue des droits de l'homme

L'affaire des 7 de Lezennes est un cas d'école du type d'action que doit mener la Ligue des droits de l'homme lorsque sont bafoués les droits élémentaires de l'homme. Travail sur dossier et à cet égard, ouvrant à nouveau le dossier pour rédiger le présent papier, c'est près de vingt centimètres d'épaisseur de documents qui sont consacrés à cette affaire. Mais travail sur le terrain également, à partir du moment où le Comité central de la LDH a décidé, lors de sa réunion du 16 décembre 1989, sur proposition d'Yves Jouffa, alors président, et de Gérard Minet, de me confier une mission d'enquête ayant *«pour objet les incidents survenus dans la nuit du 30 novembre au 1er décembre ainsi que les conditions d'exercice du droit syndical dans l'établissement du centre de tri de Lezennes».*

Le 22 décembre, la commission formée de Jean Louis Brochen, Gérard Minet et moi-même, procède sur place aux auditions. Travaillant rapidement – la situation le justifiait – la commission rend public son rapport le 10 janvier 1990.

Il n'est pas inutile de rappeler la conclusion de ce rapport qui, comme l'a écrit la section de Lille de la Ligue des droits de l'homme, reste le document de référence sur *l'affaire des 7 de Lezennes* : *«En résumé, la commission constate que la volonté - justifiée ou non, elle n'a pas à en juger - de la direction de mettre fin à une situation jugée laxiste, jointe à des erreurs psychologiques a amené des incidents dans la nuit du 30 novembre au 1er décembre au cours desquels le directeur départemental est resté une nuit au centre de tri.*

La volonté de retenir n'est pas prouvée. Les faits ont été volontairement grossis auprès de la presse le lendemain. L'apaisement des esprits et la reprise du dialogue social souhaités par le nouveau chef de service départemental passe par l'arrêt de la procédure disciplinaire et par le retrait de la plainte contre les 7.

L'épreuve vécue par tous aura servi à mieux faire comprendre à chacun la nécessité d'une remise à plat de l'organisation actuelle et à une adaptation des moyens aux besoins du service ensuite, pour intégrer au mieux les situations personnelles, sans perdre de vue la finalité d'un centre de tri, ni les exigences d'un service public de qualité».

Pour la suite de l'affaire, la LDH a travaillé à sa place : elle n'a pas à se substituer aux organisations syndicales ; ce sont elles qui mènent l'action. Mais la Ligue des droits de l'homme doit aider cette action, tout en gardant son libre arbitre : ce n'est un secret pour personne qu'il est arrivé — très rarement — que la LDH et ceux qui menaient la lutte n'aient pas été d'accord sur les modalités de l'action.

Quoi qu'il en soit, après bien des péripéties, *l'affaire des 7 de Lezennes* va bientôt appartenir à l'histoire. C'est avec un sentiment de fierté que, pour ma part, j'aurai apporté ma pierre à la réparation d'une injustice.

Chapitre 9
LES VRAIES RAISONS

Le fait du prince

Dans tous les conflits, il y a une part d'irrationnel dans l'attitude des protagonistes. Malheureusement ici, cette part a probablement joué un rôle important.

Le 30 novembre 1992, trois ans après jour pour jour, «*Jean Philip, directeur départemental refuse de recevoir Michel Mercier, secrétaire régional adjoint, membre d'une délégation du syndicat SUD Nord-Pas de Calais, pour «raisons personnelles» ! Il s'agit d'une rancune crispée... Un véritable responsable se doit d'être impartial et de savoir maîtriser ses sentiments. Il doit être capable de surmonter les éventuels problèmes de relation avec ses interlocuteurs et n'a pas à s'immiscer dans le fonctionnement des organisations syndicales...*[1]». Est-il besoin d'ajouter autre chose...

Quilès, tendresse

«*Lorsque Quilès, au congrès du PS de Valence en 1981, demandait que des têtes tombent, on ne savait pas que ce serait celles de militants syndicaux, n'hésitait pas à constater lundi soir l'un des participants* [à la manifestation du 5 février 1990][2].»

1. Extraits des affichettes locale et régionale et d'un tract du syndicat régional SUD de décembre 1992.
2. *Nord-Eclair* du 6 février 1990.

M. Quilès, pour beaucoup de gens, c'est une paire d'yeux bleus qu'une caméra complaisante serre de près. Quand on élargit le champ, sa réputation lui prête un caractère cassant, sinon autoritaire et ne supportant pas la contradiction. On est loin de l'homme du dialogue que lui-même et son service de communication ont tenté de façonner en particulier à travers le rapport Prévot. Toutes les personnalités ayant interpellé le Ministre sur l'affaire des *7 de Lezennes* ont insisté sur l'extrême difficulté à avoir un dialogue véritablement ouvert avec l'intéressé. Pourquoi cette attitude ? Nombreuses sont les personnes qui s'accordent à penser que l'entrevue surprise de l'intersyndicale avec Paul Quilès à Wahagnies pendant le conflit de 1989 n'a pas été étrangère à l'irritation du Ministre sur le dossier[1].

Dans sa lettre aux parlementaires, Paul Quilès ne manque pas d'en parler : *«Durant le conflit, les responsables administratifs locaux ont mené une négociation active; elle s'est accélérée après ma rencontre avec les représentants syndicaux du centre de tri, lors de mon déplacement dans le Nord»*. Une «*rencontre*» qui ne s'est pas faite toute seule (voir chapitre 2 : *Le conflit de 1989*).

De source bien informée, on saura que certaines personnes dans l'entourage du Ministre auraient été favorables, autour du mois de janvier, à arrêter l'affaire. Le Ministre s'y serait opposé manifestant la volonté de s'y engager à fond[2].

Outre que certains hommes n'ont, semble-t-il, pas réussi à dépasser raisonnablement les sentiments individuels et les passions, nous sommes en présence de responsables imbus d'eux-mêmes et imprégnés de leur situation de pouvoir. Pour le Ministre, il valait certainement mieux une injustice qu'un désordre, la raison du plus fort restant, de toute façon, toujours la meilleure.

Mais, cette affaire dépasse totalement les réactions individuelles. Le pouvoir doit avoir un certain nombre de motifs sérieux pour mener une opération de cette envergure. Une combativité à briser, un personnel à mettre au pas, des gages à donner au patronat et une réforme à faire passer, tels étaient les enjeux de l'affaire du centre de tri postal.

1. Pourtant le débat avec le Ministre avait été le plus sérieux et le plus constructif possible, à tel point que le député socialiste de circonscription présent signera l'appel national. Il ne comprenait pas qu'on puisse sanctionner ces militants qui lui étaient apparus raisonnables.

2. *«1983 : Quilès, tendresse. 1989 : Quilès agresse»* disait une affiche manuscrite dans le local de la grève de la faim, pastichant le slogan électoral de l'époque.

L'éradication d'un foyer infectant

La réalité de Lezennes, produit de l'histoire de l'entreprise, brossée dans l'introduction est insupportable à la nouvelle hiérarchie.

Une section SUD à 35% à côté d'une CGT à 36% avec une CFDT minoritaire est une situation vécue comme incontrôlable car en marge du vaste champ habituel des grandes négociations.

Lezennes met en pratique tous les jours une certaine orientation de la confrontation sociale aux antipodes de leur vision de la *«modernisation des rapports sociaux»*. L'Administration veut en particulier stopper ce cycle des luttes à Lezennes, qui ont à chaque fois donné des résultats significatifs. Il s'agit donc de briser les capacités d'expression collective du personnel. A froid, le 23 octobre 1991, à la délégation du comité de soutien national, le membre du cabinet du Ministre avouera, après avoir parlé du climat de Lezennes et des conflits durs s'y étant déroulés, qu'en 1989 il y avait eu volonté de *«crever l'abcès»*.

Un personnel à mettre au pas

Dès son arrivée dans la région Nord-Pas-de-Calais en avril 1989, Jean Bourgin organise la valse de la plupart des cadres dans tous les services de direction. Il s'agit de montrer l'exemple. Les directions précédentes issues de l'Administration traditionnelle sont jugées «ringardes», mal cadrées dans leur nouvelle vision de La Poste. Le directeur départemental précédent n'avait-il pas reconnu, avec les syndicats[1], les difficultés liées aux vacances d'emplois. A contrario, Jean Philip déclarera : *«Le Nord ne manque pas de moyens pour écouler le trafic. C'est un problème d'équilibre et d'adaptation...»*. Alors, dans le Nord comme ailleurs, on parle suppressions d'emplois, allongement de la durée du travail, modifications des régimes de travail... bref, la remise en cause des acquis sociaux. Plus profondément, les «vieilles» directions locales et régionales qui avaient vu se succéder de nombreux ministres n'étaient pas en réelle symbiose avec le pouvoir politique. Pendant le conflit de 1988, n'avaient-elles pas reporté sur le gouvernement la responsabilité des problèmes d'effectifs et de pouvoir d'achat. A l'inverse en 1989, les directeurs nouvellement promus dans le

1. Comité technique paritaire du 16 juin 1989.

Nord répéteront *«être en parfaite harmonie avec leur Ministre Quilès et même leur Premier Ministre Rocard»*[1].. Pour différentes raisons, tous ces hommes, s'entendent parfaitement avec leur Ministre. Ont-ils reçu des consignes avant de monter dans le Nord ? La réponse est très certainement positive. Il s'agit d'extirper l'idée de l'Etat-Providence pour aller vers une «gestion moderne» aux méthodes du privé. La hiérarchie ne s'en est pas cachée ; elle estimait nécessaire et urgente une reprise en main des Postes dans le Nord. Pour elle, le centre de tri était une épine, un lieu de résistance qui «tire en arrière».

Lezennes étant connu pour être le «centre qui gagne», on est sûr, si on le met à genoux, de «museler» tout le personnel du département[2]. Cette «normalisation» réussira pour partie, puisqu'il sera constaté dans la région, à l'occasion des grèves contre le changement de statut, une baisse de près de 10% des chiffres de grévistes habituels. *«Il ne faut pas le cacher, nous avons maintenant de grosses difficultés à mobiliser»* déclareront les 7 au gala en mai 1990.

Règlements de comptes

On a peu de chance de se tromper en affirmant que sans la grève de 1988 au centre de tri, il n'y aurait pas eu d'affaire en 1989.

Le conflit de 1988 a apporté des résultats positifs, non seulement pour le personnel de Lezennes, mais aussi par ricochet à tout le personnel des PTT, en particulier des centres de tri. En effet, à l'époque, Paul Quilès est contraint d'octroyer des primes importantes dans un grand nombre de centres de tri, avant même que ceux-ci ne fassent grève pour obtenir la même chose qu'à Lezennes. L'aspect «règlement de comptes» est évident. L'Administration se souvient-elle que l'ex-section CFDT locale a joué un rôle important dans le conflit de 1988. Elle a notamment favorisé l'existence de cette sorte de collectif d'animation de la grève (composé de syndiqués et de non-syndiqués), qui impulsera pour partie les actions les plus déterminées du conflit et ainsi

1. M. Bourgin, le 15 novembre 1989 en audience de l'intersyndicale.

2. Dans tous les bureaux, le droit de se réunir est remis en cause. Les assemblées de personnel sont tolérées seulement en cas de situation exceptionnelle (l'Administration donnant pour exemple l'explosion, survenue à l'époque, à Marseille, d'une bombe contenue dans un paquet-poste...) ou pour uniquement rendre compte d'audiences sur des problèmes locaux sans que les agents soient autorisés à en débattre. Pas question donc d'une quelconque information sur d'autres, histoire de saucissonner les postiers, bureau par bureau. Face à une grève au bureau de poste de Villeneuve d'Ascq, il y aura trois menacés de sanctions suspendus à une reprise du travail...

entraînera dans l'action la quasi-totalité du centre de tri. Deux ou trois cadres supérieurs chargés à l'époque d'organiser certaines mesures anti-grève (modification des acheminements, détournement du courrier...) avaient très mal pris le recul politique face aux grévistes en 1988...

Mais plus largement, on pense aux responsables des entreprises de vente par correspondance qui n'auront pas manqué de féliciter la nouvelle hiérarchie pour cette éradication au centre de tri. Le Président du syndicat patronal de la vente par correspondance et vice-président du groupe La Redoute n'a-t-il pas eu *«une entrevue en septembre 1989 avec Paul Quilès, qui lui aurait prêté une oreille attentive*[1]». Les patrons de la vente par correspondance avaient pris pour prétexte le conflit de 1988 pour opérer des licenciements. C'est pourquoi, l'intersyndicale de la vente par correspondance voulait en 1989 faire un tract commun avec son homologue de Lezennes pour lutter contre cette politique d'intoxication. A signaler enfin que le 7 novembre 1989 (jour de démarrage du conflit de 1989), Yves Cousquer, directeur général de La Poste, faisait, le matin, la visite d'une usine Damart à proximité de Roubaix *«au cours de laquelle on évoqua l'important mouvement de grève qui paralysa la profession l'an dernier à pareille époque (...) avant de retrouver de très nombreux représentants des entreprises de la vente par correspondance de la région, au cours d'un déjeuner à La Redoute(...) puis de rencontrer dans l'après-midi à la salle des conférences de l'Hôtel de Ville de Roubaix, les quelque deux cent cinquante cadres supérieurs des directions départementales de La Poste Nord-Pas-de-Calais, de la direction régionale ainsi que les directeurs des établissements postaux les plus importants des deux départements (...) afin de participer à une importante réunion de travail portant plus spécifiquement sur la qualité du service public...*[2]».

Une équipe syndicale qui dérange

Dans la fonction publique, chaque agent a droit à une heure d'information syndicale par mois sur le temps de travail auprès de l'organisation syndicale de son choix. Aux PTT, peuvent tenir ces heures, les organisations syndicales

1. *La Voix du Nord* du 20 septembre 1989.
2. *La Voix du Nord-Roubaix* du 9 novembre 1989.

ayant recueilli au moins 8% des voix dans un département donné. SUD ne peut donc pas en organiser à Lezennes. Mais, s'appuyant sur son résultat local (35% des voix) et sa représentation au comité d'hygiène et de sécurité, la section SUD avait demandé le droit d'en tenir au centre de tri.

Une pétition du personnel exigeant le *«droit de pouvoir s'informer auprès du syndicat de son choix»* est signée en mai 1989 par la quasi-totalité du personnel de Lezennes. Après consultation du personnel, la section organise une heure d'information en septembre. Le refus du ministère arrive la veille : les heures d'information sont maintenues, elles auront lieu en septembre puis en octobre. Aucune sanction ne sera prise. Cette affaire n'est pas anecdotique, elle a très certainement attiré l'attention du ministère sur le centre de tri de Lille et sur la section SUD. La hiérarchie ne comprenait déjà pas l'émergence de ce nouveau syndicat indépendant ; si, en plus, celui-ci parvient à prendre des initiatives incontrôlées en terme de droit syndical, où allons-nous ?

En mars 1990, la section essayera de nouveau de tenir des heures d'information. Elles n'auront pas lieu car toute participation sera considérée comme une cessation de travail avec pour conséquence la retenue d'une journée de salaire. On a voulu se débarasser de cette équipe syndicale qui dérange, connue pour être active et unitaire. Dans le souci de disperser cette équipe, l'Administration était prête à discuter des sanctions : d'exclusion de durée moindre, du lieu des affectations mais pas du principe même des déplacements d'office.

Des individus qui dérangent

«Ce serait dangereux pour La Poste qu'ils réintègrent le centre de tri», c'est la déclaration faite sans pudeur par le directeur départemental à la fédération SUD, au cours d'une audience en juin 1990, à propos des mutations d'office de Philippe Legrand et de Michel Mercier.

Un an après les faits, un jounaliste écrira dans l'hebdomadaire *Profession Politique* : «*Un haut responsable socialiste* [du Nord] *est persuadé que la décision de durcir le ton dès le 1er décembre 1989 est volontaire et qu'il ne s'agit pas d'une maladresse de la direction régionale des PTT. «Quilès a oublié d'être socialiste et veut liquider un noyau trotskyste», dit-on dans les milieux socialistes du Nord».* Dans son livre *L'Après Mitterrand*, paru chez Calmann-Lévy en mars 1991, Eric Dupin écrit dans un chapitre sur le Parti Socialiste intitulé : *L'ère des ruptures - Parti d'en haut et parti d'en bas : «La fédération du Nord s'est trouvée en opposition avec le «parti d'en haut» à une autre occasion(...). Pierre Mauroy et Bernard Dérosier écrivent une lettre à Paul Quilès pour plaider [la] cause des 7. Pas de réponse. Bernard Roman écrit à son tour au Ministre. Pour toute réponse, Quilès s'en prend vivement à Roman dans les couloirs du comité directeur [du PS] : «Ces sept gars sont des gauchistes, ils ne remettront jamais les pieds dans l'administration des PTT !».*

Une réforme à faire passer

On aurait pu penser que l'opération avait pour fonction principale de faire cesser la grève au centre de tri, en particulier à cause, de son incidence sur le trafic du Nord et le poids de la vente par correspondance. Dans ce cas, la répression aurait eu pour but d'impressionner les grévistes, et de préparer une reprise du travail quitte à la favoriser par l'abandon, de fait, des poursuites[1]. Mais dans le cas présent, sans la réforme Quilès des PTT, il n'y aurait pas eu d'affaire des *7 de Lezennes*. Le conflit en 1989 est totalement surdéterminé par le projet de changement de statut, aspect sous-estimé par l'intersyndicale pendant le conflit.

Au vu de ce qui s'était passé en 1988 à Lezennes, le conflit de 1989 est-il considéré, un moment, comme pouvant devenir un grain de sable sur la rampe de lancement de la réforme des PTT ? Paul Quilès n'a-t-il pas reconnu : *«Cette affaire de l'heure de grève constitue un problème»*. Le Ministre a probablement estimé qu'un résultat positif local à ce moment-là, encouragerait nationalement le personnel à l'action. Peut-être même a-t-il imaginé, tout au moins au début du conflit que celui-ci était conçu pour entraîner un mouvement national ou tout au moins, pour le transformer en petite répétition dans la perspective d'une éventuelle grève générale aux PTT.

1. C'est par un processus analogue que s'est terminée en 1988 la grève au centre de tri de Marseille, l'Administration engageant des poursuites contre des militants (CGT dans le cas de Marseille), pour les abandonner plus tard, le travail reprenant sur la base d'une «victoire» contre la répression, mais d'un échec sur les revendications initiales.

Pour faire peur aux gros bureaux de poste et aux centres de tri, réduire le centre de tri de Lille constituait un bon exemple de la poigne gouvernementale. *«Ils ont osé frappé sur Lezennes connu comme un centre imposant qui gagne. Qu'adviendra-t-il aux bureaux plus petits ?»*. En s'attaquant à un centre de tri combatif, qui de surcroît aurait pu aider à fédérer un mouvement d'ampleur toujours possible ; on a voulu refroidir les ardeurs éventuelles avant le passage dans les faits de la réforme du statut, on a voulu faire un exemple de portée nationale pour intimider les travailleurs et les militants voulant conduire le personnel à l'action.

Le Ministre et l'Administration ont la volonté de porter un coup d'arrêt aux luttes dans les centres de tri. Ils emploieront «la carotte et le bâton»... Ils ont pour cela, une carotte spécifique à ce secteur pour 1990 (un *«à valoir»* de 230 F sur le volet social de la réforme et une prime spéciale de 180 F pour le *«service général»*), le *«service général»* des centres de tri sera un des rares secteurs des PTT à toucher 410 F de plus immédiatement ; et pour le bâton, ce sera une politique répressive dirigée principalement contre les militants combatifs. Ces objectifs politiques expliquent l'opération déclenchée pendant le conflit, puis au cours de la fameuse nuit, la proposition de sept révocations. En les transformant par la suite en exclusions de deux ans sans salaire et en déplacements hors région, le Ministre pense pouvoir démobiliser l'opinion publique (*«ils sauvent leur emploi»*). Cependant ces sanctions sont des révocations déguisées. Le ministère cherche à faire illusion auprès des personnes extérieures aux PTT, mais l'hypocrisie de cette soi-disante dévaluation ne passe pas inaperçue auprès du personnel. Le maintien d'un haut niveau de répression est interprété à l'intérieur des PTT comme un avertissement à tous ceux qui voudraient s'opposer farouchement au changement de statut. Le rejet ou non du projet de loi Quilès par un mouvement gréviste se joue à ce moment là, en mars et avril 1990.

Plus largement, cette affaire s'inscrit dans une stratégie d'ensemble adoptée par le gouvernement de l'époque pour faire passer ses *«11 travaux d'Hercule»*, travaux formant au début de l'année 1989 le corps de la politique de gestion «efficace» de la crise. A la fin des années 80, les PTT constituent un «noyau dur» de la fonction publique alors qu'ils sont (qu'ils peuvent être) appelés à être un secteur porteur du développement capitaliste.

Pour le pouvoir, les PTT doivent devenir un champ d'expérimentation de la *«modernisation et de la culture d'entreprise»* à mettre en place dans la fonction publique.

Les moyens sont évidents : négocier au plan national en paralysant l'action à la base. Dans leur lettre ouverte au Ministre, à la suite des conseils de discipline, les 7 s'interrogeaient : *«A plusieurs reprises, M. le Ministre, vous avez déclaré ne pas vouloir imposer un changement de statut contre la volonté du personnel des PTT; au contraire vous avez insisté sur l'importance du débat avec toutes les parties prenantes sur l'évolution et la modernisation nécessaires des PTT. Nous ne pouvons qu'être d'accord avec cette démarche à condition que le débat puisse réellement avoir lieu et que, par exemple, les partisans du maintien de statut d'Administration d'Etat des PTT (dont nous sommes) soient considérés comme partie intégrante de ce débat et que le combat que nous menons pour cela soit respecté en tant que tel»*. Voilà bien la méthode Rocard qui consiste à mettre les mouvements de masse éventuels devant des obstacles et des risques suffisamment importants et complexes pour qu'ils se divisent en cherchant à les franchir.

Au mieux : *«Vous pouvez lutter mais vous n'obtiendrez rien d'autre que ce qui a été décidé»...*

Au pire : *«Si vous allez trop loin, l'action vous coûtera plus chère qu'elle ne vous rapportera»*.

Un journaliste s'interrogeant sur l'affaire des 7 de Lezennes et l'arrivée de tous ces hommes nouveaux dans le Nord les voit *«peut-être investis d'une mission : préparer les esprits à la réforme du statut*[1]*»*. Plus le gouvernement a la volonté d'ouvrir un nouveau dialogue social aux PTT, plus il fait peser de menaces sur toute velléité revendicative, plus il tape sur ceux qui veulent obtenir des avancées sociales par l'action. C'est la raison pour laquelle, le Ministre montrera une détermination inébranlable pour désamorcer d'éventuelles réactions et «démoraliser l'adversaire». Il parviendra ainsi à bloquer l'action.

Le Ministre avait intérêt à faire durer le plus longtemps possible l'affaire pour l'exploiter au maximum pendant la période incertaine précédant le changement de statut. *Les 7 de Lezennes* sont surtout des otages du changement de statut.

1. Christophe Decroix dans l'hebdomadaire *Profession Politique* du 7 décembre 1990.

On peut constater que lorsque le passage de la réforme est acquis, les exclusions temporaires sont interrompues, le 27 juin, à temps pour le vote de la loi au Parlement, le 2 juillet. Le bâton n'étant plus d'aucune utilité, stoppons-là les frais. D'autant que son maintien, à côté de la carotte pourrait nuire à l'image de marque du Ministre. Le volet social de la réforme est en effet signé le 9 juillet. Bon Prince et pour clôturer définitivement l'affaire, le Ministre annonce le même jour l'*«amnistie»*.

Thermomètre en 88, test en 89

Le conflit de 1988 a servi de thermomètre à la hiérarchie en lui permettant de réfléchir sur la manière dont elle allait conduire la réforme ; le conflit de 1989, lui, sert de test sur le niveau de réaction et de combativité des agents. Il faut bien une raison à ce Ministre, d'ordinaire très prudent, pour lancer cette mesure de révocation. Une réponse politique raisonnable réside dans l'idée du test. Paul Quilès a voulu éprouver les réactions du personnel, des syndicats par rapport à la politique de redéploiement des moyens et de rentabilisation. Il disposait ainsi d'un banc d'essai sur les réactions éventuelles par rapport à la réforme des PTT. Dans un calcul de probabilités, rapport entre les résultats escomptés et les risques encourus, le centre de tri de Lille avec la section syndicale SUD constitue une bonne cible pour trois raisons. Premièrement, cette équipe syndicale est la seule que la confédération CFDT en lien avec la fédération CFDT-PTT n'a pas hésité à exclure dès avant le congrès confédéral de Strasbourg, officialisant la chasse aux *«moutons noirs»* au sein de la CFDT. On peut donc espérer une certaine neutralité de ce syndicat face à la répression. Deuxièmement, il peut paraître moins risqué de s'attaquer à un centre provincial plutôt que parisien. Troisièmement, la section SUD du centre de tri de Lille est la seule à être réellement influente sur une entreprise tout en étant relativement isolée dans une région. A l'époque, il y a d'autres sections SUD importantes en région parisienne, mais elles sont immergées dans des syndicats qui pèsent 15, 20 ou 25% des voix. Sur l'ensemble du Nord, SUD a recueilli un peu moins de 8% des voix aux élections professionnelles[1], la section de Lezennes est

1. Pour autant, le Nord avait été le seul département de province à pouvoir constituer la quasi-totalité des listes et à obtenir ce résultat somme toute significatif en une poignée de semaines. Un aspect des choses probablement remarqué par un Ministre cherchant à empêcher l'extension nationale de SUD.

presque une excroissance. C'est pourquoi, on peut aussi écrire que sans exclusion de la section syndicale de la CFDT en 1988, il n'y aurait pas eu exclusion des PTT en 1989 et donc pas d'affaire des 7 de Lezennes.

N'y a t-il de syndicalisme possible que soumis ?

Bernard Lagardère, secrétaire général du syndicat national unifié des impôts (SNUI) écrira exactement à Paul Quilès, le 9 avril 1990 : *«A l'approche du 100e anniversaire de la célébration du 1er Mai, n'y-a-t-il de syndicalisme possible que soumis ? »*.

On peut se poser des questions sur le rôle assigné aux militants syndicaux. Car enfin, au départ de l'affaire on ne laissait d'autre possibilité aux «inculpés» que de renier l'action menée par le personnel cette nuit-là, s'ils voulaient échapper (peut-être) à la procédure disciplinaire. Bref, il eut fallu que ces militants perdent toute dignité. Pour les tenants du pouvoir, à quoi doit servir un syndicat ? Accompagner, aider, conseiller le mouvement des salariés et être taxé alors d'«activiste» ou combattre ces actions pour être considéré comme «responsable».

On dit que la répression est aveugle, dans le cas présent elle a été particulièrement clairvoyante. Elle a visé SUD, jeune organisation syndicale, pour au moins quatre motifs. Ce petit syndicat est un maillon potentiellement fragile, ne possédant pas de moyens de pression politique ; il est donc plus facile de s'en prendre à lui : c'est le premier motif.

Le second est que ce syndicat dérange car à ce moment-là, il est d'ores et déjà acquis que sa naissance préserve l'existence d'un syndicalisme ayant donné, dans une période récente, du fil à retordre au gouvernement. En effet, se retrouvent au sein de SUD, d'une part, l'essentiel des équipes syndicales que la CFDT voulait éliminer, plus une bonne partie des agents ayant agi au sein des embryons de coordinations de 1988. La baisse d'influence des grandes confédérations, la montée d'un syndicalisme plus radical dans nombre de corporations et surtout l'histoire des conflits réellement déterminants sur la scène sociale depuis 1986 (cheminots, infirmières etc...) sont analysées par le Ministre.

Dans un contexte où les PTT sont encore (en comparaison avec d'autres secteurs) un «bastion» pour le syndicalisme toutes tendances confondues, le gouvernement veut peser pour *«sa»* recomposition syndicale.Il veut freiner sinon supprimer l'action d'un syndicat insaisissable, donc incontrôlable qui a le malheur d'exister dans un secteur stratégique de la fonction publique. Un syndicat qui se réfère aux coordinations, aux assemblées générales souveraines..., bêtes noires des gouvernements successifs depuis 1986 jusqu'en 1989. Un syndicat dont nombre d'équipes ont fait la preuve qu'elles pouvaient mettre en pratique leurs idées et diriger des luttes sur le terrain (de la coordination des sections CFDT des centres de tri contre le plan Daucet en 1983 aux luttes salariales des Télécoms de la rentrée 1989 en passant par les coordinations et les grèves générales larvées contre le projet de loi Longuet en 1987...).

Le pouvoir craint que SUD pèse davantage que ses 5% (élections de mars 1989) dans les éventuels conflits à venir sur le changement de statut. Lors du conflit de 1989 à Lezennes, le porte-parole de l'intersyndicale a été, le plus souvent, un militant SUD. Ce qui doit probablement inquiéter la hiérarchie pour les luttes à venir. Alors, en tapant fort et de manière discriminatoire sur SUD, on lance un message à l'aile radicale et unitaire des luttes. Ce message a été entendu. Il ne faut pas cacher certaines remontées, parvenues dans les mois qui suivirent, faisant état des hésitations de militants à entraîner le personnel dans l'action, en référence à Lezennes.Il s'agissait aussi à travers cette affaire de faire directement peur à l'agent envisageant d'adhérer à SUD.

On discute sérieusement avec les syndicats «responsables», on tape sur les syndicats «irresponsables». Aux impôts, dans et après le conflit, on a beaucoup frappé le SNUI, à Air-Inter, on s'en est pris au SNPIT (syndicat issu, lui aussi, de sanctions dans la CFDT). On s'attaque de manière plus importante à tous les syndicats qui sortent du «cadre».

Venant de tenir son premier congrès en septembre 1989, SUD n'est plus seulement «dissident de la CFDT». De nouveaux individus, de nouvelles structures adhèrent à l'organisation en construction. Le 25 novembre, cinq jours avant la nuit fatidique, l'AFP annonce dans un communiqué la création par des militants de la CFDT d'un syndicat SUD-PTT en Bretagne. Cette nouvelle est reprise ce jour-là par la presse nationale (*Libération, Ouest-France, L'Humanité...*) et toutes les heures par *France Info*. Le ministère a-t-il voulu montrer (ou plutôt donner une certaine image) de ce à quoi on s'engageait en adhérant à SUD : le syndicalisme de tous les dangers. La CFDT voyait-elle d'un bon œil le fait qu'on fasse peur aux éventuels équipes ou militants se posant la question de quitter la CFDT pour rejoindre SUD, voulait-elle mettre un coup d'arrêt aux fuites ? Ainsi, dans les Côtes d'Armor, de nombreux militants exprimeront leur crainte d'adhérer au nouveau syndicat en prenant connaissance des événements de Lille.

Une chose est certaine, un des objectifs de l'opération est le ralentissement de la construction de SUD par une connivence de fait entre le Ministre et la CFDT, Paul Quilès s'étant opposé dès l'origine à l'octroi du droit syndical auquel SUD pouvait prétendre.

En dernier lieu et aussi contradictoirement que cela puisse paraître, SUD crée une nouvelle organisation basée sur le refus de la division du syndicalisme français en deux blocs. SUD cherche à recomposer le syndicalisme non par la victoire d'un bloc sur l'autre, mais par un retour à une dynamique unitaire se nourrissant des acquis de chaque organisation et surtout s'appuyant sur l'unité à la base pour garantir l'unité des structures, unité des salariés et des syndicats, un syndicalisme appuyé sur les luttes, moteurs de transformation sociale. Pour mener à bien ses projets, le pouvoir veut casser tout ce qui va dans le sens de cette unité, car la division, et principalement la division syndicale, est le premier terreau sur lequel il veut cultiver. Il ne veut voir exister qu'un syndicalisme bloqué et divisé en permanence, paralysant ainsi la vie sociale.

Le ministère refusera toute rencontre du moindre de ses services avec la fédération SUD manifestant ainsi sa volonté de réduire au maximum le type de syndicalisme prôné par la fédération, en particulier dans la période de changement de statut. Paradoxalement, on peut écrire que l'affaire des *7 de Lezennes* est l'un des *«forceps»* ayant permis à SUD de naître puis finalement de se développer.

A signaler que le ministère essayera aussi d'utiliser l'affaire pour détourner SUD de ses objectifs. Le pouvoir travaille ainsi sur deux tableaux, l'un pour tenter de ralentir la progression de SUD, l'autre pour tenter de récupérer SUD. Une démarche tout à fait officielle sera menée début décembre 1989 par le cabinet du Ministre auprès du secrétariat fédéral de SUD sur le thème : face aux outrances de votre équipe syndicale locale, il a pu y avoir quelques excès des directions locales, cherchons un syndicalisme de négociations responsables. Cet épisode est tout à fait significatif de la haute estime porté par ces hommes au syndicalisme indépendant.

Leur conception des mouvements sociaux

On se permettra d'abord de dénoncer l'utilisation cynique de l'amendement Lamassoure par Paul Quilès, alors que lors de son adoption, celui qui l'applique un peu plus de deux ans après, l'avait jugé *«scélérat»*. On rappellera que lors des conflits de la rentrée sociale 1988, le gouvernement, par la voix de Michel Rocard, s'était engagé devant l'Assemblée Nationale à introduire un débat sur cet amendement à la session parlementaire du printemps 1989. Le gouvernement n'en reparlera plus ; on comprend pourquoi, quand on en voit l'utilisation à Lezennes. Michel Rocard avouera par la suite ne pas être pour sa suppression. Que penser de la façon dont ils assument leurs responsabilités politiques ? Le directeur départemental transcrit bien cet état d'esprit en écrivant à propos de l'application de l'amendement Lamassoure à Lezennes : *«La règle en vigueur(...) stipule que tout arrêt de travail est assorti de la retenue d'une journée complète de salaire(...) c'est la loi actuelle ; cela n'exclut pas la possibilité d'exprimer des souhaits de modification, y compris de la part d'un Ministre...»*. Le Ministre souhaiterait modifier mais en attendant il applique... Pourquoi alors, le même amendement Lamassoure n'avait-il pas été appliqué un an auparavant au même endroit ?

Au deuxième jour des conseils de discipline, le 7 février, Paul Quilès est approuvé dans *Le Figaro* par son prédécesseur, Gérard Longuet : *«Le Ministre agit comme un chef d'entreprise responsable, soucieux de la bonne marche des affaires et du service de la clientèle»*.

A la suite du *«conflit des Peugeot»*, le conseiller de M. Calvet précisait qu'en tout état de cause, *«la grève* [devait] *laisser le souvenir de quelque chose où les gens ont perdu»* , pour ne plus avoir envie de recommencer. Quelle différence avec l'attitude de Paul Quilès ?

Depuis 1968, deux faits ont dominé les possibilités d'action des salariés : l'existence des sections syndicales d'entreprises et la reconnaissance de tout mouvement collectif et concerté comme ressortant du droit de grève constitutionnellement garanti. De fait, ce droit est appliqué à tout piquet de grève depuis la grève des mineurs en 1963. L'affaire des 7 illustre un nouvel élément dans la vie des entreprises : la criminalisation du fait syndical.

C'est une évolution très grave et extrêmement préoccupante. Si la grève est une faute dans le secteur public avec un gouvernement de gauche se réclamant de la justice sociale, elle le deviendra encore plus dans le secteur privé où les salariés sont davantage vulnérables.

On doit s'inquiéter d'une attaque comme celle-là même (ou surtout) si elle porte sur un petit syndicat naissant dans le public car à travers SUD, c'est tout le syndicalisme et tous les syndicats qui sont visés.

La conception des mouvements sociaux mise à nu à travers cette affaire est inquiétante : il n'y aurait pas de problème, il n'y aurait que des agitateurs. Ainsi, au delà de la volonté qu'il a d'interrompre à tout prix ce mouvement, le directeur doit être animé d'une bien drôle de logique pour venir au centre de tri, faire voter le personnel et tenir les propos que l'on sait devant 180 personnes. Il semble persuadé d'obtenir instantanément l'écoute du personnel, comme s'il était impossible que les représentants syndicaux de Lezennes puissent réellement porter l'avis de la majorité. Il ne comprend pas que les syndicats puissent l'interpréter comme une volonté de les disqualifier, ni que le personnel s'estime victime d'une intimidation[1]. Cette vision des choses sous-tend l'idée pouvant paraître saugrenue, du vote à bulletin secret.

Il s'agit d'une véritable déformation de l'esprit qui ne voit partout que manipulation. Ces dirigeants ne peuvent comprendre que les salariés jouissent de leur libre arbitre, soit pour agir, soit, à l'inverse, pour renoncer à l'action. Ils résument les mouvements sociaux à des troupeaux de moutons menés par quelques agitateurs. Si les militants sont porteurs de légitimité, de popularité, c'est qu'ils savent agiter. Alors, pour que la masse reste saine, il suffit d'être attentif au fait qu'elle ne soit pas manipulée. Seules quelques branches nuisibles, qu'il suffit d'élaguer, empêchent l'arbre de pousser dans la direction voulue.

De même, à leur demande d'annulation des sanctions, le directeur répond aux 7 : «*Vous avez pris vos responsabilités, assumez vos actes*». Faut-il comprendre que dans leur conception des relations du travail, il n'y a pas de revendications portées collectivement, mais seulement tel ou tel salarié, qui manifeste trop fortement une demande et prend ainsi le risque d'en supporter les conséquences individuellement. Les sanctionnés se font remarquer, depuis longtemps et chacun à leur manière, pour prendre leurs responsabilités dans la vie sociale. Très certainement une qualité suffisante à leurs yeux pour les positionner dans la catégorie des meneurs. Est-ce là ce qu'ils entendent par «*modernisation des rapports sociaux*». Avec cette logique, on n'hésite pas à faire passer pour un «*hooligan*» le militant syndical opiniâtre. Tellement

1. On dira du directeur départemental qu'il se comporte comme «*un cow-boy des relations sociales*».

imprégnés de cette vision raccourcie, ils n'ont pas imaginé que ces mêmes militants puissent être particulièrement bien implantés dans le mouvement ouvrier et associatif d'une ville et d'une région. C'est ce qui a empêché la répression de faire toute son oeuvre. Car les sanctionnés avaient la confiance non seulement du personnel du centre, mais aussi de multiples organisations et militants cotoyés au cours de nombreux combats communs . Un aspect des choses que ne pouvaient s'imaginer la hiérarchie et le Ministre.

Depuis quelques années, le pouvoir décide par le haut et de manière toujours plus omniprésente, ce qui peut et ce qui doit être négocié. De plus, il fixe des limites aux négociations au-delà desquelles celles ou ceux qui les remettent en cause s'exposent à des risques majeurs. Cette logique d'enfermement place ipso facto le pouvoir aux antipodes de la possibilité même de percevoir les réalités. A l'issue des conseils de discipline, dans leur lettre ouverte au Ministre, les 7 posaient la question suivante : *«Monsieur le Ministre, vous avez souvent affirmé vouloir mettre en place une politique basée sur le dialogue social et la modernisation des rapports sociaux : celle-ci doit-elle se limiter aux négociations sur les grands dossiers actuels de portée nationale ? Ne doit-elle pas aussi favoriser l'attention qui devrait être portée à la mise en place d'une réelle concertation dans tous les conflits, même si les revendications qui y sont développées remettent en cause certains aspects des grandes orientations nationales ? »* Cette politique débouche obligatoirement sur une liberté d'expression sous contrôle et par suite sur des répressions anti-syndicales. Quand on veut régenter la négociation, on en arrive à encadrer les formes d'action que se donnent les salariés. *«Mon problème n'est pas de faire des exemples ou des martyrs mais de donner un coup d'arrêt quand les gens vont trop loin»* dit Jean Bourgin le 1er décembre 1989...

Le calme social obtenu à n'importe quel prix, cette volonté de faire peur, d'intimider, cette violence de l'État qui fait écho à certaines violences patronales posent un problème plus profond pour la démocratie. L'affaire des 7 avait posé une question fondamentale : les libertés vont-elles s'arrêter à la porte de l'entreprise ? Une question qui a légitimé l'engagement de la Ligue des droits de l'homme.

Sur ce dossier se rencontreront presque toutes les organisations et personnalités s'étant manifestées depuis quelques années, à un titre ou à un autre, sur différents terrains syndicaux, sociaux, politiques ou économiques pour refuser un certain consensus sur le fonctionnement de cette société. La liste des signataires de l'appel et celle de tous ceux qui se sont manifestés est significative à cet égard. Toutes ces personnes et ces forces se sont rassemblées pour défendre le droit à l'existence de toutes les organisations syndicales que se donnent les salariés ; car elles font partie du camp de celles et ceux qui veulent résister à une certaine glaciation du mouvement social. Pour beaucoup d'entre elles, la campagne de soutien a mis en lumière que cette affaire, à travers ses enjeux pouvait concourir à maintenir, reconstruire et rendre cohérent un syndicalisme réellement indépendant, combatif et compétent.

D'ailleurs, ce dossier a vu converger tous les opposants au consensus social et syndical mais aussi de très nombreux démocrates sincères, touchés par cette atteinte aux libertés. Ce concours des réflexions et des volontés a contraint le pouvoir à reculer.

Les sept de Lezennes

ILS NE LACHERONT PAS PRISE

Le ministre Quilès maintient les sanctions

DANS le courrier qu'il a adresse à Alain Bocquet, depute communiste du Nord, Paul Quiles, le ministre des PTT ose parler d'apaisement à propos des sept de Lezennes, alors qu'il leur a inflige de lourdes sanctions sur la base de faits non etablis.

Hier, à la Maison de la Nature et de l'Environnement, la Ligue des Droits de l'Homme et les postiers sanctionnes, tenaient une conférence de presse pour denoncer les propos du ministre. Ainsi que notre journal le disait qui dans une precedente edition, par le systeme de mutations, Paul Quilès remet en fait en cause une organisation syndicale au niveau d'une entreprise, et prouve sa volonte de desagreger le mouvement SUD.

D'autre part, Maitre Yves Jouffa, president de la Ligue, a reçu le 16 mars une lettre du ministre qui, sans ambages, confirme enteriner les propositions formulées par l'administration : deplacement d'office pour Mme Fovet, ainsi que pour M.M Lamant et Leschaeve, deux ans d'exclusion temporaire de fonction dont 18 mois avec sursis pour M. Legrand. En ce qui concerne MM. Fontaine et Mercier, il apparait que Paul Quilès : « *Dans un esprit d'apaisement* » a demandé de retenir 15 jours d'exclusion au lieu du deplacement dans le departement pour le premier et une prolongation du sursis de trois mois pour le second, ce qui : « *reduira son exclusion temporaire de fonction de deux ans (ce qui etait initialement prevu) à trois mois* ».

Et de conclure : « *Comme vous pouvez le constater, je suis allé aussi loin qu'il m'etait possible dans la voie de la moderation* ». Un avis que ne partagent evidemment pas les sept de Lezennes, qui n'ont encore reçu aucune notification officielle des sanctions : aussi hier, ont-ils reaffirme leur intention ferme de poursuivre l'action sous différentes formes.

Outre les pertes de salaire tres lourdes qu'entrainent ces verdicts, au minimum pres de 17 millions de centimes pour l'ensemble de ces syndicalistes, ils subiront des retards dans leur avancement et ne pourront plus passer de concours.

« *Jamais, ont-ils déclare, une attaque n'a jamais eté si loin dans le cadre d'un conflit du travail dans la Fonction Publique. Ceci découle du changement de statut : Quilès a fait un exemple national pour tenter d'intimider les personnels de leur imposer ses volontes qui vont se traduire par la privatisation des PTT, la perte des effectifs, la baisse de la qualite d'un service public* ».

A Lezennes les acquis des mouvements de 1983 sont remis en cause sans aucune possibilite de discussion, on rallonge la duree du travail, on interdit aux syndicats d'informer le personnel en dehors de l'heure de délegation mensuelle, sinon c'est le retrait d'un trentieme de la paie pour dix minutes de reunion.

« *Nous ne lâcherons pas* » ont reaffirme les sept. Ils ont annonce leur intention d'interpeller à nouveau les parlementaires qui leur ont apporte leur soutien afin d'intervenir à l'Assemblee Nationale. Ils vont creer une association nationale et publier un livre blanc pour garantir l'information des gens et faire appel au Conseil Superieur de la Fonction Publique. De son côte, la Ligue des Droits de l'Homme lance une action de solidarite financiere.

Liberté
du 22 mars 1990

Conclusion

LES POLITIQUES PASSENT LES SYNDICALISTES RESTENT

Le bilan de cette affaire pour le Ministre n'est pas bon.

SUD a montré qu'il était capable de défendre ses militants. SUD a su obtenir le soutien de nombreuses personnes connues ou anonymes qui ont été choquées par l'attitude d'un ministre de gauche.

Sur le fond du dossier, ce qui restera, c'est la prise en otage de 7 militants syndicaux pas du tout pris au hasard (un par service et tous de SUD), c'est la volonté de casser un syndicat. Des militants contre lesquels aucune preuve n'a pu être avancée. Tout juste leur a-t-on reproché d'avoir été là, comme responsable syndical durant un conflit.

C'est une bonne leçon de solidarité ouvrière où tout un centre de tri, avec évidemment des opinions les plus diverses, s'est mobilisé contre l'arbitraire. Les manœuvres de division du Ministre n'ont pas marché.

Le bilan pour le Ministre est un échec, c'est le perdant de l'histoire. Il reste à obtenir réparation maintenant pour les individus. Ce qu'il faut en retenir, c'est que les politiques passent, mais que les syndicalistes restent et que leur action s'inscrit dans la durée.

Le Ministre et ses conseillers se sont trompés. Ils ont sous-estimé la capacité des personnels des PTT. Le coût politique de cette affaire pour «*Quilès la tendresse*» s'est révélé désastreux. Au lieu de terroriser la jeune fédération SUD, cela a donné un coup de fouet supplémentaire aux militants et adhérents.

SUD-PTT se porte bien ! Quatre ans après sa création, SUD est devenue une force syndicale incontournable aux PTT. Le syndicalisme français, déjà affaibli, connaît de nombreuses turbulences (scission, limogeage de ses dirigeants, guerre de succession, perte d'identité et de repères...). Mais parallèllement à ce mouvement de décomposition, dépassant les clivages sectaires et les étiquettes, des militants aux histoires syndicales différentes se regroupent ; ils ont en commun le refus du sectarisme destructeur, ils refusent de se résigner à un *«nouvel ordre social»* qui produit encore plus d'exclus , d'injustice, qui rejette de plus en plus les peuples du Sud et de l'Est dans leur marasme et leur misère... SUD, avec d'autres, a l'ambition de contribuer, modestement mais réellement, à jeter les bases d'un renouveau syndical qui donne confiance aux salariés de ce pays.

Aux PTT, les Ministres (Jean Marie Rausch et Emile Zucarelli qui ont succédé à Paul Quilès) poursuivent la même politique : abandon progressif des références au statut de fonctionnaire pour les agents des PTT, développement d'une logique commerciale tous azimuts au détriment du service public. Parallèlement, c'est la même attitude discriminatoire à l'égard de SUD qui se poursuit. On empêche aujourd'hui SUD de faire la preuve de sa représentativité par le seul moyen démocratique : la tenue d'élections professionnelles. Celles-ci (élections aux commissions administratives paritaires) auraient dû avoir lieu en mars 1992, elles ne sont même pas annoncées pour 1993 ! Ainsi la représentativité syndicale, avec les moyens qui y affèrent, est figée aux PTT depuis mars 89 : à, ce moment là, SUD n'avait que 3 mois d'existence, et tout le monde sait que l'influence de SUD aux PTT a été, au moins, multipliée par 2 depuis cette date.

Mais là aussi, malgré les entraves, SUD ne se taira pas et continuera son combat. *L'affaire des 7 de Lezennes* a bien montré qu'on ne peut, par des méthodes répressives, liquider un syndicat qui dérange.

Ce même Paul Quilès, qui n'a pas hésité à sanctionner injustement des syndicalistes lorsqu'il était Ministre des PTT, a décidé d'abandonner courageusement le 13e arrondissemnt de Paris, pour aller se faire élire à Carmaux aux élections législatives de 93 ! Il y a sans doute de quoi faire se retourner Jean Jaurès dans sa tombe... Comme le disait si bien Max Gallo dans un billet d'humeur dans le journal *Le Monde* : *«Ces gens -là confondent la bourse des valeurs et la bourse du travail».*

Que sont devenus les acteurs de la *«séquestration»* ?

– Le chef de centre adjoint quittera Lezennes au printemps 1990.

– Le chef de centre sera muté en juillet 1990 dans un bureau de poste de l'Est.

– M. Philip est toujours directeur départemental de La Poste du Nord.

– Le directeur régional, M. Bourgin, a été promu pendant l'été 1991, directeur de la délégation de La Poste de la région Centre.

– Paul Quilès a été nommé Ministre de l'Intérieur ; il a eu pour successeur Jean-Marie Rausch, puis Emile Zucarelli.

Et les 7

– Michel Mercier a réintégré le centre de tri de Lezennes le 6 janvier 1992.

– Richard Fontaine est toujours aux chèques postaux de Lille.

– Gabriel Leschaeve est toujours dans le bureau de poste où il a été muté disciplinairement.

– Murielle Fovet, après son affectation disciplinaire dans un bureau de poste, a pu être affectée au centre de chèques postaux de Lille.

– Philippe Legrand a changé d'administration publique.

– Eric Lamant est toujours au bureau de poste de Lomme où il a été muté disciplinairement.

– Jean Poteau a été muté, sur sa demande, au centre de tri de Lille-Noyelles en 1992.

Au centre de tri de Lille-Lezennes

– Les acquis des luttes antérieures continuent d'être attaqués : durée du travail, horaires, développement de la précarité...

– Les réunions de personnel sur le temps de travail, même courtes, sont toujours passibles de retrait d'une journée de salaire.

– La section SUD ayant été affaiblie, la CGT a tendance à faire*«cavalier seul»*, ce qui rend plus difficile la réalisation de l'unité du personnel.

Mais à trop tirer sur la ficelle, la direction devrait faire attention... *«Y-en-a-marre de subir»* a-t-on entendu récemment. La dignité peut être un ingrédient déterminant pour l'action.

Annexe 1

CONTRIBUTIONS

LA CFDT SOLIDAIRE
Union interprofesionnelle CFDT de la zone de Lille

La zone de Lille CFDT ne partage pas forcément l'ensemble des déclarations et analyses figurant dans ce livre et ne se sent comptable que de ses écrits. Mais elle a souhaité apporter sa contribution pour témoigner des raisons d'une solidarité sans faille, à l'affaire exemplaire des *7 de Lezennes*.

Affaire d'autant plus étonnante que le conflit en cause était *a priori* un conflit ordinaire dont rien ne permettait de prévenir une telle ampleur et un tel dénouement d'autant avec un gouvernement de *«gauche»*.

Certes, l'action se passait dans un établissement ayant une implantation syndicale importante et active avec des organisations développant principalement un syndicalisme d'action et de transformation sociale qui pouvait gêner l'Administration dans son action de restructuration de La Poste.

Établissement avec une histoire, une vie syndicale comme il en existe partout en France, entreprises de références locales ou régionales pour les salariés en terme de luttes et d'acquis telles que Massey Ferguson pour la métallurgie ou le CHS de Lommelet dans la santé sur l'agglomération lilloise.

Établissement où là comme dans bien d'autres, gouvernement de droite et gouvernement de gauche, les salariés avec leurs organisations maintenaient les revendications ; ne laissant pas dans une confiance aveugle, leur avenir et leur sort au tout politique. Ce conflit et sa gestion étant d'autant plus exacerbés que les salariés et militants avaient affaire à des autocrates et technocrates, une fois de plus coupés des réalités du monde du travail, ne connaissant que la logique économique et ne tenant aucun compte de l'histoire, des rapports sociaux et culturels, de l'identité d'une population et des salariés de la région, de l'entreprise.

Sans parler des divergences d'appréciation et de contenu d'une politique de service public et de défense des intérêts des usagers.

Très rapidement, il nous a semblé que la gestion du conflit et les pratiques de l'Administration portaient en germe une logique d'affrontement. Que l'incident était recherché, d'autant que de conflit en conflit, l'Administration des Postes engageait un processus de lutte anti-grève, communiqués, tris parallèles... des sanctions avaient déjà frappé des grévistes.

L'incident que chacun connaît et les sanctions qui frappaient nos camarades du centre de tri de Lezennes ne pouvaient rester sans réponse.

Par tous les militants, cela a été ressenti comme une volonté de casser une lutte, l'action du centre de tri qui pouvait faire école ; c'était aussi étouffer dans l'œuf le développement de SUD, l'émergence d'une organisation syndicale non-institutionnalisée. Mais cette campagne de démolition d'action syndicale et de militants syndicaux ne pouvait avoir de prise, aboutir, notamment sur les militants de la zone de Lille. Plusieurs militants de SUD étant connus de longue date ; anciens cédétistes actifs insérés dans la vie de l'organisation, y compris dans l'interprofessionnel de la métropole lilloise à l'exemple de Michel Mercier pendant plus de 20 ans, dont la responsabilité et l'honnêteté n'étaient plus à démontrer.

Assurée de ce capital de confiance, en accord sur la défense du service public et refusant par principe toute exclusion, toute sanction vis-à-vis de tout individu et en particulier de tout militant syndical, pour action syndicale ou délit d'opinion, l'union interprofessionnele CFDT de la zone de Lille s'est engagée dans cette campagne de solidarité et de soutien aux *7 de Lezennes*. Ceci avec d'autant plus de motivations que l'on percevait très bien l'acharnement et l'exemplarité que développaient l'Administration, le Ministre ; acharnement que beaucoup aurait aimé voir appliquer avec autant de détermination vis-à-vis des atteintes aux droits du travail, de scandales entre copains et coquins...

Il est certes plus facile de s'en prendre à des salariés et militants syndicaux de base. Ainsi très rapidement, nous avons su que notre solidarité devrait être de longue haleine et sans faille face à un tel acharnement et malgré les témoignages et interventions de tous horizons. Les sanctions étant, on ne peut plus injustes, arbitraires, disproportionnées même, vis-à-vis des soi-disant faits reprochés, véritable mystification, provocation organisée par l'Administration.

Cette solidarité sans faille de l'union locale CFDT de Lille dut cependant être mesurée car si nous soutenions *les 7 de Lezennes*, en l'occurrence des militants SUD, contre la répression syndicale, nous ne pouvions laisser apparaître notre action comme un soutien au syndicat SUD...

Cette solidarité et ce soutien aux 7, d'autant plus marquant et positif, qu'après plusieurs années de division syndicale, ils nous permettaient, sur des valeurs fortes et fondamentales, de retrouver le chemin de l'unité d'action pour obtenir l'annulation des sanctions.

Cette mobilisation exemplaire fut comme le devrait être en permanence le syndicalisme, porteur d'espoir... Ainsi, devant la volonté de l'Administration, d'un Ministre dit *«de gauche»*, de casser une lutte, des militants, voire de les casser dans leur intégrité physique, morale et financière, c'est l'ensemble du mouvement ouvrier et nombre de démocrates qui se sont élevés pour dire : *«non aux sanctions, non à la répression syndicale»*, et cela, d'autant plus, dans un état démocratique.

Espérons que cette lutte, même s'il nous faut encore gagner l'annulation des sanctions, servira de leçon à l'ensemble des administrations et gouvernants, des patrons, mais aussi à tous les syndicalistes et tous les salariés : *«toucher à un militant syndical, c'est toucher à tout le syndicalisme»*.

SYNDICAT NATIONAL DES ENSEIGNEMENTS DE SECOND DEGRÉ (SNES)

Dès qu'elles ont été sollicitées, la section académique de Lille du SNES et la direction nationale du SNES à Paris sont intervenues pour appuyer la demande d'annulation de toutes les sanctions contre les sept postiers injustement punis à la suite d'un conflit du travail, et exiger le retour au centre de tri pour les exclus, la possibilité pour les mutés d'y revenir et enfin le rétablissement des 7 dans tous leurs droits.

Lettres au Ministre des PTT, motions de soutien, participation aux rencontres de solidarité, le SNES, et sa section de l'académie de Lille ont tenu à réagir contre ces atteintes aux libertés syndicales et à prendre leur part dans la riposte unitaire qui s'est développée.

SYNDICAT NATIONAL UNIFIÉ DES IMPÔTS (SNUI)

Quand le conflit a commencé au centre de tri de Lezennes en novembre 1989, les agents des impôts étaient encore totalement marqués par la grève exceptionnelle qu'ils avaient menée pendant plusieurs mois contre la politique de MM. Charasse, Bérégovoy et Rocard à l'égard des services publics et des agents qui y travaillent.

Quelques semaines plus tard, quand M. Quilès, Ministre des PTT, a voulu faire un mauvais procès aux militants du centre de tri et a sorti les armes de la répression, le SNUI a essayé d'être présent, par sa section locale et son bureau national, pour dénoncer la manœuvre et l'atteinte aux droits syndicaux : pétitions de soutien présentées aux agents des impôts par des militants du SNUI, lettres au Ministre des PTT, informations et explications dans notre presse syndicale, présence militante dans les rassemblements.

Des discours à la gloire du service public et une politique budgétaire mettant en cause leur bon fonctionnement quotidien, nous connaissions.

Des propos lénifiants à l'égard des agents, mais des promesses non tenues en ce qui concerne leur pouvoir d'achat et leur carrière, nous connaissions.

L'impossibilité de pouvoir discuter sérieusement des propositions et des demandes syndicales, les manœuvres, les turpitudes, nous connaissions.

L'incapacité de certains responsables politiques à admettre l'indépendance totale d'une organisation syndicale, les faux bruits que l'on fait circuler sur des militants syndicaux, nous connaissions aussi.

C'est dire également que l'expérience engrangée par le SNUI, par ses militants et ses adhérents, en 1989 et depuis, ne pouvait que conduire à rapprocher un peu plus nos deux organisations syndicales.

L'histoire passée de SUD -PTT et du SNUI est différente, mais la démarche actuelle semble être parfois assez identique, notamment la volonté commune d'agir pour un renouveau du syndicalisme français en favorisant son unité par des débats sans exclusive sur les questions essentielles de la démocratie syndicale, de l'indépendance syndicale, de la capacité d'agir conjointement comme force de proposition et de critique tant pour les revendications quotidiennes que pour la satisfaction des aspirations plus générales.

L'action rapproche ; le débat consolide l'unité.

RÉPRESSION ANTI-SYNDICALE EN MITTERRANDIE
Confédération nationale du travail (CNT)

L'entraide et la solidarité font partie des mots auxquels il convient de redonner un sens, c'est-à- dire une pratique. Ils représentent deux éléments indispensables d'une alternative syndicale à développer, à construire. C'est en se fondant sur ces valeurs pratiques que les syndicats CNT, ceux de la fédération des PTT comme ceux d'autres secteurs professionnels ou comme l'union locale CNT de Lille, ont participé concrètement à différentes actions de solidarité avec les syndicalistes sanctionnés pour avoir organisé l'action sur le terrain contre la politique réformiste de Quilès (...)

Le fait majeur ne réside pas dans les manifestations concrètes de la répression anti-syndicale mais dans la personnalité des acteurs qui jouent le rôle de procureurs et de censeurs. A Lille-Lezennes, ceux qui assènent le gourdin ne sont pas des patrons archaïques et isolés : il s'agit des technocrates et des politiques qui, lors des farces électorales s'autoproclament *«socialistes», «forces de progrès».* A Lille-Lezennes, c'est la gauche démocratique qui sanctionne dans le secteur public, qui réprime à visage découvert, dévoilant ainsi sa véritable nature : chiens de garde du capital. Pratiquant une politique économique et sociale qui lui vaut les applaudissements de Longuet, Barre, la gauche socialiste utilise très logiquement les mêmes armes que la bonne vieille droite réactionnaire : la carotte puis le bâton.

Autre point essentiel : la gravité des sanctions prises à l'encontre des *7 de Lezennes* ne doit pas occulter l'ampleur de la répression anti-syndicale qui frappe dans le public, mais plus encore dans le privé, et avec des conséquences souvent dramatiques, les syndicalistes, les militants qui refusent le consensus, la paix sociale et se battent pour leurs propres besoins. En ce sens, *les 7 de Lezennes* ne constituent pas une bavure isolée, mais ils représentent une manifestation particulière d'une politique globalement anti-syndicale qui vise les tenants d'un syndicalisme de combat (....)

La lutte contre la répression anti-syndicale du PS n'est qu'une parcelle contre la remise en cause de droits des travailleurs : droit d'asile bafoué, expulsions de travailleurs immigrés, coopération européenne des polices, quadrillage des quartiers populaires, bavures en tout genre des flics et des vigiles.

Le combat solidaire contre les sanctions ayant frappé *les 7 de Lezennes* n'est pas clos. Les syndicats de la CNT entendent le poursuivre sur tous les terrains. Ils y voient une des raisons de renforcer leur antiparlementarisme militant pour qu'émerge un mouvement social autonome, indépendant de l'État et des partis politiques. De tous les partis politiques.

(Extraits)

L'EQUIPE DES PRÊTRES-OUVRIERS DE LILLE-HELLEMMES

Nous avons volontiers apporté notre soutien aux *7 de Lezennes*. Une fois de plus - lorsqu'il s'agit de travailleurs- des travailleurs n'obtiennent pas (ou si partiellement ?) justice ; et à travers eux la justice une fois de plus a été discréditée. A quoi bon larmoyer sur l'amenuisement des confédérations syndicales lorsque les ministres du travail successifs autorisent près de 10 000 licenciements de délégués chaque année, et parmi eux, nombreux sont les injustement licenciés.

Les options des 7 étaient ce qu'elles étaient.. Mais c'était défendre des travailleurs, des militants, mais c'était défendre le droit et la justice que de se tenir à leurs côtés.

Solidairement.

L'ALTERNATIVE ROUGE ET VERTE (AREV)
Région Nord-Pas-de-Calais

En novembre 1989, éclatait un conflit au centre de tri de Lezennes. Sept militants syndicalistes devaient payer très cher leur intervention dans ce conflit. C'était un conflit collectif du travail, mené intersyndicalement et on a pu assister à une volonté de destruction d'un syndicat à la veille d'un changement de statut des PTT.

Paul Quilès, alors Ministre des PTT, et Monsieur Philip, directeur départemental, ont monté, dans la nuit du 30 novembre au 1er décembre 1989, une machination qui a fortement pénalisé *les 7 de Lezennes*.

L'AREV a fait une première intervention au meeting avec Gilles Perrault à Lille le 13 janvier 1990, puis est intervenue, en 1990 et 1991, auprès des députés de la région pour dénoncer cette injustice et cet acharnement envers des militants syndicaux qui défendent leurs droits essentiels et le service public, mais dont la parole ne pesait pas lourd auprès de celle de fonctionnaires haut placés et déterminés, en lien avec un ministre socialiste. Face à ces événements, et par la prise de position de tous ceux qui se sont révoltés devant cette injustice faite à des hommes et des femmes engagés, et parallèlement à l'ensemble du personnel du centre de tri, une mobilisation a été possible et permet de continuer à dénoncer les manœuvres répressives et discriminatoires envers des travailleurs qui défendent leurs droits.

L'AREV continue à proclamer le droit à la grève pour défendre les acquis sociaux, l'outil de travail et le droit d'expression pour tous.

BOUGEZ AVEC LA POSTE ?

Guy Hascoët - Les Verts
Vice-président du conseil régional Nord-Pas-de-Calais

Le conflit au centre de tri de Lezennes est symbolique de la coupure entre le monde syndical et les politiques qui s'est développée au cours des années 80. Le syndicalisme est toujours en peine. La modernisation de certains grands services publics a été envisagée sans débat transparent sur les enjeux et souvent dans la confusion. Cette absence d'explication ne pouvait que déboucher sur de tels conflits.

Bougez avec La Poste ? Pourquoi pas !

Mais comment expliquer qu'il a fallu dix ans à un grand service public pour s'inscrire dans la politique «développement social des quartiers» et offrir aux quartiers difficiles, un plan d'amélioration du service ?

Comment convaincre les salariés d'un slogan publicitaire quand leurs conditions de travail stagnent, au moment où l'on sépare La Poste et les Télécommunications ?

La rupture ne pouvait que conduire au blocage. Le conflit de Lezennes a été en cela symbolique d'une incapacité du pouvoir politique à assumer ses choix.

Elle laisse ouverte une crise : celle de la modernisation nécessaire engluée dans une pensée pseudo-libérale, dominante dans les années 80 dont on reviendra vite. Celle d'un syndicalisme qui doit retrouver sa place en tant qu'interlocuteur fort apte à conduire les évolutions nécessaires.

JUSTICE ET LIBERTÉ SONT INSÉPARABLES

Alain Bocquet - Député
Secrétaire de la fédération du Nord du Parti communiste français

Cette affirmation de principe qui ouvre le chapitre consacré aux libertés dans le programme du Parti communiste français exprime les raisons fondamentales de notre présence dans la lutte des *7 de Lezennes*. Les sanctions dont ils furent les victimes trouvent leurs racines dans la défense du service public que la réforme Quilès remettait en cause en portant des coups dans un même mouvement, au statut, aux conditions de travail et aux salaires des postiers.

Ouvrir une ère nouvelle de démocratie, faire entrer dans la vie des libertés et des droits nouveaux nous imposent une défense farouche des libertés et droits déjà conquis que les forces du capital souhaitent remettre en cause pour imposer une mauvaise politique, leur néfaste projet. Convaincus que des libertés et droits nouveaux pour les travailleurs sont une condition majeure d'efficacité économique et de progrès, notre place aux côtés des *7 de Lezennes* fut l'affirmation que la citoyenneté doit se vivre aussi sur le lieu même du travail. Leur lutte opiniâtre, courageuse et déterminée, leur souci d'unir au-delà des différences ont permis sans nul doute les succès obtenus.

Au moment où grandit la volonté de rester maître de sa vie, de l'organiser avec les moyens dont il faut disposer pour cela, la lutte des *7 de Lezennes* contribue à ce besoin fondamental des hommes vers la démocratie.

LE CHANGEMENT

Ligue communiste révolutionnaire (LCR)

Nous ne le savions pas encore. Mais à travers l'affaire des *7 de Lezennes* se livrait un de ces combats infimes qui font les grands tournants de l'histoire. C'est pour cela, sans doute, que la solidarité de tous, de ceux qu'on appelle parfois les hommes et les femmes de bonne volonté, fut si forte. Nous savions bien que l'enjeu était de faire passer enfin une réforme de La Poste préparée de longue main ; qu'on voulait aussi prouver, au PS, qu'on pouvait réussir où la droite avait échoué, s'attaquer au service public, et à l'un de ceux qui sont les plus proches des gens.

Mais il y avait plus derrière l'acharnement machiavélique de ceux qui avaient préparé et «monté» cette opération de nettoyage d'une section syndicale représentative et indépendante. Et, lors des (pénibles) contacts avec l'Administration, comme à l'heure d'un compromis final, c'est en réalité une conception nouvelle de l'usage des droits de l'homme par un gouvernement qui se faisait jour.

Pour résumer, il n'y a plus de droits du citoyen. Après avoir fait passer la réforme, et après avoir imposé des conditions de vie inhumaine aux sept militants, on voulut bien consentir à préserver leur situation personnelle, pourvu que l'équipe syndicale ne se reconstitue pas. Big Brother vous préserve du malheur où il vous a plongé, pourvu que vous la fermiez !

Telle est aujourd'hui la politique nationale et internationale de l'État ONUsien qui gouverne en ce pays, envers les opprimés. Tel était, quelque part, l'enjeu.

Quilès, passé ouvertement premier flic de France, vient d'ordonner l'expulsion d'un jeune lillois, dont les fautes (déjà jugées et payées) et le malheur se résument au fait d'avoir appartenu un peu au Tiers-monde et un peu aux banlieues. C'était trop.

Quand l'état corrompu fout le camp, quand les fascistes progressent, on ne peut trouver suffisant d'avoir gagné, puisque SUD vit, y compris au centre de tri.

Nous avons, nous conservons ensemble un devoir d'intervention.

SOLIDAIRES

Danielle Poliautre (présidente du Club Initiatives)
André Colin (adjoint au maire de Lille)

Solidaires des postiers de Lille-Lezennes, nous l'avons été pour bien des raisons .

Pour une conception de l'entreprise : l'efficacité, c'est l'épanouissement des capacités des salariés, donc le dialogue. Ce n'est certainement pas la rentabilisation des «ressources humaines» selon les seuls ratios financiers et l'affirmation des hiérarchies, voire la répression comme à Lezennes.

Parce que cette affaire nous a concernés en tant que citoyens, désireux de faire tomber le mur qui existe encore entre l'entreprise et la cité.

Aussi, parce que la riposte a été engagée dans la plus large union.

Annexe 2
INJUSTICE ADMINISTRATIVE ET NON DROIT PÉNAL

Injustice administrative

Contrairement à ce que l'on pourrait imaginer, le fonctionnaire a moins de droits face à une procédure disciplinaire administrative que le justiciable confronté à une procédure pénale. On l'a largement constaté.

Pendant l'instruction d'une affaire disciplinaire, menée par un (ou des) fonctionnaire(s) enquêteur(s), l'inculpé n'a pas droit à la présence d'un défenseur pendant les interrogatoires (voir le chapitre 7 *: Tenants du pouvoir et logique répressive*). Au pénal, l'assistance d'un défenseur devant le juge d'instruction est de droit, en cas d'absence, un défenseur est commis d'office ; ses honoraires peuvent être (pour partie ou en totalité) pris en charge par la Justice. Dans une procédure disciplinaire administrative, l'organisation et les frais de la défense sont totalement à la charge du fonctionnaire poursuivi. C'est aussi le cas pour les frais de déplacement et de séjour des témoins cités par l'inculpé... Autant dire qu'un agent qui n'est pas assisté par une structure de type syndical n'a que peu de chances de faire valoir son point de vue et ses droits.

L'arbitraire administratif

Alors que l'infraction pénale, pour être poursuivie, doit être définie par des faits, suffisamment établis et réprimés par un texte de loi formel, la notion de faute disciplinaire est laissée à l'appréciation de l'autorité administrative. C'est au détenteur du pouvoir hiérarchique qu'il appartient de décider, qu'un fait imputé à un fonctionnaire, placé sous son autorité, constitue un manquement aux obligations et, à ce titre, est de nature à donner lieu à l'application d'une sanction disciplinaire. D'une certaine manière, droit pénal et droit administratif s'opposent quant à la définition de la culpabilité. Au pénal, toute personne est réputée innocente tant que sa culpabilité n'est pas établie ; dans une procédure administrative finalement, un supérieur peut affirmer qu'un agent est coupable, à l'intéressé de démontrer son innocence... La procédure administrative s'appuie sur des notions qui autorisent l'arbitraire à toutes ses étapes : choix des inculpés, dénomination des motifs d'inculpation. Dans l'affaire des Sept, la modification de ces motifs, dans le temps, et leur différenciation par la suite pour chaque inculpé sont là pour le démontrer. Par contre, pour pouvoir porter plainte au pénal, le directeur départemental devait déterminer des motifs dûment réprimés par la loi (*«voies de fait», «séquestration»*) et il a déposé une plainte au contenu identique contre chacun des 7. Cette contradiction entre le droit pénal et le droit administratif fait ressortir le caractère profondément injuste de ce dernier.

De la même manière, en justice, à chaque contravention, délit ou crime correspond une échelle des peines selon des formes prescrites. A l'opposé, dans l'Administration, l'autorité qui détient le pouvoir disciplinaire détermine librement le niveau du conseil de discipline (régional ou central) ainsi que les sanctions demandées (comme celles d'ailleurs qui seront appliquées à la seule condition qu'elles soient égales ou inférieures à celles discutées par ce niveau de conseil de discipline).

Juge et partie

L'autorité qui détient le pouvoir disciplinaire est celle qui a le pouvoir de nomination. En titre, aux PTT, c'est le Ministre. Mais, en fait, pour beaucoup de grades, le Ministre délègue son pouvoir de nomination, et par là même son pouvoir disciplinaire, aux directeurs régionaux et départementaux. Le directeur estimant avoir été séquestré est donc juge et partie à différentes reprises : quand il suspend le service aux 7, quand il propose les sanctions et quand il choisit les bureaux d'affectation de Murielle Fovet, Eric Lamant et Gabriel Leschaeve puis ceux de Philippe Legrand et Michel Mercier. Tout se passe comme si, dans la collectivité, l'individu volé se transformait successivement en procureur puis juge d'application des peines et enfin directeur de prison. Il faut parallèlement noter qu'à la suite des conseils de discipline, une seule personne a tranché sur les sanctions à infliger : le Ministre.

Deux personnes, le Ministre et le directeur départemental ont donc bénéficié de tous les pouvoirs du début à la fin de cette affaire. Le sort professionnel des 7 était totalement dans leurs seules mains. Est-ce une situation légitime ? Faisant office de filet, le statut de la fonction publique prévoit un recours. Lorsqu'aucune des propositions de sanction soumise aux conseils de discipline n'a obtenu l'accord de la majorité des membres présents, l'intéressé peut saisir le Conseil supérieur de la fonction publique d'État. Ce fut le cas dans *l'affaire des 7.* Mais, l'avis du Conseil supérieur n'a qu'une valeur de recommandation au Ministre. Celui-ci décide en dernière instance du maintien ou non de la sanction ou de sa modification. On a vu ce qu'il en a été pour les 7.

Décidément, un Ministre a tout pouvoir disciplinaire à l'encontre de ses fonctionnaires même après retour des procédures d'appel engagées hors du Ministère... N'en déplaise à la direction, dans cette affaire, c'est l'utilisation faite des procédures administratives qui est une *«mascarade»*[1].

Excès de pouvoir, vice de forme, violation de la loi, erreur d'appréciation, détournement de pouvoir..., au regard du droit, une ou plusieurs de ces fautes ont peut-être été commises par le ministère. Par exemple, le 1er décembre, le directeur régional annonce qu'il proposera la révocation des agents incriminés, ce faisant, il contrevient aux règles élémentaires en particulier à la règle de discrétion. Il met les agents en cause avant même que ceux-ci n'aient pu s'expliquer, dans le cadre de la procédure d'enquête normale.

Pour autant, devait-on immédiatement s'en remettre au jugement du tribunal

1. Voir la réaction de la direction départementale à la grève de la faim.

administratif ? Rien n'est moins sûr. D'abord parce qu'il était préférable d'attendre l'avis préalable du Conseil supérieur de la fonction publique et à sa suite la décision du Ministre afin de montrer la volonté de ne négliger aucune possibilité d'apaisement avant d'attaquer en justice.

Mais surtout, il ne fallait pas quitter l'avantage de l'affrontement sur le terrain syndical et donc politique car il était le seul à même de mettre en lumière les véritables objectifs et responsabilités du ministère dans cette affaire. En soumettant le dossier à une décision de justice, on se mettait en position d'attente et chacun connaît la lenteur de la justice. A l'identique, en se plaçant immédiatement sur le terrain de la justice administrative, on affaiblissait l'action car ne maîtrisant plus à aucun niveau ses rythmes.

Non-droit pénal

Fallait-il répondre sur le terrain de la justice pénale du fait que l'Administration avait déposé une plainte contre les 7 ? Différentes éventualités s'offraient.

La mise en cause pénale pour dénonciation calomnieuse

En théorie, peut-être était-il possible d'attaquer le directeur régional pour dénonciations calomnieuses sur la base du texte de la dépêche AFP du 1er décembre : *«Les agents concernés qui ont reconnu leur responsabilité, ont été exclus ce matin de fonctions et leur salaire a été suspendu»* a déclaré le directeur régional en précisant que *«l'intersyndicale ne s'était pas associée à leur action...»*.

Contrairement à ces affirmations, les agents concernés n'ont absolument pas reconnu leur responsabilité et tous les membres présents de l'intersyndicale étaient partie prenante à tous les moments de l'action. Mais surtout, à l'opposé de ce qui est autorisé statutairement et de ce qui a été appliqué[1], le directeur régional a parlé de *«suspension de salaire»*. Ces déclarations à caractère public ont créé un préjudice moral et financier aux intéressés, les noms des agents concernés étant cités parallèlement par la presse. En pratique, une plainte pénale déposée sur ces bases était loin de pouvoir aboutir au motif que le directeur régional a aussi diffusé, le 1er décembre, un communiqué de presse écrit dans lequel il n'a pas repris ses déclarations à l'agence de presse. Il y est seulement indiqué : *«Les dispositions statutaires et réglementaires seront appliquées immédiatement à leur encontre»*.

Attaquer pour faux témoignage

Une plainte contre le cadre qui avait vu Jean Poteau sur place au moment des *«faits reprochés»*[1] ? Cela aurait probablement eu un résultat, mais les syndicats et le personnel ne doivent-ils pas plutôt combattre les vrais responsables plutôt que de s'en prendre aux lampistes ? De surcroît, au conseil de discipline, la défense a réussi à ce qu'aucune sanction ne soit retenue pour Jean Poteau même si elle a dû pour y parvenir... menacer les représentants du ministère de ce dépôt de plainte pour faux témoignage.

1. Voir le chapitre 7 : *«Tenants du pouvoir et logique répressive»*

Reste la diffamation

En droit : toute allégation ou imputation d'un fait qui porte atteinte à l'honneur ou à la considération de la personne ou du corps auquel le fait est imputé. Les affirmations orales et écrites du directeur régional, le 1er décembre, peuvent certainement correspondre à cette définition, en particulier le fait d'avoir rendu publiques les propositions de sanctions ou d'avoir écrit qu'*«ils* [une poignée d'agents] *se sont opposés par l'intimidation à l'expression directe du personnel du centre par vote à bulletin secret sur la reprise du travail»*.

Mais, en premier lieu, la diffamation est-elle une notion adaptée aux relations et aux conflits du travail ? Deuxièmement, une procédure pénale en diffamation coûte extrêmement chère car à chaque étape le versement d'une nouvelle caution est nécesssaire ce qui n'est pas le cas de la plupart des autres procédures pénales car elles sont prises en charge financièrement par la justice. Dans tous les cas, en attaquant en justice, on prend le risque d'être débouté ; quel que soit son bon droit, il se peut qu'on perde. Et une défaite en justice aurait d'une part, considérablement affaibli le moral de tous et, d'autre part, donné du crédit aux thèses de l'Administration.

Le directeur départemental a déposé une plainte pénale pour *«légitimer»* la répression administrative. En cela, la hiérarchie a utilisé la justice contre des salariés sans qu'il y ait jugement. Pourtant, une prompte instruction de cette plainte aurait probablement abouti à son classement sans suite comme cela a été le cas mais tardivement. Les conclusions pénales auraient pu alors être exploitées pour exiger l'arrêt de la procédure disciplinaire administrative. Il était possible en effet de demander la suspension de la procédure disciplinaire jusqu'à l'intervention de la décision de la justice pénale. Mais SUD a repoussé cette alternative car, à l'identique d'une attaque au tribunal administratif, elle plaçait la campagne dans une situation d'attente totale de décisions judiciaires préjudiciable à son développement.

Ainsi, qu'on le veuille ou non, la justice a été utilisée par la hiérarchie contre des salariés sans que ceux-ci puissent y faire appel. Il y a là une situation de non-droit pénal. Cette expérience est une démonstration supplémentaire du fait que malheureusement la Justice, contrairement à ce que devrait être sa vocation est rarement un terrain de lutte favorable pour les salariés. Le dossier des *7 de Lezennes* a été, est et restera une affaire de répression anti-syndicale, d'atteinte aux libertés, dans laquelle des buts politiques ont été recherchés. C'est parce que l'action a été placée dès le départ sur les véritables terrains du dossier que des résultats ont été obtenus.

Annexe 3
AUTOPSIE D'UNE ACCUSATION

Première leçon : désigner les coupables

Le 2 décembre, un journal écrit : *«Les sept... se sont nommément désignés...»*. Le directeur régional avait affirmé sans rire : *«Les agents ont reconnu leur responsabilité»*. Cette allégation ne peut se référer qu'à l'épisode des grilles au cours duquel P. Legrand prononce son nom et ceux de M. Mercier et R. Fontaine. L'occasion est à saisir. Ne trouvant qu'un seul Fontaine sur le fichier alphabétique du centre, ils prennent celui-là le croyant probablement à SUD puisque cité par P. Legrand.

Restent quatre noms à trouver.

On peut raisonnablement présumer que la sélection du nom de M. Fovet n'est pas étrangère à ses interventions, lors de la rencontre du 27, jugées insultantes par l'Administration.

E. Lamant est largement connu comme adhérent SUD et il a beaucoup parlé pendant l'assemblée générale. Deux raisons suffisantes pour être retenu.

J. Poteau et G. Leschaeve, quant à eux ont le tort d'appartenir à la brigade 17/24 de l'entrepôt. Cette petite brigade de 20 agents en grève à 100% depuis le début et initiatrice de la pétition du personnel aux syndicats aura deux désignés. Jean Poteau est connu comme adhérent SUD. Gabriel Leschaeve n'est pas syndiqué à l'époque mais ne cache pas sa sympathie pour SUD. Porte-parole de sa brigade avec d'autres, tout le monde croit qu'il est adhérent.

Pour l'Administration, toutes ces personnes sont ou sont susceptibles d'appartenir à SUD[1].

1. G. Fichaux a donné son nom aux grilles, mais inconnu comme adhérent SUD, sa candidature ne sera pas retenue... Poteau a-t-il été confondu avec Fichaux, deux noms aux mêmes consonances ? Possible. Mais J.Poteau a plus certainement été délibérément choisi. N'avait-il pas été qualifié d'élément *«hautain, meneur, à surveiller particulièrement»* pour sa notation et même *«très néfaste pour le centre de tri»* par le responsable de son service? Travaillant ce soir-là, un individu comme lui ne pouvait qu'avoir participé activement à la *«séquestration»*.

Deuxième leçon : trouver des fautes

Une accusation mouvante

Accusés au départ de *«séquestration, voies de fait, refus d'obéissance et entrave au fonctionnement du service»*, les 7 seront sanctionnés pour *«entrave par contrainte à la liberté de mouvements de supérieurs hiérarchiques, participation active à une action concertée d'intimidation visant à obliger le chef de service à prendre des décisions contre son gré» plus «voies de fait et refus d'obéissance»* pour P. Legrand et M. Mercier. J. Poteau est cité uniquement pour *«entrave délibérée à la liberté de mouvements de supérieurs hiérarchiques»*.

A propos du grief «refus d'obéissance»

Aucun fait de la nuit ne pourra le justifier. Alors pour ce faire, la hiérarchie tirera argument de la présence des 7, suspendus de service, dans les locaux. C'est extraordinaire : on suspend le service pour plusieurs motifs dont le *«refus d'obéissance»* sans refus d'obéissance en réalité. Mais comme pendant quelques jours, les sanctionnés rentrent dans les locaux, il y aura quand même refus d'obéissance. C'est le non-droit total[1].

Des faits à géométrie variable pour justifier l'accusation de «voies de fait»

D'abord, *«ils se sont livrés à des voies de fait en séquestrant»*, ensuite le directeur *«considère comme une voie de fait le ralentissement de sa voiture par les employés»* (rapport de la LDH) et enfin la voie de fait est constituée par *«une pression psychologique»*.

Les griefs *«refus d'obéissance»* et *«voies de fait»* seront finalement abandonnés pour cinq des sanctionnés mais maintenus pour P. Legrand et M. Mercier... en ne se rapportant plus aux événements de la nuit mais à des faits antérieurs : l'occupation de la direction le 23 pour P. Legrand et une prise de parole dans un bureau de poste, le 27 pour M. Mercier.

Philippe Legrand apprend le 4 décembre, lors de son interrogatoire qu'on lui reproche des faits du 23, *«constatés par de nombreux témoins»*. Que s'est-il passé ?

Lors d'une assemblée générale, le mécontentement est à son comble. Le directeur régional reçoit les cadres, seuls, à 16 h, dès leur premier jour de grève, par contre, l'intersyndicale doit attendre plusieurs jours l'arrivée du nouveau directeur départemental pour être entendue...

Les quelque 120 agents présents et l'intersyndicale décident de se rendre en masse à la direction pour réclamer l'ouverture de négociations. Refus. Le personnel réaffirme cette exigence dans la salle du public du bureau de poste de Lille Recette Principale (Lille RP) occupant le rez-de-chaussée de l'immeuble de la direction. Spontanément les agents des guichets de Lille RP décident de manifester leur soutien par un arrêt de travail. Pour débattre avec eux, le personnel de Lezennes passe par la cour du bureau demeurée ouverte pour

1. L'exploitation sur un plan pénal sera même envisagée. On s'en rendra compte en prenant connaissance du contenu de la plainte : *«... Malgré l'interdiction de pénétrer dans les locaux... réglementairement signifiée, les agents... se sont à nouveau introduits dans le centre... des constats d'huissiers, vous parviendront ultérieurement...»*. C'est la criminalisation du fait syndical.

emprunter la porte réservée au personnel. Celle-ci, initialement fermée, est ouverte pour un agent de Lille RP, les grévistes entrent avec lui puis accédent à la direction par la cafétéria, commune à tout l'immeuble. La direction semble totalement vide, la présence des grévistes manifestement dédaignée. L'intersyndicale est informée trois heures après du départ du directeur régional par une porte dérobée. Sur proposition de responsables de l'Administration présents qui fournissent son numéro personnel, Raymonde Cauterman pour la CGT et Michel Mercier pour SUD téléphonent chez le directeur régional. Il refusera d'engager le moindre dialogue, renvoyant à la rencontre prévue plusieurs jours plus tard. Depuis les locaux seront aussi appelés un député, le cabinet du Préfet et le Ministère. Faute d'interlocuteur, le personnel de nuit, arrivé sur place décide de rester. Cette occupation se poursuivra jusqu'au lendemain 14 h.

Cette nuit-là, le conflit faillit mal tourner, les grévistes étant légitimement énervés par le mépris affiché, après plus de deux semaines de conflit. Une partie des locaux, habituellement fermés, était totalement libre d'accés, était-ce de la provocation ? Au conseil de discipline, témoigneront parmi d'autres André : *«La colère montant de ne voir personne nous recevoir, les esprits ont commencé à s'échauffer et il a fallu l'intervention des militants syndicaux et en particulier toute la personnalité de M. Legrand pour calmer les esprits et éviter tout acte de vandalisme»*. Marc Duhem, secrétaire départemental FO-PTT ajoutant : *«J'ai pu y constater le comportement responsable de tous les «leaders» syndicaux, et donc a fortiori ceux de Michel Mercier et Philippe Legrand»*.

Ce soir-là, il est heureux que les militants de l'intersyndicale aient été présents pour jouer un rôle modérateur. Certains de ceux-là seront menacés de révocation huit jours plus tard[1].

Toutes les déclarations des *«nombreux témoins»* .

[Un cadre] de Lille RP écrit le 23 novembre :

«[La direction m'avait demandé] *d'être vigilant : les cadres de Lezennes* [étaient] *reçus et des grévistes...les accompagnaient...* [Ceux-ci] *avaient envahi bruyamment la salle du public et la cour.* [Un auxiliaire] *qui venait de réceptionner un véhicule attendait à l'une des deux portes vitrées. Voyant les grévistes s'éloigner et l'accès dégagé, je lui ai ouvert. C'est alors que des personnes accroupies derrière la deuxième porte vitrée ou dissimulées dans le coin de la salle des dépôts ont forcé l'accès; j'ai essayé de refermer la porte mais un homme de grande taille vêtu d'un blouson clair m'a bousculé et ouvert le passage à ses collègues qui ont accouru. J'ai essayé de discuter en leur disant que les agents de Lille RP travaillaient et qu'ils devaient regagner la cour. Devant leur refus, je me suis dirigé calmement vers la porte donnant accès à la cafétéria et à la direction afin de la fermer à clef. Cette porte est habituellement fermée après 16 h 30, heure de fermeture de la cafétéria et des dépôts de courrier de la direction. Près du bureau de l'inspecteur, j'ai été bousculé*

1. Au conseil de discipline, cette version sera corroborée par un témoignage collectif du personnel du centre de tri et une déposition des agents ainsi que les témoignages des délégués FO et CFDT de Lille RP.

une deuxième fois par la même personne qui a crié à ses collègues «cette porte mène à la direction». Il serait souhaitable afin d'éviter de tels incidents à l'avenir de prévoir un système de fermeture afin d'isoler Lille RP des directions».

Le même cadre écrit le 27 novembre :

«*... le 27 novembre, accompagné* [d'un responsable de l'établissement], j'*ai reconnu en M. Legrand l'homme ayant forcé le passage... le 23 novembre».*

On lit ensuite sur la même page et à la suite du texte et de la signature [du cadre], un témoignge de [l'auxiliaire] qui écrit :

«J'ai été témoin des incidents relatés par Monsieur [le cadre]. *Je les confirme. Le chef des grévistes qui ont pénétré dans le bureau, était de grande taille et portait des moustaches».*

Puis le témoignage d'[un préposé] :

«J'ai été témoin des méfaits décrits par [le cadre]. *Je les confirme. L'homme qui a pénétré le premier en force dans le service était très grand»*[1].

[Le préposé] est revenu sur son témoignage et en a écrit un autre pour le conseil de discipline :

«[Lorsque le cadre] *a ouvert la porte pour un agent de Lille RP, les manifestants de Lezennes, dont plusieurs personnes de plus ou moins grande taille en ont profité pour s'introduire mais je n'ai pu identifier personne en particulier dans ce premier groupe. M. Legrand n'est entré que par la suite».*

[L'auxiliaire] n'a pas désiré faire une autre déposition parce que *«je suis auxiliaire».*

Didier, agent de Lezennes (qui est grand), viendra courageusement témoigner au conseil de discipline :

«Le cadre a ouvert la porte pour laisser entrer un agent de Lille RP. Le groupe de grévistes de Lezennes qui était devant la porte en a profité pour entrer. Je faisais partie de ce groupe alors que M. Legrand était en train de parler avec d'autres derrière nous. Celui-ci est donc entré après nous et n'a donc pas pu bousculer qui que ce soit. A l'intérieur, il n'y a eu ni dégradation, ni altercation, les grévistes réclamant simplement l'ouverture de négociations. Pour ce faire, nous sommes entrés par la porte non fermée de la cafétéria qui mène à la direction».

En ce qui concerne M. Mercier, que s'est-il passé le 27 novembre :

Après le report au dernier moment de la première rencontre avec le nouveau directeur départemental, les représentants départementaux CGT, SUD, FO et CFDT et des agents se

1. [Un autre cadre] de Lille RP écrit :
«... je me trouvais derrière la banque des guichets. La salle du public était envahie par des agents du centre de tri qui chantaient et vociféraient. Ils essayaient d'entraîner à la grève le personnel de Lille RP. Je [les] *ai dissuadé. Je leur ai rappelé qu'ils n'étaient pas couverts par un préavis et qu'un débrayage conduisait à la perte d'une journée de salaire. Après une période assez courte de flottement les agents qui avaient quitté leur position sont revenus travailler. Dès qu'une partie du personnel de Lezennes a envahi les locaux, j'ai été averti et je me suis rendu sur les lieux. Je reconnais formellement en la personne de M. Legrand l'instigateur du «commando» qui pénétra en force à Lille RP puis à la direction par la porte qui sert aux coursiers des différents services».* Si on lit bien ce témoignage, en résumé, ce deuxième cadre n'était pas sur place...

rendent au bureau de poste de Lille-Moulins (le plus gros bureau de poste de Lille) pour informer le personnel sur le conflit. Une réunion similaire s'était déroulée sans problème, trois jours auparavant dans un autre bureau, devant les caméras de la Cinq d'ailleurs.

A l'arrivée à Lille-Moulins, vers 10 h 15, la réalité est toute autre. La grille est fermée à clef obligeant une dizaine de facteurs à attendre dans la cour, la majorité est déjà partie en tournée. Les grévistes demandent à [un responsable de l'établissement] qu'une délégation puisse tenir une réunion à l'intérieur des bâtiments pour informer un maximum d'agents. Une longue discussion permet d'obtenir le franchissement de la grille par deux militants de chaque syndicat. [Le responsable] l'entrouvre, quelques facteurs en profitent pour partir. La délégation constate qu'elle ne peut pas entrer dans les bâtiments car les portes sont fermées : la réunion n'est en fait autorisée que dans la cour. Pour permettre à la délégation de rassembler les gens présents et dans la cour et dans les bâtiments, Michel Mercier resté à l'extérieur (ne faisant pas partie de la délégation) tirera vers lui la grille entrebaillée. Une nouvelle discussion de quelques minutes permet enfin d'obtenir l'autorisation de tenir une réunion au 1er étage. Au cours ce ces événements aucun facteur n'a protesté (synthèse des témoignages d'André, Daniel, David, Dominique et Robert au conseil de discipline).

L'accusation s'appuiera sur le témoignage [du responsable], version des faits que personne n'a corroborée :

«Le 27 novembre 1989, une trentaine de grévistes du centre de tri accompagnés de représentants des syndicats départementaux se sont présentés dans mon bureau... [ils] se sont regroupés devant les grilles de la cour qui avaient été fermées. Leur présence entravant la sortie de mes préposés, je les ai mis en demeure de quitter les lieux. Devant leur refus, j'ai accepté une information aux agents volontaires dans la cour du bureau. A cette occasion, de nombreux préposés ont rejoint leur tournée ce qui a vivement mécontenté M. Mercier, membre du syndicat SUD, il a à cette occasion fermé la grille malgré mon interdiction et ma résistance physique. Afin de permettre la sortie de tous les préposés, une délégation a été autorisée à se rendre au 1er étage afin d'informer les agents de la situation de Lezennes... Cette réunion à laquelle j'ai assisté... a duré une demi-heure environ et...s'est dispersée dans l'ordre... Le 27 novembre 1989».

Le responsable national de la discipline de La Poste interprétera :

«M. Mercier, accompagné d'une trentaine de grévistes, et mécontent apparemment de constater que peu de préposés de Lille-Moulins se ralliaient à son incitation à la grève, a fermé la grille de la cour, malgré l'interdiction et LA RÉSISTANCE PHYSIQUE (en majuscules dans le texte) [du responsable], *ceci afin d'empêcher la sortie des facteurs qui allaient commencer leur tournée».*

On peut s'interroger sur la réalisation de ces différents témoignages.

Pour ceux concernant P. Legrand et le 23 novembre, on peut très raisonnablement présumer que les textes sont écrits à un moment où les cadres doivent se justifier du passage des grévistes par le bureau de poste pour entrer dans la direction et ensuite l'occuper. Les témoignages donnent plus l'impression d'une construction que de dépositions spontanées (dates et contenus successifs...).

Le témoignage [du responsable] de Lille-Moulins, concernant Michel Mercier et le 27 novembre est plus particulièrement troublant.

Lors de l'interrogatoire de ce dernier, le 5 décembre, il n'en est pas fait mention alors que ces événements justifieront la grave accusation de *«voies de fait»* ! Le droit administratif prévoit la consultation par l'inculpé de son dossier disciplinaire, constituté de la totalité des éléments se rapportant à l'affaire. M. Mercier compulsera le sien, le 26 décembre : aucune trace de cette histoire. Le [responsable] de Lille-Moulins date sa déposition du 27 novembre et la commence en utilisant le passé *«Le 27 novembre 1989, une trentaine de grévistes... se sont présentés...»* Ce témoignage a-t-il été rédigé au jour indiqué et «gardé au frais» pour une date ultérieure à l'interrogatoire du 5 décembre ? Ou a-t-il été rédigé plus tard ? Auquel cas, on peut penser que c'est parce que le dossier de Michel Mercier paraissait trop mince ?

Troisième leçon : trouver des témoins

Pour la nuit, l'accusation s'appuie sur huit textes. Ce sont les témoignages du directeur départemental, du chef de centre et de son adjoint, des deux chauffeurs de M. Philip, du directeur de cabinet de M. Philip, du responsable de Lille-Moulins (le même que déjà cité), d'un chef de division, d'un cadre (confirmé par deux autres cadres et un agent de maîtrise) et d'un cadre commençant à 6 h.

Examinons-les.

1- M. Philip, victime, est donc son propre témoin.

2 - Le chef de centre et son adjoint, officiellement victimes aussi, sont donc également leurs propres témoins.

Le chef de centre évoque dans ce texte commun avec son adjoint les épisodes de la voiture et de la grille sans être sur place[1]. Lors de son audition dans le cadre de l'enquête pénale, il déclarera : «... *En ce qui concerne les auteurs et notamment ceux cités par M. Philip dans sa plainte, je ne les ai pas vus de visu empêcher M. Philip de partir lorsqu'il était dans la cour avec M. Capelle vers 23 h 45, car je n'ai pas vu ce qui s'est passé à l'extérieur étant dans mon bureau à ce moment-là...»*.

Ce témoignage est le seul à mentionner les noms de G. Leschaeve, E. Lamant et M. Fovet dans ces termes : «... *devant les grilles, le directeur départemental a demandé aux agents de bien vouloir le laisser sortir avec M. Capelle. Il s'est heurté au refus formulé par M. Legrand qui n'a pas hésité à citer les noms de plusieurs collègues qui, de concert, empêchaient la sortie (Mercier - Leschaeve - Fontaine - Lamant)[1]... M. Philip a alors décidé*

1.Cette nuit-là, il y avait un fort brouillard (le bulletion oficiel de la station météo de Lesquin proche de Lezennes produit au conseil de discipline le prouve). Il était impossible de voir les grilles et même une bonne partie de la cour depuis le bâtiment (les grilles sont à environ 80 mètres de celui-ci) et encore moins d'entendre les propos échangés à la grille.

d'attendre dans le bureau du chef de centre. L'issue du couloir a aussitôt été bloquée par un groupe d'agents... parmi ces agents nous avons reconnu formellement Mme Fovet...».

3 - Les deux chauffeurs de M. Philip n'apportent pas d'éléments à charge.

4 - Le directeur de cabinet de M. Philip indique savoir de source sûre qu'un journaliste informé d'une «*retenue*» appelle vers 22 h la Préfecture à ce sujet (témoignage repris dans le récit de la nuit).

5 - Un responsable de Lille-Moulins écrit :

«*Objet : informations externes reçues sur le déroulement de la nuit du 30 novembre au 1er décembre 1989 à Lezennes. Le 30 novembre 1989... j'écoutais les informations sur France Info. Vers 23 h 30 j'entendais que le directeur départemental était retenu par les grévistes... je téléphonais* [au chef de centre de Lezennes] *qui devait après avoir regardé au dehors me préciser que le véhicule du directeur était effectivement bloqué aux grilles*».

6 - Le cadre (confirmé par deux autres cadres et un agent de maîtrise) relate la démarche effectuée «*à la demande du directeur départemental*», par [un responsable du centre] et lui-même pendant la nuit vers 2 h 30, pour «*proposer aux membres du personnel groupés à l'entrée du centre de permettre à M. Philip de quitter l'établissement* [en fait de dégager l'entrée]... *après discussion, il s'est avéré impossible d'obtenir satisfaction*».

Aucun des 7 n'est aux grilles à ce moment-là ce que personne ne conteste[2]. Cette pièce figure pourtant au dossier de chacun des 7, en revanche aucun nom n'est relevé à ce moment-là. La démarche aux grilles a-t-elle pour fonction de faire constater une nouvelle fois que les grilles sont fermées afin d'alimenter les dossiers de 7 agents déjà déterminés ?

7 - Un chef de division écrit : «*M. Poteau a pris une part active à la fermeture des grilles. Je l'ai bien vu se diriger vers 22 h 05 / 22 h 15 vers l'entrée du centre et fermer les grilles avec d'autres préposés de l'entrepôt. M. Poteau est d'ailleurs très reconnaissable, plutôt grand, portant un pantalon de couleur noire... M. Menuge J.P n'a pas fait grève ce 30 novembre. Il a quitté le centre à l'issue de sa vacation vers 23 h 40. C'est alors que M. Poteau, remarquant la présence de son collègue quittant le centre a profité de la confusion générale pour le chahuter et lui ôter en outre ses chaussures[3]. M. Menuge pourra confirmer ces faits... M. Poteau assure habituellement un travail à peine satisfaisant. Il est aussi très revendicatif et très critique...*».

1. Seuls les noms de Mercier et Fontaine ont été cités par P. Legrand. D'ailleurs, dans son témoignage, M. Philip ne cite que ces trois noms ajoutant «*Les cadres du centre* [en] *retiendront d'autres*». Dans le cadre de l'enquête pénale, le chef de centre adjoint dira : «... *En ce qui concerne les auteurs, qui ont empêché M. Philip de sortir, ceux qui ont été identifiés ou qui se sont fait connaître eux-mêmes, il y avait Legrand,Mercier,Leschaeve, Fontaine et Lamant*» après avoir déclaré : «... *Certes, il y avait d'autres grévistes avec ces cinq-là, mais je ne peux indiquer leur nom...*».

2. Lors de l'enquête pénale, le chef de centre adjoint déclarera : «... [Quand] *nous avons voulu sortir M. Philip et moi vers minuit, MM. Legrand, Mercier, Leschaeve, Fontaine et Lamant faisaient partie du groupe de grévistes... en revanche... vers 2h30... ces derniers ne s'[y] trouvaient pas*».

3. Pour la petite histoire, les chaussures ayant été retirées par un autre agent, ce fait, par solidarité, sera initialement caché pour ne pas désigner un huitième sanctionné éventuel. Il faut s'imaginer que dans le contexte, chacun croyait possible une révocation pour une paire de chaussures...

[Et à la suite] ce nota : «*Par ailleurs, je me souviens très bien, avoir entendu le 1er décembre à 2h, M. Legrand dire «gardez les bien au frigo» et de faire le signe V avec les doigts».*

Ce témoignage s'effondrera au conseil de discipline[1].

Quant au nota : *«gardez les bien au frigo».* Il ne s'agissait nullement d'une opération de congélation décidée par M. Legrand, mais tout simplement, du moyen d'être réveillé par son collègue de nuit : *«appelle-moi bien au bigo».* Partant de Lezennes, un peu après 2 h du matin, il devait y revenir pour sa prise de service à 6 h. Craignant de ne pas se réveiller, il demandait à un militant de l'appeler. Cette technique de réveil de secours est utilisée depuis des années pour les réunions syndicales en nuit (P. Legrand est secrétaire de section). Ce nota, il vaut mieux en rigoler car il résume la tristesse du dossier.

8 - Un cadre commençant à 6 h écrit : *«Une réunion de personnel s'est tenue à l'initiative de SUD et de la CFDT (de 6h à 7h)[2].*

La CFDT a demandé dès 6h à ce qu'il soit mis fin à la séquestration (mot souligné dans le texte) du directeur départemental et du chef de centre.

Sous la pression verbale du personnel de nuit, il n'a pas été possible d'effectuer ce vote dès 6 h.

M. Legrand a donc pu discuter et informer le personnel des conditions de cette séquestration : refus de négocier... prime... effectifs... à 7 h le personnel a pu voter sur l'heure de grève et sur la poursuite de la séquestration.

Trois personnes étaient favorables à la poursuite de cette séquestration, M. Legrand, M. V.... et M. M..... (noms marqués dans le texte), sur 69 votants».

Ce matin-là, seule la CFDT, par la voix de son secrétaire de section absent toute la nuit parle d'une séquestration, mot repris dans ce témoignage sans que son auteur en vérifie la validité.

Ce témoignage sans le dire explicitement peut laisser entendre que P. Legrand parle puis vote sur une séquestration en compagnie de MM. V.... et M.... : affirmations infirmées par de nombreuses dépositions individuelles et une déposition collective des agents présents.

On peut regretter l'inexactitude de ce texte qui en citant des noms pouvait faire désigner d'autres *«coupables».* Heureusement pour MM. V.... et M....., ils sont connus pour ne pas être adhérents SUD!

Reste à mentionner la neuvième et dernière pièce du dossier d'accusation intitulé : *«Résumé des faits survenus au centre de tri dans la nuit du 30 novembre au 1er décembre 1989».*

Ce texte qui n'est pas un témoignage illustre parfaitement la construction, le rassemblement des pièces d'un puzzle pour tourner un film sur le scénario voulu. Il était une fois sept comploteurs (dont on prend soin de ne jamais mentionner les responsabilités

1. Dans sa lettre aux parlementaires, Paul Quilès appellera cela : *«un dossier qui ne s'est pas avéré suffisamment étayé» !...*

2. Il y avait aussi la CGT.

syndicales) se rassemblant à Lezennes pour *«s'opposer par l'intimidation à l'expression du personnel»*, *«séquestrer un directeur»* et *«bloquer le centre»* pendant toute une nuit en présence de 180 figurants et 4 syndicats.

Extraits : *«Arrivé au centre vers 19 h 45, M. Philip... croise fortuitement M. Mercier, puis M. Legrand, quelques minutes plus tard, le couloir donnant accès au bureau du chef de centre est envahi... M. Philip fait savoir qu'il va prendre la parole; M. Legrand, placé à la porte du bureau du chef de centre, prévient que les agents refusent de se retirer «n'ayant pas confiance»; néammoins, le passage est libéré... M. Philip... fait le point... expose son intention d'organiser sur place un vote à bulletin secret... aussitôt M. Legrand demande aux agents présents de s'exprimer à main levée «pour ou contre la proposition du directeur».*

Une urne est installée sous la surveillance du chef de centre et de son adjoint entourés... de représentants du personnel manifestement hostiles...

Une journaliste annonce [à M. Philip], *à son étonnement, qu'il est «retenu de force au centre»; quelques instants plus tard, il apprend que les grilles d'entrée du centre ont été fermées; des témoins confirmeront que l'opération a eu lieu vers 22 h 05 / 22 h 15, et indiqueront que M. Poteau y a pris une part active...*

Vers 23 h 30, M. Philip manifeste son intention de sortir du centre; immédiatement M. Legrand déclare que les grilles sont fermées...ayant demandé au chef de centre adjoint et à deux cadres de l'accompagner, M. Philip sort... suivi de près par des agents, dont M. Mercier...

Les grilles s'avèrent bloquées par des chariots, et gardées par un groupe de personnes au premier rang desquelles se trouve M. Legrand... le directeur lui demande de le laisser sortir; M. Legrand refuse, et revendique une action commune; des noms sont donnés (Mercier, Leschaeve, Fontaine, Lamant...) ; ces agents seront formellement identifiés...

Constatant qu'on lui bloque le passage, M. Philip décide de retourner dans le [bureau] du chef de centre; il est raccompagné de très près... par un certain nombre d'agents, dont MM. Legrand, Mercier, Fontaine et Mme Fovet... le couloir est occupé; il est décidé de fermer à clé... les cadres... assurent la liaison avec le personnel rassemblé en «setting», parmi lequel sont vus M. Leschaeve et Mme Fovet.

Entre temps, [un responsable de Lille-Moulins] *appelle M. Henniart au téléphone;* [ayant] *appris par la radio...* [il] *vient aux nouvelles. Vers 0 h 30, M. Philip appelle M. Bourgin... déjà prévenu par la Préfecture; le directeur se refuse à envisager l'intervention de la Police... il apparaît... que toute tentative de sortie donnerait lieu à affrontement physique...* [on] *entend M. Legrand dire, aux environs de 2h «gardez-les bien au frigo» et le voit faire le signe V avec les doigts.*

Vers 2 h 30, une démarche [pour l'ouverture des grilles] *est néammoins tentée... un nouveau refus est opposé...*

[Vers] *4 h 30 / 5 h, on note une forte effervescence; en témoignent les coups violents et répétés assénés sur la porte et les murs du bureau... une pénétration en force n'est à ce moment pas exclue.*

Vers 6 h, le nombre des occupants semble diminuer, à la faveur du changement de brigade et de la prise de parole... les extrémités du couloir sont néammoins toujours «gardées».

Peu avant 7 h, profitant d'un relachement de la surveillance due [à la prise de parole], [un cadre] *peut faire sortir M. Philip par une issue dérobée.*

Les grilles sont alors ouvertes, et la voiture du directeur peut les franchir sans encombre; une fois sorti, M. Philip apprend, grâce à son téléphone de voiture, qu'un vote sur la poursuite de la séquestration vient de se tenir et que celle-ci a été rejetée par une forte majorité du personne.»

On rêve, mais il y a une réalité qui fait froid dans le dos. Il n'est pas outrancier d'affirmer que les dossiers sont vides...

Annexe 4

Après la prise de position de toutes les organisations syndicales PTT du Nord pour la levée des sanctions :

Appel national des 7 postiers de Lille suspendus et menacés de révocation

NON AUX SANCTIONS

Sept militants syndicaux (six militants syndicaux du centre de tri et un militant syndical des chèques postaux) sont menacés de révocation par l'Administration des PTT.
Le centre de tri était en grève d'une heure par jour depuis cinq semaines, sur des problèmes d'effectifs, de conditions de travail, etc.
L'Administration a pris pour prétexte un incident avec leur directeur départemental pour suspendre ces sept agents et pour ouvrir une enquête disciplinaire. Le directeur régional de la Poste annonçait, dans le même temps, qu'il demanderait la révocation de ces agents.
C'est la première fois depuis des dizaines d'années qu'une telle sanction est demandée aux PTT contre des militants syndicaux lors d'un conflit du travail.
L'Administration engage une telle procédure alors que, dans le même temps, elle parle de concertation sociale, de «modernisation des rapports sociaux» dans le cadre du projet de réforme des PTT !
Il serait paradoxal, dans un contexte où le gouvernement parle d'élargir les droits des travailleurs dans l'entreprise, de rénover la fonction publique, de voir une grande administration française laisser se développer des pratiques d'un autre âge.
Nous exigeons l'annulation de toute sanction et l'arrêt des poursuites disciplinaires contre les agents du centre de tri de Lille-Lezennes et de Lille chèques postaux.

Signataires :

ADDAB Hakim (B.N. SOS Racisme), ALLAIN Jean-Marie, ALLIES Paul (universitaire), AMICABILE Alain (cons. rég. Lorraine), AMINOT Louis (maire adjt Brest), ANSELIN Robert (député du Nord), Ass. rég. des élus écologistes et autogestionnaires Pays de Loire, ASSOULINE David, AZOULAY Nicole (professeur), BACHO Sauveur, BAHOR Noël (militant PS), BARGIBANT Jean (cons. mun. Wasquehal), BARRERE Christian (économiste, universitaire Reims), BATAILLE Claude (député), BATALLAN Annick (resp. LDH Lille), BENHAMIAS Jean-Luc (Les Verts), BERTHELOT Marcelin (député-maire de St Denis), BKOUCHE Rudolf (universitaire, dir. IREM Lille), BOCQUET Alain (député-maire du Nord), BOISSARIE François (scr. gal SNJ), BORDIER Jean-Pierre (scr. FASP), Branche cheminots CFDT, BOUCQ François (dessinateur

BD), BOUDJEMA Hayette (SOS Racisme), BOUGE Jean-Michel (cons. mun. PS Auvers/Oise), BOULARD Jean-Claude (député PS Sarthe), BOURGOIS Daniel (médecin), BOUSSEMART Christophe (dir. aff. culturelles mairie Faches-Thumesnil), BOUTHI Malek (vice-Pdt SOS Racisme), BROCHEN Jean-Louis (avocat), BROUE Pierre (historien), CALONNE Didier (SGEN, cons. quartier Lille), CANDELIER Jean-Jacques (cons. gal, maire Bruille les Marchiennes), CASADESUS Jean-Claude (dir. orchestre national de Lille), CASTAN Alain (cons. mun. Vitrolles), CASTRO Roland (architecte), CAUDMONT Paulette (cons. mun. Villeneuve d'Ascq), CAUDRON Gérard (dép. europ, maire Villeneuve d'Ascq), CAUTERMAN Paul (retraité CGT-PTT, ancien scr. gal CGT-PTT), CAUTERMAN Raymonde (resp. dép. CGT-PTT), CEZARD Claude (Pdt radio Fil Rouge, scr. nal fédération radios libres et scr. adjt GSE PS audio-visuel), CFDT agro-alimentaire Meuse, CFDT cheminots Paris Sud-Est, CFDT coopératives laitières Basse-Normandie, CFDT Finances Ile de France, CFDT Finances 93, CFDT La Redoute, CFDT pers. ass. service aérop. de Paris, CFDT-PTT Loir et Cher, CFDT santé-soc Lille-Armentières, CFDT Snecma Villaroche, CFDT Transports Marseille, CHARIOUX Michel (CGT INSEE), CHERKI Pascal (mbre B.N. UNEF.ID), CNT, CNT PTT, COCHERIL Ollivier (mbre B.N. UNEF.ID), COCHET Yves (dép. europ. Les Verts), COIGNON Jean-Marie (cons. gén.), COLIN André (maire adjt. Lille), COLIN Jean-François (scr. rég. CFDT bâtiments Ile de France), CORBEAU. J (scr. gal SNPIT Air Inter), COEURE Gérard (universitaire Lille), COSTARD Alain (scr. CFDT cheminots Sotteville-76), COUPE Annick (scr. gal Fédération SUD), COUTURE Martine (cons. mun. Houplin-Ancoisne), CRC Santé-Sociaux, CREMIEUX Robert (dir. revue M), CUVILLY. L (scr. adjt CFDT communaux Nord), DABE Jean-Claude (scr. nal SNUIP/FASP), DABE Michèle (maire adjte socialiste Sevran), DAMETTE Félix (universitaire, reconstructeur communiste), DANCETTE Claude (revue Collectif), DAUVEL Jean Michel (scr adjt CFDT cheminots Normandie), DEBEIR Colette (CGT), DEBEIR Vincent (CGT), DE FELICE Jean-Jacques (avocat), DEFRANOULD Eric (cons. mun. Gérardmer), DELAME Alain (enseignant), DELATTRE (cons. quartier Lille), DELAUNAY Jean-Claude (universitaire Lille), DELMAS Laurent (militant PS), DELMOTTE Yvonne (syndicaliste), DELORME Christian (prêtre Lyon), DELUCHAT Alain (syndicaliste), DEMAILLY Jean (maire Seclin), DENIS Liliane (scr. acad. SNES), DERMIEN Francis (scr. SGEN Rouen), DE SAINTIGNON Pierre (cons. mun. Lille), DESCRHYVER Georgette, DESIR Harlem (SOS Racisme), DEVEYLDER Bernard (proviseur adjt), DEWAVRIN Fernand, DEWEZ Constant (maire) et la quasi-totalité des élus PS et PCF d'Orchies, DION Léon (revue Collectif), DOLEZ Marc (député socialiste Nord), DORIBREUX Jean-Louis (CGT-PTT), DOUARIN. R (CGT 93), DROSSART Jean-Michel (sec. section FO Lezennes), DUBOIS Marc (journaliste), DUBOIS Serge (scr. section CGT Lezennes), DUFOUR Constant (maire Oignies), DUHARCOURT. P (doyen fac. sciences éco. Reims), DUPONT Gilles (mbre bureau FEN 78), DUMEZ François (Pdt. ass. élus communistes et républicains Nord), ELIA Rosario (CGT Métallurgie Lyon), ETCHERELLI Claire (écrivain), EURY. C (scr. gal CGT santé-soc Calvados, FABRE Catherine (universitaire Dunkerque), Fédération Anarchiste, FISCHAUX André (CGT EDF Brest), FLAUTRE Hélène (cons. mun. Arras), FO PTT Nord, FORESTIER Isabelle (maire adjte droits de l'homme Villeneuve d'Ascq), FREMAUX Jean Louis (cons. mun. Lille), Frères des hommes Lille, GABRELLE François (journaliste), GADREY Jean (universitaire Lille), Mgr GAILLOT Jacques (évêque d'Evreux), GALLAND Françoise (avec LEMAIRE Jean-Pierre, LE SCORNET Jean-Claude et PIRON Marie-Françoise, porte-paroles AREV), GIGAND Michel (syndicaliste), GOUHIER Alain (professeur), GUITTET Benoît (CFDT communaux Nord), HAGE Georges (député, vice-Pdt de l'Assemblée Nle), HAIS Jacques (scr. CFDT cheminots Rouen), HASCOET Guy (cons. com. urb. Lille), HELLER Jean-Luc (CGT INSEE Paris), HERBAIN Daniel (cons. mun. Templeuve), HUDE Albert (syndicaliste), HUTTIN Jean-Noël (CGT impôts Lille), IFRI Malik (cons. mun. Lille, délégué aux droits de l'homme), JACQUARD Albert (biologiste), JACQUOT Laurence (CFDT Cheminots Paris St Lazare), JOIGNAUX Guy (Pdt travail et culture-TeC-CRRIAC) et de nombreux administrateurs, comédiens et compositeurs TeC-CRRIAC, JONQUET Thierry (écrivain), JUIN Yves (CGT communaux Rennes), KANNER Patrick (maire adjt Lille), KRIVINE Alain (LCR), LABICA Georges (philosophe), LA FORGE (organe central du PCOF), LAGARDERE Bernard (scr. gal SNUI), LAMBOURG Robert (maire Poix du Nord), LANGLOIS M.F (scr. CFDT prot. soc. Rouen), LANNOY Samuel (maire Libercourt), LASCOUX J.François (scr. déptal FO-PTT 91), LASSELIN Ginette (cons. mun. Hellemmes), LDH Lille, LECOCQ Pierre (universaire), LEDERMAN Charles (sénateur),

LEFEBVRE Daniel (professeur), LE MEUR Daniel (député-maire St Quentin), LEPOUTERE Marcel, LEROY Raymond (scr. gal CGT retraités Nord), LE TORD. G (CGT B.T.P), LIVROZET Serge (écrivain, fondateur comités d'action des prisons), LORSON Patrice (syndicaliste), LOURDEZ Jean-Claude (resp. aux entreprises PCF Val d'Oise), MACAIRE Patrick (scr. gal synd. Personnel Banque de France), MAGNIN Christophe (UNEF.ID Dijon), MAGNY Colette (artiste), MAITTE Bernard (dir. centre rég. de cult. scient. 59/62), MASSE Gérard (CGT santé Dreux), MERVAILLIE Marcel (aumônier St André), MINET Gérard (dél. rég, mbre com. ctral LDH), MOCHE Laure (universitaire Lille), MOLINA Gérard (universitaire), MONTABONE Christian (instit, syndicaliste), MORETTE Erwane (B.N. UNEF.ID), MOTCHANE Didier (com. dir. PS), MOUGARD Georges (retraité PTT Angers), MOUTIER Louis et Odette, NAISSANT Gérard (resp. diocésain enfance inadaptée), NAUDY Philippe, NETTER Maurice (chercheur CNRS), NIEDDU Angelino (resp. jurid. CGT Nouzonville-08), NOEL Jean-François (dir. dép. adjt télécoms), NOGUERES Henri (ancien Pdt de la LDH), PACCOU André (resp. LDH Lille), PAGES Nicole, PANTEL Francis (CFDT Finances Gard), PAPYLE Max (cons. quartier Lille), PCF (fédération Haute-Garonne), PERLEIN Pierre, PERRAULT Gilles (écrivain), PEZIN Charles (maire Auberchicourt), PIAZZI Adélaïde (vice-Pdte UNEF.ID), PIEPLU Claude (acteur), PINOLT Patrick (CGT FNAC Paris), PLANCKE Dominique (maire adjt Lille), POLIAUTRE Danielle (rénovateurs communistes Lille), POLVECHE Gabriel (militant CGT, maire adjt Tressin), POTTECHER Frédéric (chron. judiciaire), POULIQUEN Christophe (scr. dép. CFDT Finances 76), QUENESSON Jean-Claude (maire Somain), QUEROUE Yvon (maire adjt Concarneau), RALITE Jack (maire Aubervilliers), RAMDANE Nasser (B.N. FIDL), RAOULT Paul (cons. gen, maire de Le Quesnoy), RAVENIAUX Yannick (animateur associations anti-racistes Lyon), REBERIOUX Madeleine (historienne), RENAR Yvan (sénateur du Nord, cons. gen), RENARD Michel (professeur), Réseau solidarité nationale Haïti, REVERT Alain (syndicaliste), RICAUD André (CGT-PTT), RIGAUT Laurent (dir. prod. FR3, synd. CFDT Lille), ROCQUET Claude (maire adjt Monchecourt), ROSSIGNOL Jean-Pierre (syndicaliste), ROUGERIE Daniel, Amiral Antoine SANGUINETTI, SARACINO Marc (scr. gal FGSOA), SAVARY Jean (maire Monchecourt), SAZZETTI Marco (scr. nal UTCL), SCHILL Pierre, SCHLEIFER Philippe (CGT éduc. nat), SENNAC J.Philippe (UD-CFDT 94), SION Honoré (curé de Lezennes), Sec. CFDT CCP Nantes, Sec. CFDT-PTT centre de tri St Brieuc, Sec. CFDT CRAM et Mutualité Toulouse, Sec. CFDT Crédit Agricole Meuse, Sec. CFDT DDASS Ille et Vilaine, Sec. CFDT services déptaux Ille et Vilaine, Sec. CFDT centre de tri Paris St Lazare, Sec. CGT centre de tri Paris St Lazare, Sec. CFDT-CGT-FO centre de tri Nancy, Sec. CGT-PTT cent. const. des lignes Sarcelles-95, Sec. CGT centre de tri Paris-Est, Sec. CGT dir. dép. Lille, Sec. FO centre de tri Paris-Est, Sec. FO Chimie Lever, SGEN Paris, SGEN 78, SLT Sollac Dunkerque, SNADGI-CGT Saône et Loire, SNAU-FEN (acad. Nord), SNES-UP acad. Nord, SNES-UP national, SOULIER Gérard (universitaire, droit constitutionnel), STEPHANE du groupe Indochine, SURDUTS Maya (féministe), SURMONT Maguy (maire adjte Tressin), Synd. nat. des bibliothèques-FEN, TALEB Claude (scr. dép. CFDT-PTT 76), TARDY Renaud (Pdt synd. Avocats de France Nord), TAURISSON Philippe (aiguilleur du ciel), TELLIEZ Ignace (insp. central impôts), TENEUR Gérard (maire adjt Oignies), TETRAOUI Kheira (Les Verts Nord), THIENNOT Christophe (B.N. UNEF.ID), THIERY Yves (dir. ass. secteur social), TODOSKOFF Michèle (orthophoniste), TODOSKOFF Philippe (dentiste), TORT Patrick (philosophe), TOUBLET Jacky (scr. synd. CGT correcteurs), TRISTAN Anne (écrivain), UNEF.ID Lille, Union des travailleurs sénégalais en France-Action revendicative-section 59), Union locale CFDT Lille, Union locale CNT/AIT Lille, VALENTIN J.Michel (CGT Livre Paris), VANDEKERCKHOVE Michel (maire Tressin), VANDEVOORDE Jean-Rémy (maire adjt Seclin, scr. canton Seclin PCF), VERBRUGGE Françoise (maire adjt Villeneuve d'Ascq), VERGHOTE Pascal (cons. mun. Tourcoing), VERON. R (CFDT Etudes et Recherches EDF), Les Verts lillois, VIEVILLE Jean-Max (scr. gal FEN Oise), VIGIER Jean Pierre (physicien), VIGUIER Jean-Pierre (scr. gal SNI-PEGC Oise), VILAR Jean-François (écrivain), VOISIN Gilbert (scr. nat. FGAF), VOVELLE Michel (universitaire, historien), VOYNET Dominique (dép. europ. Les Verts), WAECHTER Antoine, WASSERMAN Gilbert (rénovateurs communistes), WILLOCQ Roger (maire Anstaing), YANA Pierre (universitaire Dunkerque), ZIEGLER Jean (écrivain, député socialiste suisse),

Nous remercions ici aussi les dizaines de milliers de signataires «moins connus».

Sont intervenus auprès du Ministre des PTT :

BONNET Alain-Paul (député de la Dordogne), CHANTEGUET Jean-Paul (député-maire de Le Blanc-36), Comité de défense des libertés et des droits de l'homme en France et dans le monde (Pdt Georges MARCHAIS), Conseil fédéral national FEN et bureau section du Nord, DENVERS Albert (député-maire Gravelines, Pdt com. urbaine Dunkerque), DEROSIER Bernard (député, Pdt cons. gén. Nord), FACON Albert (député-maire Courrières-62), FLOCH Jacques (député-maire Rezé-44), HUGUET Roland (député, Pdt cons. gén. Pas de Calais), JOSEPHE Noël (député-maire Beuvry-62, Pdt conseil rég. Nord-Pas-de-Calais), LAMBERT Jérôme (député Charente), LAPAIRE Jean-Pierre (député-maire St Jean de Braye-45), LENGAGNE Guy (ancien Ministre, député du Pas de Calais), MAUROY Pierre (député-maire Lille, secrétaire du PS), MJS Nord, PIERRET Christian (député-maire St Dié-88), PINEL. P (mbre bureau UD CFDT 91), RIMBAULT Jacques (député-maire Bourges), ROMAN Bernard (secrétaire fédération PS Nord), THIEME Fabien (député, cons. gén. Nord), VAILLANT Daniel (député Paris).

Nous voulons aussi remercier Daniel BARBAROSSA et la section de Lille-Hellemmes-Lezennes du PCF, la LCR, l'AREV, Philippe LEM(...), Yves DURAND, député-maire de Lomme, la mairie d'Armentières et la mairie de Lille pour leur soutien.

Ont permis avec d'autres la sortie de ce livre :

ALLAIS Claudine, AREV 72, ARNEGUY Jany, AYMARD Lionel, BARTH Armand, BATALLAN Annick, BERTIN Jean-Paul (membre UGICT-CGT), BOEGLIN Jean-Marie, BRUNET Dominique, CAMPHIN Jocelyne, CANONNE Jean-Pierre, CARETTE Thérèse (pour AREV 59/62), CASIER Fernande, CHITELMAN Aline, CORDIER Gérard, COUTAT Richard, DABE Jean-Claude, DABE Michelle, DELACROIX Sylviane (maire adjte communiste Mons en Baroeul), DELIERRE Jean-Luc, DEMOULE Michel, DONZE Charles, DUBOIS Marc, DUPONT Daniel, ELBORY Yves, Fédération CNT-PTT, FERRETTE Jean, FOURDIN Francine, GERARDIN Dominique, GIGAND Michel, GUFFROY Daniel, GUIBARD Line, HAUSSMANN Benoît, HENNION Bernard, HENRIOT Yvonne, HERNANDEZ Hélène, JEAN Raymond, JULIEN Pascal, INGUAGGIATO Santo, LAIME Marc, LALLOUETTE Roger, LE DIZES Jean-François, LEFEBVRE Patrick, LEGRAND Roger, MAGAGNOSC Marcel, MERCIER Gabrielle et Gabriel, MIGNOT Dominique, MORTAL Patrick, MOUTIER Louis, NETTER Maurice, PANKOWIAK Michel, PAPYLE Max, PICQ Robert, PIRA Pierre-Yves, POUMAER Marie-Paule, QUEROUE Yvon (maire adjt rénovateur communiste Concarneau), RENAR Yvan (sénateur, cons. rég. 59/62), RIGAUT Laurent, ROSEN Maurice, SION Honoré, Sec. CFDT de l'AGSS de l'UDAF, SNES, SNUI, SNUipp Oise (SNI-PEGC Oise), CFDT Finances 93, CFDT cheminots Paris Sud-Est, Synd. SUD PTT 80, THIRIOT Andrée, THOMAS Jean-Jacques, TODOSKOFF Michèle, Union Locale CFDT de Lille, VASSE René, VOYNET Dominique, WILLEMETZ Jeanne-Marie (comité AREV Rx-Tg-Val Lys).

Postface

Le soutien de la Ligue des droits de l'homme

Je veux seulement montrer à la Ligue des droits de l'homme qu'elle a le droit et le devoir de s'inquiéter. L'hésitation même des juges est significative (...) de là, peut-être demain, les combinaisons bâtardes où l'on essayera de ménager les apparences de la justice et l'amour-propre du pouvoir. On se donnera une couleur d'équité en relâchant quelques-uns des prévenus ; mais pour ne pas s'infliger un désaveu complet, on en renverra quelques-uns, aussi innocents que les autres, devant un jury. Que la Ligue des droits de l'homme cherche la vérité et qu'elle le dise.

Jean Jaurès

(Après l'arrestation des responsables de la CGT en 1908)

Le présent livre, élaboré par des militants de SUD, contient une présentation des faits qui recoupe très largement le rapport publié en janvier 1990 par la Ligue des droits de l'homme. Sur certains points, il apporte des précisions utiles pour mieux comprendre la réalité des faits. En cela, il fait œuvre utile pour la mémoire des luttes. Le livre contient aussi – et comment s'en étonner ? – des jugements de valeur et des analyses que la LDH ne partage pas nécessairement ou qu'elle n'estime pas de son ressort.

Ce livre n'engage donc pas dans sa totalité la LDH qui le considère toutefois comme un élément intéressant et concret du nécessaire débat démocratique.

En postfaçant ce livre, nous voudrions mettre en évidence les motivations de l'intervention de la LDH, motivations simples, de bon sens et de justice qui furent finalement celles de nombreux citoyens qui se retrouvèrent à côté de nous dans le soutien aux sept postiers lillois. Au début de l'affaire, beaucoup se sont étonnés de l'engagement de la LDH. Comme si les droits de l'homme s'arrêtaient aux grilles des entreprises. Comme si les droits économiques et sociaux ne devaient être de notre part que l'objet de déclarations sans applications concrètes.

L'affaire était simple : dans le cadre d'un conflit du travail, sept syndicalistes étaient accusés de voies de fait et de séquestration à l'encontre de leur directeur départemental. On les menaçait de sanctions très lourdes puisque le mot *«révocation»* fut prononcé au matin même des «événements».

L'affaire était donc grave : une sanction très sévère à l'égard de salariés participant à une action collective sans violence. Il s'agissait aussi d'une atteinte à l'exercice du syndicalisme puisque la direction des PTT était accusée de vouloir démanteler la section syndicale SUD reconnue sur le centre de tri de Lezennes par près de 35 % des voix aux élections.

Soucieuse comme à son habitude, de ne pas s'engager à la légère, la LDH, par une décision de son comité central, a mandaté une commission d'enquête présidée par Roger Rouquette, responsable de sa commission nationale «droits économiques et sociaux», et composée de Jean-Louis Brochen, ancien président national du Syndicat des avocats de France et de Gérard Minet, délégué régional de la LDH pour le Nord-Pas-de-Calais. Cette commission entendit les témoignages de toutes les parties en cause : direction départementale de La Poste, directeur du centre de tri, responsables préfectoraux, syndicalistes appartenant aux différentes centrales, personnel de l'entreprise. Elle reçut de toute part un accueil franc et ouvert.

Les conclusions qu'elle déposa le 10 janvier 1990 furent fermes mais mesurées. On peut les résumer en quelques points :

1 - la nouvelle direction des Postes du Nord avait l'intention de remettre de l'ordre dans le centre de tri de Lezennes agité depuis plusieurs années par des conflits sociaux durs et fréquents ;

2 - l'analyse des faits survenus au cours de la nuit du 1er décembre 1989 ne permet pas d'affirmer qu'il y a eu volonté de séquestration. Il n'y a pas eu de voie de fait ;

3 - le choix des sept sanctionnés appartenant tous au même syndicat pour une action rassemblant plusieurs dizaines d'employés est une décision arbitraire incontestable ;

4 - les faits ont été grossis et dramatisés. Des mesures d'apaisement s'imposent pour renouer le dialogue social au sein de l'entreprise.

Le texte de ce rapport sera pendant plus de deux années le document de référence de la LDH toute entière qui s'attachera à obtenir la levée des sanctions individuelles et le maintien des conditions d'existence d'une section syndicale SUD au centre de tri de Lezennes.

A Paris, Yves Jouffa, président national de la LDH suivra méticuleusement le dossier et interviendra à de très nombreuses reprises pour que soient prises les mesures d'apaisement dont chacun ressent la nécessité. Courriers, communications téléphoniques, rencontres avec le Ministre Paul Quilès : tout fut mis en œuvre par Yves Jouffa, dans une période où la LDH était particulièrement mobilisée sur d'autres problèmes majeurs, nationaux ou internationaux, comme la défense des droits des étrangers ou la question du Moyen-Orient. Nous étions en pleine crise du Golfe. Roger Rouquette et Jean Duché furent également à ce niveau national, les relais et les porte-paroles d'Yves Jouffa dans la gestion quotidienne de ce dossier.

A Lille, la section et la fédération LDH jouèrent en permanence un rôle de liaison entre les instances nationales, les postiers de Lezennes et les organisations qui les soutenaient. L'affaire avait fait grand bruit dans le Nord où les postiers avaient reçu le soutien public de très nombreuses associations et de nombreux élus de toutes tendances et, notamment, des socialistes et des communistes. La presse régionale avait très largement relaté les faits et les prises de position respectives. Plusieurs manifestations, conférences de presse, réunions publiques, avec la participation de Gilles Perrault, Henri

Noguères, Jacques Gaillot se tinrent à Lille et furent largement couronnées de succès.Inlassablement, la LDH rappelait que les sanctions étaient arbitraires et réclamait des mesures d'apaisement et de justice. Volontairement, par un commun accord, le comité de soutien animé par André Paccou et Annick Battalan, responsables locaux de la LDH, s'imposa de longues périodes de silence afin d'éviter d'exacerber les oppositions et de faciliter les discussions menées à Paris par Yves Jouffa.

Sur le plan juridique, la LDH prit également totalement sa place puisque Francis Jacob, président de la commission juridique de la LDH, et Jean-Louis Brochen, éminent ligueur lillois, assumèrent la défense des 7 devant les instances administratives. Cette action fut efficace puisqu'elle aboutit finalement à une recommandation de sanction de pur principe par le conseil supérieur de la fonction publique qui se référa très largement au rapport de la Ligue des droits de l'homme.

L'affaire des 7 de Lezennes restera marquante pour la LDH : deux résolutions de congrès furent votées à la quasi-unanimité sur cette question. Mais comment a-t-on été obligé d'en arriver là ? Comme le dira Jacques Gaillot à *La Voix du Nord* : *«On aurait pu consacrer toute l'énergie déployée, au ministère et dans l'Administration, comme à la LDH et dans les associations à des tâches plus nécessaires».* Comment est-il possible que cette affaire jugée extrêmement banale par le directeur de cabinet du Préfet de région ait perduré durant plus de deux longues années ?

A sa mesure, le conflit des postiers de Lezennes illustre l'éternel conflit entre l'ordre et la justice. Dans de tels cas, la LDH n'a jamais d'états d'âme...

Aujourd'hui, cette affaire est pour la LDH une affaire classée. Les séquelles du conflit relèvent de la compétence syndicale. Les sanctions individuelles les plus graves ont été levées et Michel Mercier a pu réintégrer le centre de tri et reprendre son activité syndicale au sein de la section SUD.

Sans l'intervention de la LDH, sans la mobilisation, sans les propositions constructives qu'elle a formulées à chaque étape du conflit, sans l'engagement personnel d'Yves Jouffa puis de son successeur à la direction de la Ligue, l'affaire de Lezennes serait demeurée vraisemblablement sous le boisseau, et de graves sanctions — révocations ou longues mises à pied — auraient sans doute été prononcées. La mobilisation que pouvait réaliser le seul syndicat SUD n'aurait certainement pas été suffisante.

L'action conjuguée des instances nationales, régionales et locales de la LDH ont témoigné du dynamisme, de la cohérence et de l'efficacité de notre organisation. Nous ne minimisons pas, loin de là, le travail, la conviction, l'acharnement même des postiers et de leurs amis de SUD. Mais, c'est l'apport original de la LDH qui a permis que se réalise une mobilisation unitaire pour faire respecter la justice et les droits du citoyen-travailleur.

A une époque où l'individualisme fait recette, il est bon et nécessaire de rappeler les vertus et l'efficacité de l'action collective et de l'engagement associatif. Mais la satisfaction d'avoir réussi à préserver ce que nous considérons comme l'essentiel, ne peut totalement apaiser notre amertume d'avoir été contraints à un combat si long et si pénible à l'intérieur de notre propre camp.

«La Ligue doit être l'aiguillon de la Gauche», avait déclaré Victor Basch au lendemain de la victoire du Front populaire. Henri Noguères avait reformulé cette exigence en 1981. En 1989-1991, l'affaire des postiers de Lezennes a été la démonstration concrète de la fidélité totale et indéfectible de la Ligue des droits de l'homme à cette mission.

Madeleine Rebérioux
Présidente de la Ligue des droits de l'homme

BIBLIOGRAPHIE

Le débat public
Rapport de synthèse remis par Hubert Prévot à Paul Quilès
Paris, 31 juillet 1989 .

L'avenir de La Poste
Rapport de mission au Ministre des PTT
par Jacques Chevallier - La Documentation française
Collections des rapports officiels , Paris, mai 1984.

Postes et Télécommunications et Entreprises publiques
par Didier Bailly - Caplan
PUF , 1981.

Le courrier dans le marché de la communication
Bulletin de l'Institut de recherche, d'études et de prospective postales
Bulletin de l'IREP, mars 1989.

Casse, avenue de Ségur : la France dans la guerre des communications
par A. de Guers
Éditions Alain Moreau, Paris, 1987.

Statut général des fonctionnaires de l'État et des Collectivités Territoriales
Direction des Journaux Officiels, Paris, 1984.

TABLE DES MATIÈRES

Aux Editions Syllepse

L'HOMME, CET INCONNU ?
ALEXIS CARREL, JEAN-MARIE LE PEN
ET LES CHAMBRES A GAZ
Lucien Bonnafé, Patrick Tort

MEXIQUE: NOTRE CHUTE DANS LA MODERNITÉ
Adolfo Gilly

ÉLÉMENTS DE RYTHMANALYSE
Henri Lefebvre, préface de René Lourau

DU CONTRAT DE CITOYENNETÉ
Henri Lefebvre et le groupe de Navarrenx

BEN BARKA, SES ASSASSINS
Daniel Guérin, préface par Gilles Perrault

LA PARTIE ET LE TOUT
Le P.C.F. et la guerre franco-algérienne
René Dazy

SIDA'VENTURE
Sida, éthique et discriminations
M. Tournier, P. Tort, D. Defert, P. Milliez, M-J. Chombart de Lauwe,
L. Bonnafé, W. Rozenbaum

Distribution : Distique
Diffusion : CED

Couverture :
photogravure YURTA

ACHEVÉ D'IMPRIMER
SUR LES PRESSES DE
L'IMPRIMERIE CHIRAT
42540 ST-JUST-LA-PENDUE
EN MARS 1993
DÉPÔT LÉGAL 1992 N° 7666

IMPRIMÉ EN FRANCE